本书出版得到江西省社会科学基金青年项目"数字经济下智能制造企业开放式创新生态系统的价值共创与风险治理研究——以江西省为例"（23GL28）的资助

网络嵌入
对新创企业竞争优势的影响研究

THE IMPACT OF NETWORK EMBEDDEDNESS ON
THE COMPETITIVE ADVANTAGE OF NEW VENTURES

刘 芸◎著

经济管理出版社
ECONOMY & MANAGEMENT PUBLISHING HOUSE

图书在版编目(CIP)数据

网络嵌入对新创企业竞争优势的影响研究/刘芸著.—北京：经济管理出版社，2023.10
ISBN 978-7-5096-9402-2

Ⅰ.①网… Ⅱ.①刘… Ⅲ.①企业竞争—研究 Ⅳ.①F271.3

中国国家版本馆 CIP 数据核字(2023)第 205637 号

组稿编辑：魏晨红
责任编辑：魏晨红
责任印制：黄章平

出版发行：经济管理出版社
（北京市海淀区北蜂窝 8 号中雅大厦 A 座 11 层　100038）
网　　址：www.E-mp.com.cn
电　　话：(010)51915602
印　　刷：北京市海淀区唐家岭福利印刷厂
经　　销：新华书店
开　　本：720mm×1000mm/16
印　　张：14
字　　数：251 千字
版　　次：2023 年 10 月第 1 版　2023 年 10 月第 1 次印刷
书　　号：ISBN 978-7-5096-9402-2
定　　价：78.00 元

·版权所有　翻印必究·
凡购本社图书，如有印装错误，由本社发行部负责调换。
联系地址：北京市海淀区北蜂窝 8 号中雅大厦 11 层
电话：(010)68022974　邮编：100038

前 言

新创企业是新兴经济发展的主要源动力,在促进技术创新、产业结构调整与市场化进程中发挥了重要作用。在"大众创业、万众创新"政策的推动下,中国创新创业活跃度指数得到显著提升。但由于新生弱性,大多数新创企业面临高失败率的风险,如何在激烈的市场竞争中克服新生弱性,建立新创企业竞争优势以实现持续成长,成为学界、业界及政策制定者关注的热点。

随着经济全球化和信息技术革命的进一步深入,组织网络化成为发展趋势,改变了企业实现竞争优势的条件和基础。在组织网络化的推动下,新创企业纷纷通过网络嵌入克服"小规模缺陷"和"新进入障碍"等新生弱性问题,但也有学者质疑"企业社会网络总是有用吗"。据此,本书提出"网络嵌入对新创企业竞争优势的影响"这一核心问题,以中国新创企业为研究对象,从网络嵌入视角,基于竞争优势的资源基础观和制度基础观,结合网络嵌入理论、组织学习理论、新制度理论和环境权变理论等,探究在组织网络化范式下新创企业竞争优势的建立问题。为揭示其中的内在机制,本书引入关系学习、组织合法性、双元环境等变量,逐层分析以下关键问题:①新创企业网络嵌入的维度构成有哪些,这些维度对新创企业竞争优势的影响如何?②关系学习、组织合法性在网络嵌入影响新创企业竞争优势过程中发挥了何种作用?关系学习与组织合法性有何关联,这种关联如何影响网络嵌入向新创企业竞争优势的转化?③双元环境对关系学习、组织合法性作用的发挥有何影响?

据此,本书构建了网络嵌入影响新创企业竞争优势的分析框架,并通过对4家典型新创企业进行探索性案例研究,提出了初始模型与命题。在此基础上,运用理论推导和文献研究进一步提出本书的概念模型与研究假设。而后,通过新创企业调研数据加以实证检验，得出以下研究结论：①网络嵌入对新创企业竞争优势具有显著的正向影响。结构嵌入中的网络规模和网络中心性、商业关系和政治关系嵌入，以及认知嵌入均对新创企业竞争优势有显著的正向影响。②网络嵌入通过关系学习和组织合法性正向影响新创企业竞争优势，且关系学习正向影响组织合法性，关系学习和组织合法性在网络嵌入对新创企业竞争优势影响中具有链式中介作用。③双元环境在关系学习、组织合法性对新创企业竞争优势影响中具有不同的调节作用。其中，环境动态性对关系学习作用的发挥具有线性影响，环境竞争性对关系学习和组织合法性作用的发挥具有非线性影响。首先，环境动态性负向调节关系学习中共同理解与新创企业竞争优势的关系，正向调节关系学习中特定关系记忆与新创企业竞争优势的关系。其次，环境竞争性倒"U"形调节关系学习与新创企业竞争优势，以及组织合法性与新创企业竞争优势的关系，中等环境竞争性水平能够促进关系学习、组织合法性影响作用的更大发挥。

本书的创新之处如下：

第一，构建新创企业竞争优势的综合性分析框架，丰富企业竞争优势的研究视角与方法。本书从网络嵌入视角研究新创企业竞争优势的建立。当前，学者关于网络特征与企业竞争优势的关系尚未有统一的结论，本书以新创企业为研究对象，从结构、关系和认知三个层面全面分析了网络嵌入对新创企业竞争优势的影响。同时，考虑到单一理论视角可能存在局限性，本书整合竞争优势理论、网络嵌入理论、组织学习理论、新制度理论和环境权变理论等，建立新创企业竞争优势的综合分析框架，拓展了企业竞争优势研究的理论视角。目前，关于网络嵌入视角下新创企业竞争优势的研究多采用理论研究，经验研究相对缺乏，本书采用探索性案例研究进行现实验证，丰富了企业竞争优势研究的方法。

第二，构建了"网络嵌入—关系学习、组织合法性—新创企业竞争优势"研究模型，打开了网络嵌入影响新创企业竞争优势的"黑箱"。目前，学者对网络特征影响企业竞争优势作用机制的意见不一，且缺乏对内在影响机制的深入探究。本书将关系学习和组织合法性作为双中介引入透视网络嵌入影响新创企业竞争优势的研究中，揭示了网络嵌入向新创企业竞争优势转化的知识获取过程与合法化过程。此外，现有研究鲜有关注关系学习与新创企业组织合法性的关系，本书将二者结合，构建了"关系学习—组织合法性"在网络嵌入与新创企业竞争优势间的链式中介路径，从组织学习视角扩展了新创企业组织合法性影响因素的研究。据此，本书构建起网络嵌入影响新创企业竞争优势的三条路径，更完整地阐释了网络嵌入对新创企业竞争优势的影响机制。

第三，探究双元环境的调节作用机制，厘清关系学习和组织合法性发挥影响作用的环境边界。本书融合中国创业环境特征，从动态性与竞争性两个方面揭示了不同外部环境因素对关系学习、组织合法性与新创企业竞争优势间关系的不同影响效果。研究发现，环境动态性对关系学习作用的发挥具有差异性的线性影响，而环境竞争性对关系学习、组织合法性作用的发挥具有倒"U"形的非线性影响，这一发现拓展了以往研究中环境竞争性正向、负向的线性调节作用，打破了线性研究的局限，且双元环境的调节效应分析补充了权变视角下关系学习、组织合法性的研究成果，对在不同环境特征下，网络嵌入中的新创企业有针对性地开展关系学习、获取组织合法性以建立竞争优势具有指导意义。

目 录

1 绪论 …………………………………………………………………… 1

  1.1 研究背景及问题提出 ……………………………………………… 1

    1.1.1 研究背景 …………………………………………………… 1

    1.1.2 问题提出 …………………………………………………… 3

  1.2 研究目的与研究意义 ……………………………………………… 4

    1.2.1 研究目的 …………………………………………………… 4

    1.2.2 研究意义 …………………………………………………… 4

  1.3 研究内容与研究方法 ……………………………………………… 6

    1.3.1 研究内容 …………………………………………………… 6

    1.3.2 研究方法 …………………………………………………… 7

  1.4 研究思路与技术路线 ……………………………………………… 8

2 相关理论基础及文献综述 …………………………………………… 10

  2.1 相关理论基础 …………………………………………………… 11

    2.1.1 竞争优势理论 ……………………………………………… 11

    2.1.2 网络嵌入理论 ……………………………………………… 15

    2.1.3 组织学习理论 ……………………………………………… 18

    2.1.4 新制度理论 ………………………………………………… 20

  2.2 相关文献研究 …………………………………………………… 24

    2.2.1 新创企业竞争优势的相关研究 …………………………… 24

2.2.2 网络嵌入的相关研究 ································· 26
　　2.2.3 关系学习的相关研究 ································· 30
　　2.2.4 组织合法性的相关研究 ······························· 33
　　2.2.5 双元环境的相关研究 ································· 36
2.3 文献评述 ··· 37

3 网络嵌入对新创企业竞争优势影响的探索性案例研究 ··············· 41
3.1 案例研究概述 ··· 41
　　3.1.1 案例研究方法的分类 ································· 42
　　3.1.2 案例研究的步骤 ····································· 43
3.2 研究设计 ··· 44
　　3.2.1 理论预设 ··· 44
　　3.2.2 案例选择 ··· 46
　　3.2.3 数据收集 ··· 48
　　3.2.4 数据分析 ··· 50
3.3 案例内分析 ··· 53
　　3.3.1 LX 生态养殖企业 ···································· 53
　　3.3.2 JLY 虚拟容器研发企业 ······························· 57
　　3.3.3 LCR 金融科技企业 ··································· 62
　　3.3.4 DB 家具制造企业 ···································· 66
3.4 跨案例分析 ··· 70
　　3.4.1 网络嵌入与新创企业竞争优势 ························· 71
　　3.4.2 网络嵌入、关系学习与新创企业竞争优势 ··············· 72
　　3.4.3 网络嵌入、组织合法性与新创企业竞争优势 ············· 73
　　3.4.4 关系学习与组织合法性 ······························· 74
　　3.4.5 双元环境的影响 ····································· 75
3.5 本章小结 ··· 77

4 网络嵌入对新创企业竞争优势影响的概念模型 ····················· 79
4.1 网络嵌入对新创企业竞争优势的影响 ··························· 79

- 4.1.1 结构嵌入对新创企业竞争优势的影响 ⋯⋯⋯⋯⋯⋯⋯⋯⋯ 80
- 4.1.2 关系嵌入对新创企业竞争优势的影响 ⋯⋯⋯⋯⋯⋯⋯⋯⋯ 81
- 4.1.3 认知嵌入对新创企业竞争优势的影响 ⋯⋯⋯⋯⋯⋯⋯⋯⋯ 82
- 4.2 关系学习的中介作用 ⋯⋯⋯⋯⋯⋯⋯⋯⋯⋯⋯⋯⋯⋯⋯⋯⋯⋯⋯⋯⋯ 82
  - 4.2.1 结构嵌入、关系学习与新创企业竞争优势 ⋯⋯⋯⋯⋯⋯⋯ 83
  - 4.2.2 关系嵌入、关系学习与新创企业竞争优势 ⋯⋯⋯⋯⋯⋯⋯ 84
  - 4.2.3 认知嵌入、关系学习与新创企业竞争优势 ⋯⋯⋯⋯⋯⋯⋯ 85
- 4.3 组织合法性的中介作用 ⋯⋯⋯⋯⋯⋯⋯⋯⋯⋯⋯⋯⋯⋯⋯⋯⋯⋯⋯ 86
  - 4.3.1 结构嵌入、组织合法性与新创企业竞争优势 ⋯⋯⋯⋯⋯⋯ 87
  - 4.3.2 关系嵌入、组织合法性与新创企业竞争优势 ⋯⋯⋯⋯⋯⋯ 88
  - 4.3.3 认知嵌入、组织合法性与新创企业竞争优势 ⋯⋯⋯⋯⋯⋯ 89
- 4.4 关系学习和组织合法性的链式中介作用 ⋯⋯⋯⋯⋯⋯⋯⋯⋯⋯⋯ 90
- 4.5 双元环境的调节作用 ⋯⋯⋯⋯⋯⋯⋯⋯⋯⋯⋯⋯⋯⋯⋯⋯⋯⋯⋯⋯ 91
  - 4.5.1 环境动态性的调节作用 ⋯⋯⋯⋯⋯⋯⋯⋯⋯⋯⋯⋯⋯⋯⋯ 92
  - 4.5.2 环境竞争性的调节作用 ⋯⋯⋯⋯⋯⋯⋯⋯⋯⋯⋯⋯⋯⋯⋯ 93
- 4.6 模型构建与研究假设 ⋯⋯⋯⋯⋯⋯⋯⋯⋯⋯⋯⋯⋯⋯⋯⋯⋯⋯⋯⋯ 96
- 4.7 本章小结 ⋯⋯⋯⋯⋯⋯⋯⋯⋯⋯⋯⋯⋯⋯⋯⋯⋯⋯⋯⋯⋯⋯⋯⋯⋯⋯ 98

5 网络嵌入对新创企业竞争优势影响的研究方法及设计 ⋯⋯⋯⋯⋯⋯⋯⋯ 99

- 5.1 问卷设计 ⋯⋯⋯⋯⋯⋯⋯⋯⋯⋯⋯⋯⋯⋯⋯⋯⋯⋯⋯⋯⋯⋯⋯⋯⋯⋯ 99
  - 5.1.1 问卷调查方法 ⋯⋯⋯⋯⋯⋯⋯⋯⋯⋯⋯⋯⋯⋯⋯⋯⋯⋯⋯⋯ 99
  - 5.1.2 问卷设计过程 ⋯⋯⋯⋯⋯⋯⋯⋯⋯⋯⋯⋯⋯⋯⋯⋯⋯⋯⋯ 100
- 5.2 变量测量 ⋯⋯⋯⋯⋯⋯⋯⋯⋯⋯⋯⋯⋯⋯⋯⋯⋯⋯⋯⋯⋯⋯⋯⋯ 101
  - 5.2.1 网络嵌入的测量 ⋯⋯⋯⋯⋯⋯⋯⋯⋯⋯⋯⋯⋯⋯⋯⋯⋯⋯ 101
  - 5.2.2 关系学习的测量 ⋯⋯⋯⋯⋯⋯⋯⋯⋯⋯⋯⋯⋯⋯⋯⋯⋯⋯ 103
  - 5.2.3 组织合法性的测量 ⋯⋯⋯⋯⋯⋯⋯⋯⋯⋯⋯⋯⋯⋯⋯⋯⋯ 104
  - 5.2.4 双元环境的测量 ⋯⋯⋯⋯⋯⋯⋯⋯⋯⋯⋯⋯⋯⋯⋯⋯⋯⋯ 104
  - 5.2.5 新创企业竞争优势的测量 ⋯⋯⋯⋯⋯⋯⋯⋯⋯⋯⋯⋯⋯⋯ 105
  - 5.2.6 控制变量 ⋯⋯⋯⋯⋯⋯⋯⋯⋯⋯⋯⋯⋯⋯⋯⋯⋯⋯⋯⋯⋯ 105
- 5.3 预测试及正式量表形成 ⋯⋯⋯⋯⋯⋯⋯⋯⋯⋯⋯⋯⋯⋯⋯⋯⋯⋯ 106

5.3.1　预调研过程 …………………………………………………… 106
5.3.2　预调研测量题项的 CITC 及信度检验 ………………… 107
5.3.3　预调研测量题项的效度检验 ……………………………… 113
5.3.4　问卷修正 ……………………………………………………… 119
5.4　数据收集与样本特征 ……………………………………………… 120
5.4.1　数据收集 ……………………………………………………… 120
5.4.2　样本特征 ……………………………………………………… 121
5.5　数据分析方法 ……………………………………………………… 122
5.6　本章小结 …………………………………………………………… 123

6　网络嵌入对新创企业竞争优势影响的实证分析 ………………… 124
6.1　问卷质量分析 ……………………………………………………… 124
6.1.1　数据同源偏差检验 ………………………………………… 124
6.1.2　样本正态分布检验 ………………………………………… 125
6.1.3　信度检验 ……………………………………………………… 126
6.1.4　效度检验 ……………………………………………………… 128
6.2　描述性统计与相关分析 …………………………………………… 130
6.3　主效应与中介效应检验 …………………………………………… 132
6.3.1　网络嵌入对新创企业竞争优势影响的检验 …………… 132
6.3.2　关系学习的中介效应检验 ………………………………… 135
6.3.3　组织合法性的中介效应检验 ……………………………… 139
6.3.4　关系学习和组织合法性的链式中介效应检验 ………… 144
6.4　双元环境的调节效应检验 ………………………………………… 150
6.4.1　环境动态性的调节效应检验 ……………………………… 150
6.4.2　环境竞争性的调节效应检验 ……………………………… 153
6.5　研究结果与讨论 …………………………………………………… 156
6.5.1　假设检验结果汇总 ………………………………………… 156
6.5.2　检验结果进一步分析与讨论 ……………………………… 158

7 研究结论与展望 ······ 164

7.1 主要研究结论 ······ 164
7.2 主要创新点 ······ 167
7.3 管理启示 ······ 169
7.4 研究局限与未来展望 ······ 175

参考文献 ······ 177

附 录 ······ 207

后 记 ······ 210

1 绪论

1.1 研究背景及问题提出

1.1.1 研究背景

近年来,我国掀起了强劲的创业热潮。2023中关村论坛首次举办的全球标杆孵化器论坛公布的"全球城市创业孵化指数"显示,北京、深圳和上海全球创业孵化指数综合得分排名前10。然而,中国大多数新创企业在成立3~5年后便陷入生存危险期(张楠和吴先明,2020),有近50%的企业寿命不足5年(俞园园,2015)。从平均寿命来看,中国民营小企业的平均寿命只有2.5年(吴增源等,2018)。Drucker(1989)指出,一个企业必须构建独特的竞争优势以实现持续性经营。"竞争优势"最早由英国经济学家Chamberlin(1933)提出,如何获取和保持持续竞争优势作为战略管理学的基本命题,一直以来都是学术界和企业界关注的焦点。竞争优势对于企业的生存与发展十分关键,尤其是对于面临外部网络关系不稳定、资源短缺、合法性缺乏等新生劣势的新创企业而言(Ripollés & Blesa, 2018;温超,2020)。

随着经济全球化和信息技术革命的深入发展,企业间网络、网络联盟、虚拟组织不断发展,促进了组织网络化形态的出现,在很大程度上扩展了企业的生存与发展空间,也改变了企业实现竞争优势的条件和基础。在组织网络化浪潮下,新创企业纷纷构建外部网络关系,实现网络嵌入,获取更多的外部支持,以克服"小规模缺陷"和"新进入缺陷"(汪艳霞和曹锦纤,2020;Dong et al.,2020)。然而,有学者提出了"企业社会网络总是有用吗"的质疑(黄嘉文,2019)。那么,嵌入网络中的新创企业一定能够成功吗?创业过程中新创企业应该如何通过网络嵌入来建立竞争优势?

资源基础观强调,企业竞争优势源于异质性资源,在知识经济时代下,知识资源因更符合异质性特征,对竞争优势有重要影响(朱秀梅等,2010)。但新创企业因新生弱性面临严重的资源约束,网络嵌入作为新创企业克服资源瓶颈的重要途径(Letaifa & Goglio,2016),为新创企业建立竞争优势找到了突破口。然而,我们需要认识到,有的新创企业能在嵌入网络中获得有价值的、稀缺的资源,而有的新创企业如同身陷"盘丝洞",举步维艰(Stuart et al.,1999;杨震宁等,2013),也就是说,网络嵌入为新创企业带来的效用并不是相同的。庄彩云和陈国宏(2017)、梁娟和陈国宏(2019)的研究能对此做出一定的解释,他们认为,网络嵌入只是为企业获取知识等资源提供了重要前提,但知识具有零散性,只有通过学习实现对资源的吸收、整合以及消化后才能帮助企业。在此基础上,本书尝试从关系学习的角度来观察并解释这一现象。关系学习是在关系范式下,基于组织学习理论提出的新概念,是一种组织间学习,强调企业通过与合作伙伴之间信息共享、共同理解,并将信息和知识整合至特定关系记忆的跨组织学习行为与能力(Selnes & Sallis,2003;李贞和杨洪涛,2012;Antonio et al.,2016)。本书认为,新创企业在嵌入网络中出现竞争优势差异的一个重要原因在于,其是否充分利用了嵌入网络中的联结关系开展关系学习来有效突破知识资源缺口。尽管目前已有大量关于组织学习的研究成果,但关系学习不同于一般的组织学习,合作关系中的学习还需要进一步探索(Wang & Hsu,2014;宋春华等,2017)。

与此同时,组织合法性作为新制度理论的核心概念,一直是新创企业研究的重要议题(林枫等,2017;Tracey et al.,2018;Fisher,2020)。组织合法性是指企业行为在社会建构的相关法律规范、价值信念和身份系统中被社会或利益相关者认为是正确的、合理的和可取的整体感知或假设(Suchman,1995)。制度基础观认为,合法性能有效避免制度压力对企业效率产生的负面影响,是企业竞争优势的来源(Dacin et al.,2007;Peng,2002)。在中国经济转型背景下,经济体制的变革使市场环境中既定的法律、规制和准则不够健全(尹苗苗等,2015),新创企业极易与现有制度结构产生冲突,导致合法性不足。因此,如何跨越合法性门槛、化解合法性危机对新创企业建立竞争优势尤为重要。新制度理论认为,组织的行为嵌入社会性与规范性的情境中,组织合法性解释了企业的社会嵌入性(黄继生,2017)。新创企业可以通过网络嵌入的"溢出效应"和"骑背效应"获取组织合法性(Zimmerman & Zeitz,2002;俞园园,2015)。据此,本书进一步尝试从组织合法性的视角观察和解释新创企业是如何通过网络嵌入来建立竞争优势的,指出嵌入网络的新创企业可以充分利用网络联结塑造利益相关者对其的合法性感知,提升企业的组织合法性水平,从而助力新创企业构建竞争优势,克服制度环境压力。

此外,权变理论指出,环境是企业成长过程中重要的权变变量(郭韬等,2017),可用于解释为什么即使某些采取同样活动的新创企业在成长过程中仍然存在差异的这一问题。在组织管理实践中,企业时常会面临两种具有相反张力或悖论特质的外部环境,即双元环境(Ambidextrous Environment),具体体现为环境动态性和环境竞争性(Jansen et al., 2006;张振刚等,2021)。从企业实践来看,大多数企业都处于动态性和竞争性并存的双元环境中(孙锐等,2018),新创企业也不例外。并且,在中国经济转型时期,双元环境是创业环境的两个重要维度(黄胜兰,2015)。因而,在组织网络化视角下,双元环境是如何影响嵌入网络中的新创企业行为及成长的,也值得进一步探索。

1.1.2 问题提出

由研究背景的分析可知,在组织网络化范式下,应当对新创企业建立竞争优势过程中的困境予以更多的关注。因而,本书提出"网络嵌入对新创企业竞争优势的影响"这一核心问题,以中国新创企业为研究对象,从网络嵌入视角,基于竞争优势的资源基础观与制度基础观,系统整合竞争优势理论、网络嵌入理论、组织学习理论、新制度理论和环境权变理论等,试图窥探组织网络化范式下新创企业竞争优势的实现问题。本书以关系学习和组织合法性为中介变量,构建起"网络嵌入—关系学习、组织合法性—新创企业竞争优势"的理论逻辑构架,并进一步探讨双元环境的调节效应,以揭示网络嵌入对新创企业竞争优势的作用机制及环境边界。本书具体探究以下问题:①新创企业网络嵌入的维度构成有哪些,这些维度对新创企业竞争优势的影响如何?②关系学习、组织合法性在网络嵌入对新创企业竞争优势的影响过程中发挥了何种作用？关系学习与组织合法性有何关联，这种关联如何影响网络嵌入向新创企业竞争优势的转化？③双元环境是否会对关系学习、组织合法性作用的发挥产生影响，产生何种影响？

1.2 研究目的与研究意义

1.2.1 研究目的

本书的研究目的主要在于，以新创企业为研究对象，在组织网络化范式下，以实现新创企业竞争优势为立足点，将竞争优势来源的资源基础观和制度基础观整合到一个框架下，揭示网络嵌入对新创企业竞争优势的影响及作用过程。具体地，在充分考虑各变量间关系的基础上，整合竞争优势理论、网络嵌入理论、组织学习理论、新制度理论和环境权变理论等，深入探究关系学习和组织合法性在网络嵌入影响新创企业竞争优势过程中的中介作用，以及双元环境对其中部分作用过程阶段的调节作用，系统阐释网络嵌入影响新创企业竞争优势的作用机制及边界条件，揭示并识别网络嵌入向新创企业竞争优势转化的过程及环境影响因素，以期打开网络嵌入与新创企业竞争优势二者间关系的"黑箱"，并从网络嵌入视角，为知识经济时代背景下，中国经济转型情境中的新创企业开展创业实践活动提供管理启示。

1.2.2 研究意义

在组织呈现网络化发展趋势下，新创企业处于一个由顾客、供应商、竞争者、金融机构、中介机构和政府等外部组织相互作用、相关影响的网络组织环境中（黄继生，2017）。进一步地，在"大众创业、万众创新"的政策推动下，中国新创企业获得众多关注与扶持的同时，也面临更大的竞争压力。在组织网络化视角下，研究新创企业如何充分利用网络嵌入建立竞争优势具有重要的理论意义与实践意义。

（1）理论意义

创业问题是目前社会科学领域最为复杂的研究问题之一，涉及社会学、管理学、经济学、政治学、心理学和公共政策学等诸多学科领域。本书结合竞争优势理论、网络嵌入理论、组织学习理论和新制度理论等，构建起多理论整合视角下的新创企业竞争优势综合性分析框架，有利于缩小不同学科、理论领域之间的鸿沟，为整合相关学科、理论提供了一个平台，并从多种角度增加了对新创企业实践活动的解释力度，突破了单一理论研究的局限性。具体而言：

第一，结合网络嵌入理论研究新创企业竞争优势的实现问题，丰富了有关创业问题研究的视角。网络嵌入理论不同于新古典经济学"低度社会化"与古典社会学"过度社会化"忽视个体差异的分析思路，认为网络结构影响经济行为与绩效，注重从社会关系角度来解释个体的经济行为，更为合理与符合实际。网络嵌入理论是企业网络分析的重要工具，目前结合网络嵌入理论研究新创企业相关问题的文献较为分散，本书尝试将这些零散的研究结合起来，系统分析网络嵌入对新创企业竞争优势的影响机制。

第二，将竞争优势理论的资源基础观和制度基础观整合到一个框架下，研究网络嵌入视角下的新创企业行为及结果。具体地，结合网络嵌入理论，并分别基于组织学习理论和新制度理论，引入关系学习与组织合法性的双中介变量，用于透视网络嵌入影响新创企业竞争优势的过程，构建网络嵌入向新创企业竞争优势转化的两条路径。同时，进一步探究关系学习与组织合法性的关系，以期丰富新创企业关系学习和组织合法性的相关研究成果，并搭建竞争优势的资源基础观与制度基础观之间的关联性，尝试构建网络嵌入影响新创企业竞争优势的第三条路径，从而有益于更完整地阐释网络嵌入影响新创企业竞争优势的"黑箱"。

第三，基于环境权变理论，引入双元环境这一调节变量，尝试检验环境动态性和环境竞争性分别在网络嵌入影响新创企业竞争优势作用路径中所起的调节效应，以期丰富网络嵌入对新创企业竞争优势的作用机制研究，并补充权变视角下新创企业关系学习和组织合法性的相关理论及研究成果，进一步推动中国经济转型情境下创业管理理论的完善。

（2）实践意义

在国家"大众创业、万众创新"的政策推动下，中国创业活跃指数显著提升，新创企业成为国民经济的重要推动力量。然而，人们在发现创业活动对经济发展积极意义的同时，也意识到当前创业的高失败率。因此，企业必然会构建起竞争优势以维持经营的持续性，特别是随着原有粗放式经营的转变和劳动力成本的提高，寻找企业可持续竞争优势新来源的问题变得更加重要。新创企业能否建立持续竞争优势以实现生存与发展，是创业者普遍关注的问题。

第一，尝试在组织网络化视角下，系统探究网络嵌入各维度对新创企业竞争优势的影响作用，以期指导创业者构建有效的新创企业网络，更好地利用不同形式的网络嵌入来建立并提升新创企业竞争优势，实现顺利创业。

第二，进一步明确网络嵌入对新创企业竞争优势的作用路径，为新创企业实现可持续发展提供实践指导。在知识经济时代背景与中国转型情境下，对于具有新生弱性的新创企业而言，其在建立竞争优势过程中面临知识资源缺乏、制度环境压力等问题。本书以网络嵌入为出发点，尝试验证关系学习和组织合法性在网络嵌入影响新创企业竞争优势过程中的中间传递作用，以期指导新创企业在组织网络中充分发挥新生学习优势、开展跨组织学习，以及积极应对制度环境、实施有效的合法性战略等，为新创企业不断提升竞争优势提供有效的解决方式与路径。

第三，结合中国经济转型背景下的创业环境特征，厘清关系学习与组织合法性在网络嵌入影响新创企业竞争优势作用过程中的环境边界，以期解释为何即使某些采取同样行为活动的新创企业在成长过程中仍然存在差异的情形，从而有效指导新创企业根据外部环境动荡变化情况与竞争激烈程度，及时调整自身战略行为，采取更有针对性的学习策略与合法性策略。这些研究对新创企业开展创业实践、有效培育和提升竞争优势、提高创业成功率具有参考价值。

1.3 研究内容与研究方法

1.3.1 研究内容

本书主要介绍研究背景与问题、研究目的与意义、研究内容与方法，以及研究思路与技术路线等，并梳理新创企业竞争优势、网络嵌入、关系学习、组织合法性和双元环境等关键变量的相关理论及文献研究，厘清本书对现有理论及研究的继承、完善与拓展，夯实研究的理论基础。

第一，开展网络嵌入对新创企业竞争优势影响的探索性案例研究。基于相关文献研究的启示，以及对4个新创企业的深度访谈，采用探索性案例研究方法，通过理论预设、案例选择、调研数据收集、案例内与跨案例分析等步骤，推导出网络嵌入、关系学习、组织合法性和双元环境，以及新创企业竞争优势间关系的初始模型与命题。

第二，构建网络嵌入对新创企业竞争优势影响的概念模型。基于探索性案例研究，通过进一步地理论分析推演，并结合相关文献研究，构建网络嵌入影响新创企业竞争优势的概念模型，进而提出相应的研究假设。

第三，进行网络嵌入对新创企业竞争优势影响的实证分析。在问卷调查的基础上，采用多种实证分析方法验证概念模型，检验网络嵌入对新创企业竞争优势的主效应、关系学习和组织合法性的中介效应、双元环境的调节效应等，以明确网络嵌入、关系学习、组织合法性、双元环境，以及新创企业竞争优势之间的作用机制。

梳理主要研究结论，展示主要创新点，探讨对新创企业的管理实践启示，并指出研究局限以及未来研究的方向。

1.3.2 研究方法

本书将规范研究与实证研究相结合、定性研究与定量研究相结合，涉及的主要研究方法如下：

第一，文献综述法。通过对国内外有关网络嵌入、组织合法性、关系学习和双元环境，以及新创企业竞争优势等关键变量的相关理论及文献研究的梳理，剖析现有研究的不足之处，为研究问题的提出、关键变量的界定、测量方式的选择、案例研究的开展、概念模型的建立、研究假设的提出，以及后续统计分析提供理论依据。

第二，案例研究法。案例研究适用于回答"是什么""为什么""怎么样"的问题。根据已有学者的建议，选取4个典型新创企业进行探索性案例研究。通过理论预设、案例内分析和跨案例分析，初步探索网络嵌入、关系学习、组织合法性和双元环境对新创企业竞争优势的作用路径，提出初始模型和命题，做到理论结合实践。

第三，问卷调查法。借鉴已有的成熟量表与测量方法，结合本书的研究内容设计各变量的观测题项，并进行预测试，以进一步提高问卷的信效度，随后大规模发放问卷。为了保证调研数据的有效准确，本书选择的调研对象为新创企业的创业者、所有者或者其他中高层管理者。相对于普通员工而言，他们对题项的具体情况更为熟悉。

第四，实证研究法。基于构建的概念模型，依托问卷调查数据，借助 SPSS 20.0、AMOS 21.0 等统计分析软件，采用描述性统计分析、相关分析、探索性因子分析、验证性因子分析、结构方程模型，以及回归分析等统计方法进行分析，逐一验证所提的研究假设，以检验概念模型是否成立，从而深入揭示网络嵌入对新创企业竞争优势的影响机制。

1.4 研究思路与技术路线

本书依据"文献阅读→案例研究→模型构建→实证分析→研究结论"的路径展开研究。在研究背景的基础上，结合相关理论及文献研究，提出"网络嵌入对新创企业竞争优势的影响"这一核心问题，构建网络嵌入影响新创企业竞争优势的理论框架，并对理论框架及相应的研究假设进行实证检验，最后得出研究结论。本书的技术路线如图 1-1 所示。

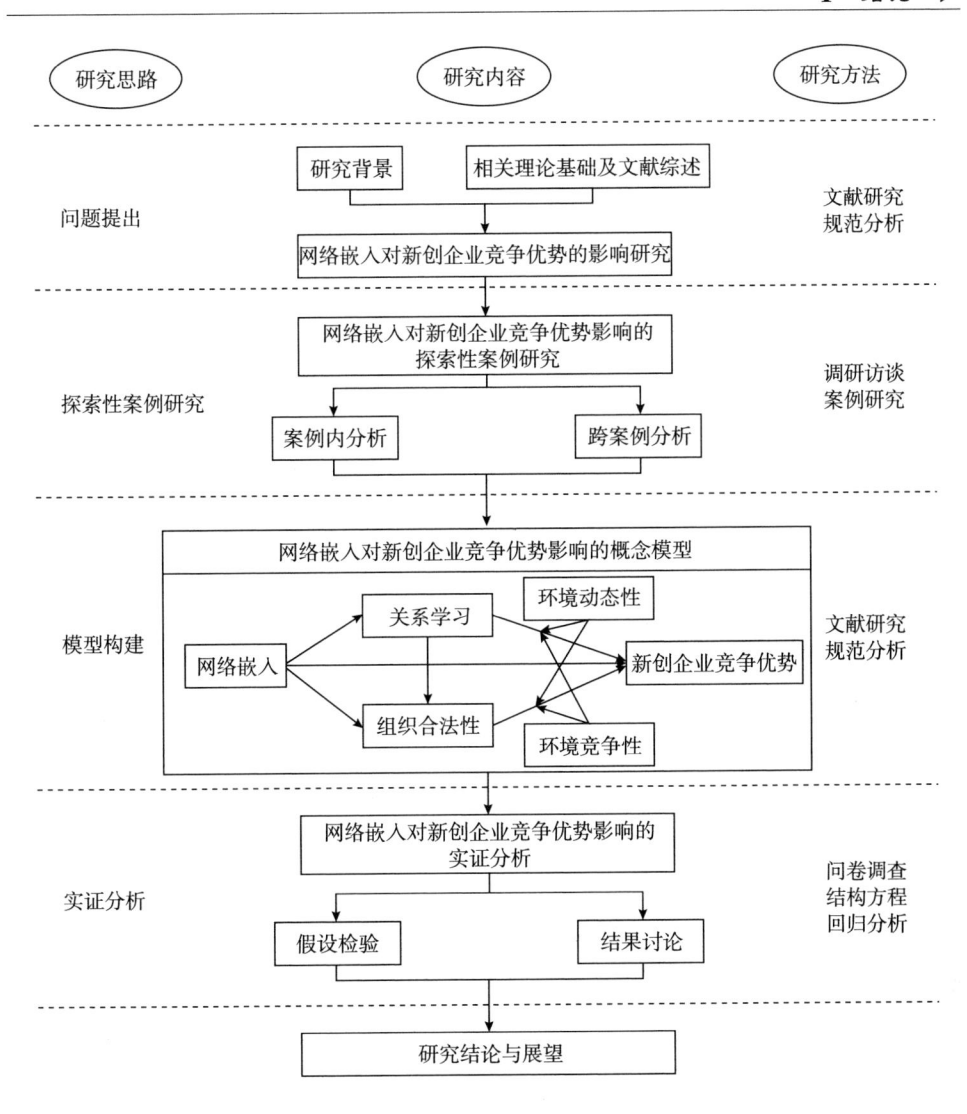

图 1-1 本书的技术路线

2　相关理论基础及文献综述

资源基础观强调，企业竞争优势源于异质性资源。社会网络理论指出，网络对于企业获取资源具有重要作用（董保宝，2012）。可见，网络对企业获取竞争优势意义重大。进一步地，在知识经济时代，知识资源因更符合异质性特征对竞争优势有重要影响（朱秀梅等，2010），而知识与组织学习密切相关（Crossan et al.，1999；吴楠，2015）。因而，通过网络（嵌入）开展组织学习获取知识等异质性资源受到学者的关注（Gulati，1999；Zhao，2017；马丽，2020）。一方面，相较于一般企业，新创企业初始资源匮乏，从外部网络获取资源的诉求更加迫切。此时，新创企业便可以通过网络嵌入，充分利用嵌入网络中的关系联结，积极开展"关系范式"下的组织学习，以获取外界信息和知识等异质性资源，从而促进竞争优势。另一方面，在中国经济转型背景下，新创企业难以把握外部制度环境，极易与现有社会制度结构产生冲突，造成合法性不足，导致创业失败（Zimmerman & Zeitz，2002；王玲玲等，2017）。制度基础观认为，合法性是企业竞争优势的来源（Peng，2002、2003），企业在缓和制度压力上做出的投资与努力使其得以建立并累积制度资本，为新进入者创造障碍（Suchman，1995；Bresser et al.，2003）。因此，如何跨越合法性门槛、化解合法性危机对新创企业建立竞争优势至关重要。Stinchcombe（1965）、Suchman（1995）、李靖华和黄继生（2017）认为，企业可以通过网络联结主动塑造利益相关者对其的合法性感知，网络（嵌入）有助于新创企业减轻合法性压力，是企业获取合法性的一种重要方式。

因此，本章将就相关的理论基础与研究要素进行回顾与评述。通过对相关理论以及文献的梳理，厘清本书与已有研究之间的理论继承和扩展关系。首先，介绍本书主要涉及的相关理论基础，并界定研究涉及关键变量的概念内涵，为厘清变量间的作用关系提供理论基础。其次，对本书涉及的新创企业竞争优势、网络嵌入、关系学习、组织合法性、双元环境等方面的文献进行系统梳理与评述，析出现有研究存在的不足之处，明确本书的研究主题与内容。

2.1 相关理论基础

2.1.1 竞争优势理论

（1）企业竞争优势的内涵

"竞争优势"这一概念最早是由经济学家Chamberlin于1933年在《垄断竞争理论》(*The Theory of Monopolistic Competition*)一书中提出的，企业竞争优势是指企业比对手在市场上表现更好。随后，Hofer和Schendel(1980)将"竞争优势"引入战略管理研究。而真正意义上对企业竞争优势的专业性研究始于Porter(1985)的贡献，他认为竞争优势是指企业能够以更低的成本为消费者创造更高的价值。经过几十年的发展，竞争优势理论被广泛应用于管理学、经济学等领域。由于研究视角的差异，国内外学者对企业竞争优势的内涵存在不同的解释。从来源的视角来看，Barney(1991)指出，竞争优势源于企业拥有的有价值的、稀缺的、难以模仿和难以替代的资源。从结果的视角来看，Hill和John(2007)认为，竞争优势是企业利润高于竞争者的表现，涉及较佳的品质、效率、创新和顾客响应四个方面。高可为(2010)指出，竞争优势广义上是指企业在某一方面具有的优于竞争对手的有利条件，与经营绩效不直接相关，而狭义上是指企业在市场中处于领先地位，与企业经营绩效直接相关。还有学者结合竞争优势的来源与结果对企业竞争优势进行了界定，如Hofer和Schendel(1980)将竞争优势定义为企业通过其资源的调配而获得的相对于其竞争对手的独特性市场位势。王一(2017)认为，竞争优势是指企业在与行业中利益相关组织进行资源争夺与市场占有过程中，能够以更高的绩效水平占据较为优越的市场位置。此外，有学者从战略的角度出发，指出竞争优势是企业通过实施独特战略而获得的持久的利益，企业实施的这种独特战略既不能被现实的或潜在的竞争者所实施，也不能被它们复制(Hoffman，2000)。

关于新创企业竞争优势的内涵界定，Acedo和Florin(2006)认为，需要将创业网络、创业资源与企业家精神三大因素进行整合来评定新创企业竞争优势。Wu和Dong(2010)基于对高科技新创企业的研究指出，新创企业竞争优势是指企业拥有的人力资本在市场上所发挥出来的高于竞争对手的效能。孟宣宇(2013)结合新创企业的特征认为，新创企业竞争优势是企业利用所控制的资源和学习能力，在组织间进行协同创新，在市场上获取的高额绩效并占据领先地位，并以此循环往复维持这种优势持续发展的状态。董保宝和周晓月(2015)将新创企业竞争优势定义为企业在内部运营环境以及外部市场环境中表现出的优于竞争对手的某些特质，如内部创新速度、产品质量、外部市场表现等。

（2）企业竞争优势的来源

竞争优势是战略管理领域的研究热点。从理论发展的逻辑联系来看，企业竞争优势来源的研究主要形成了行业基础观、资源基础观和制度基础观三种观点。

行业基础观主要以Porter(1985)的竞争战略理论为代表，他指出产业内存在的进入与退出障碍、政府的保护与限制、市场集中状况等因素决定了企业的获利水平，不同的外部环境和产业结构使个别企业获得了超额利润。因此，企业可以通过产业分析来选择一个总体盈利水平较高的行业，然后在该行业中通过实施一定的竞争战略来获取竞争优势。Porter利用现代产业组织理论的S-C-P（结构—行为—绩效）研究范式，构建了产业竞争的五力模型，用于分析产业结构及其对企业竞争优势的影响。且Porter将价值链作为分析工具，指出各项价值链活动间进行有机的战略配置是阻碍模仿、创造持续竞争优势的重点。Porter认为，企业在产业市场中的地位决定其竞争优势，市场地位可以通过选择低成本战略或者差异化战略来实现，从而获得产业进入壁垒的保护。竞争优势的行业基础观对于解释行业间盈利率的差距、指导企业如何进入新的行业，以及怎样在现有行业中采取有效的行为策略来获得有利地位等，具有重要的理论贡献与实践指导意义。但该理论过分强调所处行业环境对企业竞争优势的作用，忽略了企业的异质性。基于这些经验判断，Rumelt(1984)指出，"企业最重要的超额利润源泉是其所具备的特殊性"。因而，越来越多的研究开始从企业的角度来解释竞争优势的来源和影响因素。

资源基础观认为，企业竞争优势源于拥有的核心资源与能力（Wernerfelt，1984；Barney，1991）。Penrose(1959)是最早关注资源与竞争优势的学者，他在

《公司的成长理论》(*The Theory of the Growth of the Firm*)一书中强调,企业是一个被限定在行政管理框架内的资源集合,其成长过程就是一个不断积累知识来扩展生存与发展空间的过程。随后,Wernerfelt(1984)在《企业的资源基础观》(*A Resource-based View of the Firm*)中首次明确提出了"资源基础观"的概念,并将研究视角重新转向 Penrose 提出的"企业是生产性资源的集合"的观点。他尝试从资源而非产品的视角来看待企业,将那些能够带来高额利润的资源类型称为"资源地位壁垒",描绘了企业依靠自身异质性资源禀赋去努力建立资源壁垒的图景,并开发了"资源—产品矩阵"分析工具,主张采用强势资源扶持弱势资源的理念以及循序渐进的增长策略。Barney(1991)的经典之作《企业资源与可持续竞争优势》(*Firm Resource and Sustained Competitive Advantage*)从战略管理领域把基于资源基础观的研究推向了巅峰。他指出企业竞争优势的战略性源泉来自那些有价值的、稀缺的、难以模仿和替代的资源,并提到了知识的重要性。在他看来,每个企业所掌握的资源决定了该企业能够进入哪个市场、最终可以获得怎样的竞争优势,以及这种竞争优势是否具有持续性。他还认为,企业的资源是指企业所控制的所有资产、能力、组织流程、企业属性、信息和知识等,这些资源促使企业战略得以实施,并带来竞争优势。后来也有学者指出,能力和知识是企业特定的资源类型,将能力基础理论和知识基础理论视为企业资源基础理论的分支与延伸(Grant,1996;Ray et al.,2004;陈培祯,2019)。因此,本书遵循 Barney(1991)等的观点,基于广义的资源概念来认知竞争优势来源的资源基础观。资源基础观强调基于企业内部的资源禀赋来研究竞争优势,认为企业竞争优势来源于其所拥有的异质性资源而非行业环境的差异,使企业管理者意识到了资源对企业价值创造的重要性,并指导企业管理者应从资源的角度制定实施企业战略决策。

在行业基础观和资源基础观后,部分学者提出了解释竞争优势来源的第三个视角,即制度基础观。制度在战略管理领域的研究发展历经了一个较长的时期。最初,制度环境只是作为企业战略的一个背景条件,随着新制度理论在社会科学领域的运用,加上中国、印度、巴西等新兴国家的发展,国际合作与竞争日趋激烈。新兴经济国家处于重要的制度转型时期,且与发达国家在制度、文化、伦理上存在显著的差异,这就迫使战略管理学派开始考虑行业环境及内部资源以外的第三个重要因素——制度(李俊,2017)。早在 1977 年,Meyer 和 Rowan 便指出,组织需要通过与制度规范保持一致来获取合法性与资源,从而保持竞争优势。

Oliver（1991）将制度理论与资源基础理论整合起来，通过结合社会情境与企业异质性，分析了企业产生持续竞争优势的资源基础要素与制度基础要素，试图寻找一个对企业持续竞争优势的完整解释。Peng（2002）对制度基础观下的企业战略进行了一系列研究，将战略理论重新划分为行业基础观、资源基础观和制度基础观，并构建了制度、组织、战略选择三者之间的互动作用模型。随后，Peng（2003）强调了制度因素对企业战略选择的约束作用，指出这种约束源自正式制度约束与非正式制度约束两个方面。进一步地，Peng（2003）指出，制度基础观是继行业基础观和资源基础观之后，解释竞争优势的第三个视角。此后，一些学者在尝试从制度基础观视角下解释竞争优势的来源时，还提到了"制度资本""制度优势"等概念。例如，Bresser和Millonig（2003）认为，企业通过赢得合法性的方式与手段，累积制度资本，创造新进入障碍，进而获得竞争优势。Martin（2014）指出，企业与制度环境的互动能够使其资源和行动更具特色，从而取得超越竞争对手的经济价值，此时企业便拥有了制度竞争优势。

从竞争优势来源的三种观点来看，行业基础观的前提假设源自新古典经济学中的"黑箱"理论以及企业"同质性"的设定，即假设企业是同质的投入产出系统，同一行业的不同企业掌握着相似的战略资源。该观点过分强调产业环境及行业选择对企业竞争优势的影响，难以解释为何同一产业中不同企业在竞争能力及长期利润率上表现出差异。并且，作为经济发展的新生军，与成熟企业相比，新创企业表现出以下独特性：一方面，新创企业具有新生弱性。由于创立时间短，新创企业内部缺乏资源、能力和经验，外部网络关系不稳定、不熟悉制度环境、面临新进入障碍（Stinchcombe，1965；俞园园，2015），这些内部缺陷与外部威胁使其与成熟企业相比具有不可忽视的新生弱性。另一方面，新创企业具有灵活性与主动性。简约化的组织结构带来极大的灵活性，新创企业不受理念框架和管理程序的制约，且在资源整合、知识创造等方面更具主动性，表现出新生学习优势（苏晓华等，2013、2015）。进一步地，鉴于新创企业的成长是在资源禀赋缺乏以及新进入障碍等不利条件下，面临高失败率、进行资源整合、跨越"合法性门槛"的挑战与困难（Zimmerman & Zeitz，2002；杜运周，2010），本书主要从竞争优势来源的资源基础观与制度基础观出发，基于现有学者对企业竞争优势以及新创企业竞争优势的内涵界定，结合新创企业虽然具有新生弱性但更具灵活性和主动性等新生学习优势特征，从竞争优势的来源与结果两个方面，将新创企业竞争优势定义为：新创企业通过不断学习，对其内外部资源进行调配，并积极与外部制度环境互动，从而在市场上获得优于竞争对手的表现，并以此循环往复维持这种优势持续发展的状态。

2.1.2 网络嵌入理论

(1) 网络嵌入理论的起源——社会网络理论

对网络问题的关注最早出现在人类学和社会学学科，可以追溯到德国社会学家Simmel(1908)在《社会学：社会形式的调查》(Sociology: Investigations on the Forms of Sociation)中提出的"社会互动"一词。1940年，英国人类学家拉德克利夫·布朗在《安达曼岛人》(The Andaman Islanders)中率先引入了"社会网络"的概念，并将其应用于社会分配与支持领域。此后，经过多年的发展，社会网络理论被广泛应用于经济学、管理学、心理学和政治学等多个学科领域，并形成了完善的理论体系，其涉及的核心观点主要有弱联结优势假设、嵌入理论、社会资本理论和结构洞理论。

Granovetter(1973)首次提出了弱联结优势假设，他将行动者之间的联系划分为弱联结与强联结两类，并论证了美国劳动力市场中弱联结发挥的有效作用，指出弱联结带来更广泛的人际关系，使求职者能够接触到具有有效性和关键性的求职信息，从而推动求职成功。但也有学者挑战了"弱联结优势假设"的观点。例如，Bian(1997)通过对中国20世纪80年代人们找工作的调查发现，由义务和信任构成的人情网下的"强联结"在待业者找工作与职位提升过程中具有重要作用。Uzzi(1997)也认为，弱联结仅适合传递简单的信息，而强联结适合传递复杂缄默性的知识，且强联结在提供社会情感支持与解决冲突上比弱联结更具优势。这一"关系悖论"事实上是由跨文化环境的差异以及在不同情境下对不同研究对象的差异造成的，而此争论也推动了权变理论在社会网络理论中的发展。此外，Granovetter在提出弱联结优势假设后，于1985年发表了《经济行为和社会结构：嵌入性问题》(Economic Action and Social Structure: The Problem of Embeddedness)一文，在Polanyi(1944)提出"嵌入"概念的基础上，将经济学与社会学融合，提出了社会网络嵌入性的观点，认为经济行为总是嵌入在社会网络中，并受到社会网络的影响。网络嵌入理论是社会网络理论的一个重要分支，对此，本书将在下文中单独对其进行详细的论述。

Bourdieu(1986)率先提出了"社会资本"的概念，指出社会资本是个体或团体通过与外界联系所增加的资源集合，其离不开制度化的网络关系。此后，学者对社会资本展开了深入的研究，逐渐形成了三种视角：①资源观视角，认为嵌入于社会网络结构中的资源就是社会资本，且这类资本具有可获得性与可使用性(Filieri & Alguezaui, 2014)。②能力观视角，认为社会资本是网络成员从所处网络中获取稀缺资源的能力，这种能力可为其提供特定的关系资源(Liu et al., 2018)。③制度观视角，认为限制行动主体行为的一系列组织规范和价值体系就是社会资本，强调了社会资本是约束其他行为主体的一整套价值观念，包括信任、准则与惩罚等(Coleman, 1990; Cummings et al., 2018)。Nahapiet 和 Ghoshal(1998)提出的结构、关系与认知三大维度也成为研究社会资本的经典分析框架。后来的学者大多基于 Nahapiet 和 Ghoshal(1998)对社会资本内涵的界定，并加以补充完善。

Burt(1992)在《结构洞：竞争的社会结构》(*Structural Holes: The Social Structure of Competition*)一书中提出了"结构洞"的概念，认为网络中的一个主体与其他主体间不可能都是直接联系的，即往往存在着该主体与其他部分主体间联系的断裂，但能通过第三个主体帮助二者建立一定的间接联系，此时二者之间的非直接联系就造成了空洞，即"结构洞"。Burt(2004)通过对比分析网络闭合性与结构洞指出，存在结构洞的社会网络更具价值，且通过实证发现，网络限制与结构洞呈负相关关系。Wiersema 等(2018)指出，在存在结构洞的社会网络中，关系一般的朋友或同事往往比那些较为亲近的亲戚或朋友更能提供丰富的资源，即此时网络中的个体或组织对社会资源的掌控程度就是社会资本。

综上所述，社会网络理论历经了弱联结优势假设、嵌入理论、社会资本理论和结构洞理论等发展阶段，这些理论发展脉络也有密切的联系。从已有的研究来看，学者普遍认同社会网络是网络个体或组织所拥有的特定社会关系结构与联系模式，能够提供各种资源和利益。纵观社会网络研究的发展历程，学者对社会网络的研究已经由个人之间的联结关系，逐渐向业务单元之间以及组织之间的联结关系发展。尤其是当社会网络理论被引入管理学研究领域后，众多学者基于组织间层次，从企业所处社会网络的构造出发来解释网络环境中的企业行为及效果，为研究企业成长提供了重要的理论基础。

(2) 网络嵌入理论的发展

在组织网络化范式下，学者开始聚焦于研究经济行为与社会结构之间的关系，嵌入性成为经济社会学研究的一个重要概念，构成了社会网络理论的重要分支。"嵌入"一词最早出现在 Polanyi(1944)的《大转型：我们时代的政治与经济起源》(*The Great Transformation*：*The Political and Economic Origins of Our Time*)一书中，认为个体和组织的经济行为并非独立于社会结构之外，而是嵌入宗教、经济、政治等制度中的。Polanyi(1977)进一步指出，个人的经济动机是嵌入社会关系里的，个人的经济行为是社会活动的一部分。虽然这一有关"嵌入性"的观点捕捉到了经济制度与社会结构之间的逻辑联系，并融合了经济学、社会学和人类学等的观点，但未能引起学者的注意，且其关于市场经济的去嵌入性主张也有很大局限性。直到 1985 年，Granovetter 深入拓展了"嵌入"概念，认为对待经济行为与社会关系问题存在"低度社会化"与"过度社会化"两种倾向，均失之偏颇，并采用社会网络分析法重新分析了个体的经济行为及与之相关的社会结构关系，指出网络嵌入是指个体的经济行为融入社会结构之中，受到社会结构特征及个体间相互关系的影响，经济行为被包围在"社会网"之中，只是嵌入的方式和程度存在差异。此后，网络嵌入理论日益受到学者的关注，逐渐成为政治学、经济学和社会学的主流核心概念。基于 Granovetter 的观点，Zukin 和 Dimaggio(1990)拓展了对嵌入的定义范围，指出嵌入是社会结构、文化、认知和政治制度等对经济活动可能造成的现象或状态。随后，学者将嵌入理论和企业理论融合在一起，由关注个体嵌入向关注组织间嵌入发展。Uzzi(1997)认为，网络嵌入是指公司与其他合作伙伴之间的关系被嵌入一个相互联系的网络中，且现实中组织的嵌入关系不仅是组织间对价格、数量等信息的交换关系，还涉及信息共享、信任和共同解决问题等社会因素。易朝辉(2012)认为，网络嵌入是指一个企业内部或者企业间由于过去的交往和联系而逐渐形成的日常化和稳定的联系，这种联系决定了不同的网络嵌入形式。Clercq 等(2018)指出，网络嵌入描述了企业与网络合作伙伴建立强有力的非正式关系的程度。

从网络嵌入概念的发展演化来看，国内外学者在网络嵌入的表述和界定上存在一些变化，但核心内容相对稳定。对于新创企业而言，嵌入各种外部网络联系为其获取稀缺资源、寻求支持与认可提供了重要渠道，因而有必要进行结网活动，并持续拓展组织网络边界(刘洋等，2015；张春雨等，2018)。换言之，新创企业须跨越创业者个人关系所构成的创业网络，积极参与产业分工寻求互补技术、信息知识的支持与社会认可，逐渐嵌入企业所属的组织网络中(芮正云和罗瑾琏，2019)。据此，本书基于已有研究，将新创企业的网络嵌入描述为新创企业与供应商、顾客、竞争者、金融机构、中介机构、行业协会和政府机构等外部组织在社会经济系统中的关系联结情况，且这些关系联结形成了不同的网络嵌入形式，表征了新创企业在网络中与其他成员形成的联结结构、关联关系与集体认知等。近年来，社会网络理论及网络嵌入理论被广泛应用于创业领域，用于研究社会网络关系带来的社会资源对企业创业活动的影响，这为本书的研究提供了丰富的理论基础。

2.1.3 组织学习理论

(1) 组织学习的起源与发展

Penrose(1959)对于企业成长的开创性著作《公司的成长理论》是了解组织学习的重要起点，描述了学习过程如何创造新知识，并通过对现有资源的重新组合塑造了组织成长的基础。随后，Cyert 和 March(1963)指出，组织的学习过程有别于个人，体现出基于经验的适应过程，并提出了"组织学习是由外部干扰激发的"观点。此后，组织学习的研究兴起。1978 年，Argyris 和 Schon 出版的《组织学习：行为视角理论》(*Organizational Learning：A Theory of Action Research*)一书作出了明确的阐释，认为"组织学习是发现错误，并通过重新构建组织的'使用理论'进行改正的过程"。该著作开启了学术界研究组织学习的热潮，学者基于不同视角对组织学习进行了大量研究，具体涉及以下视角：①组织决策与适应视角，认为组织学习是组织努力改变或重新设计自身以适应环境变化的适应性变革过程，受到过去经营的影响，并由组织记忆支持(Cyert & March，1963；陈国权和刘薇，2017)。②系统理论视角，蒋青云(2007)认为，学习就是理解社会系统及其动力的复杂关系。③社会学视角，Gherardi 和 Nicolini(2000)认为，组织学习是在特定的社会文化与现实环境中通过人与人之间的互动而产生学习的结果。④知识视角，主要强调组织学习的过程，探究组织学习的发生机制以及知识或信息的处理过程，这一视角涉及核心能力与知识发展创造两种观点。核心能力观点认为，组织学习过程的源泉是组织核心能力，体现在产品、服务和体系中，涉及搜索识别能力、转移能力与整合应用能力等(郑健等，2018)；而知识发展创造观点将组织学习视为一种获取、传播、诠释、整合、存储和利用知识的过程，认为组织学习发生在任何组织中的任何部门获取对组织有价值的知识时（Crossan et al.，1999）。可见，组织学习与企业组织理论、战略管理理论紧密相关。

组织学习的早期文献主要集中在组织内部学习上，但随着跨国公司的发展，以及战略联盟、网络组织的出现，组织间的合作互动日益频繁和深入，学术界开始将组织间关系与组织学习结合起来，把研究重点放在了组织间学习上，组织学习理论逐渐延伸至组织间层次。目前，学者对组织间学习的概念还未达成共识，但普遍认同组织间学习是指企业间学习的行为和过程，关注行为主体之间的联结互动、知识共享、利用与创造（吴楠，2015）。在资源基础观视角下，战略资源是企业获取与保持持续竞争优势的关键，而与伙伴开展组织间学习有助于企业在更短时间内，以更低的成本获得战略资源（陈勇，2011）。Kogut 和 Zander（1992）认为，向伙伴学习的强度有利于知识获取，并强化企业绩效，因此有必要通过学习来拓展资源依赖优势。此外，在全球竞争日趋激烈的今天，企业网络作为企业最重要的外部环境，对组织间学习具有重要影响。Husain 等（2016）认为，组织网络化通过组织学习和创新过程产生竞争力，而只有实施有效的技术战略，才能通过员工创新产生竞争力。Zhao（2017）以亚洲国家为例进行了研究，指出为了应对制度空白和环境的不确定性，亚洲企业通常会形成商业网络，以促进组织间学习。马丽（2020）论证了联盟组合网络特征通过组织学习影响企业创新能力，环境动态性和技术战略导向调节联盟组合网络特征对组织学习的作用机制。

（2）"关系范式"下的组织（间）学习——关系学习

关系学习是将"关系范式"纳入组织学习而产生的新概念，这一概念超出了以往传统对"学习"的关注（蒋青云，2007）。关系学习是一种组织（间）学习（Selnes & Sallis，2003；Fang et al.，2011；宋春华等，2017）。学术界对关系学习的研究借鉴了大量组织学习理论及相关研究成果，关系学习已成为学习理论的核心变量之一（Selnes & Sallis，2003；韩斌、蒋青云，2014）。Selnes 和 Sallis（2003）是最早提出"关系学习"这一概念的学者，他们指出组织学习理论是发展关系学习的起点，同时基于"关系范式"从信息过程和学习过程界定关系学习的内涵，将关系学习定义为"企业与伙伴间的联合活动，双方信息共享、共同理解，并将信息集成到共享的特定关系领域记忆中，从而改变潜在特定关系行为的范围或可能性"。Selnes 和 Sallis 强调借由伙伴关系促进伙伴之间的学习，他们的定义被后续研究广泛采用，部分学者进一步深化了对关系学习内涵的解释。例如，突出了关系学习的"学习含量"，Wang和Hsu(2014)将关系学习视为合作伙伴企业间的一种联合知识学习活动，目的是促进现有知识的重复使用；强调关系学习的能力，李贞和杨洪涛(2012)、Chang(2017)等认为，学习强调的是通过与其上下游企业之间的沟通、调整以及合作来形成外部行为的学习能力，以促进上下游企业间的联合行动。Albort-Morant等(2016)也指出，关系学习是企业能力的表现，并将其划分为信息共享能力、共同理解能力和知识整合能力。此外，还有学者提及关系学习的主体，指出关系学习是组织与一个或多个组织(供应商、研发机构、关联企业、中介组织、政府及目标客户等)之间的联合活动，其目的是分享、理解与整合信息和知识(Antonio et al., 2013；蔡坚，2014)。

据此，基于组织学习理论及现有学者对关系学习的定义，并结合新创企业初始资源匮乏的新生弱性以及新生学习优势特征，本书将关系学习定义为新创企业基于与合作伙伴(供应商、顾客、同行、金融机构、中介服务机构、行业协会和政府机构等)之间的关系联结，开展信息共享、共同理解，以及将信息和知识转化为特定关系记忆的跨组织学习的行为与能力，通过关系耦合的积极互动获得资源，带来更大的价值。

2.1.4 新制度理论

(1) 新制度理论的发展脉络

20世纪70年代以来，新制度理论已发展成为组织研究领域的重要理论，学者纷纷在政治学、经济学和社会学等领域进行探索创新。政治学是最早开始研究制度的领域之一，该领域尝试重塑规范框架和系统对社会的导向、使能与制约，主要从宏观与微观两个角度，探讨制度演化与变迁下的个体行为与偏好，以及人们如何设计制度来解决问题(李俊，2017)。经济学领域的新制度理论关注的是影响经济交易的制度是如何形成、维持与变迁的，该领域对"经济行动者完全理性"的假设提出了挑战，并认为经济活动的协调不能仅以市场为中介，还需要大量其他的规则(Nelson & Winter, 1982)。交易成本经济学和演化经济学是新制度经济学在后续研究中最具影响的理论脉络。随着制度经济学的发展，已有部分经济学家开始将目光投向社会学领域研究。经济学和社会学领域的新制度理论都强调了制度的规制与约束作用，社会学领域的新制度理论主要构建在认知心理学、文化理论、现象学与常人分析方法的框架上,体现出深度的理论渊源与跨学科背景。文化理论指出,文化是由社会确立的意义结构组成的,强调包括文化的符号性对社会生活有序化的重要作用(Geertz,1973)。现象学认为,制度是个体决策时的符号系统,表现为一种强制性的和外在的事实的实在(Berger & Luckmann,1967)。

各种理论思想的交汇融合,奠定了社会学新制度理论的基础。Meyer 和 Rowan(1977)的《制度化的组织:作为神话和仪式的正式结构》(*Institutionalized Organizations: Formal Structure as Myth and Ceremony*),以及 Zucker(1977)的《制度化在文化持久性中的作用》(*The Role of Institutionalization in Cultural Persistence*)将新制度理论引入了组织社会学领域,开创了组织社会学新制度理论的新篇章。Meyer 和 Rowan(1977)基于宏观视角,强调广泛的制度环境变迁对组织结构的影响,并指出制度有利于促使组织形成,获得合法性,提高生存的概率。Zucker(1977)基于微观视角研究制度,关注的是认知信念对主体行为的锚定,指出一旦形成制度化的社会知识,这种知识就会成为一种客观存在的事实而直接向外散播。随后,学者们在组织社会学领域运用新制度理论就制度环境对组织行为、组织结构和战略选择等方面的影响进行了大量的研究。Meyer 和 Scott(1983)将组织环境分为技术环境与制度环境,并认为制度环境更易约束某些组织行为。Oliver(1991)注意到制度环境约束下的组织能动性,认为组织会通过变化战略来应对制度环境的压力,并提出了由被动到主动的五种应对策略,即默许、妥协、回避、反抗和操纵,以及多种应对手段。Scott(1995)提出了制度的三大基本要素,即规范、管制和认知,认为制度环境通过规范认同、模范认同与强制认同影响组织结构,并指出当与制度环境趋同并保持一致性时,组织便获得了合法性。Peng(2002,2003)提出了基于制度的战略观,认为企业在制度框架下会对机会和约束作出战略性回应,即企业会根据不同阶段各种制度压力的强弱程度,以及收益成本曲线来选择战略。新制度主义学派认为,制度环境中的组织已经不是单纯的经济体,组织行为不仅受到效率的驱使,还受到各种因素的影响,如群体政治力量、社会规则和利益相关者等(尚航标、黄培伦,2011)。并且,为了迎合这些制度力量的要求,组织必须追求行为的合法性以谋求生存与发展。

(2)新制度理论的核心内容——组织合法性

组织合法性是组织社会学新制度理论的核心内容,最初出现在政治学领域,用于分析统治阶级权力的有效性。政治学学者对于合法性的概念形成了主观性与客观性两种认识,主观性强调一种基于个体的对于政府公正性的主观分析;客观性聚焦于公众对于政府的感知。Weber(1958)作为最早提出合法性概念的学者之一,认为合法性与权威、统治和政治制度等概念密切相关,能通过遵从社会标准和正式法律来获得,强调政府权力结构与社团权利结构的合法性。然而,他这种聚焦于理性主义的制度化解释因过于强调强制性而存在局限性。Parsons(1960)扩大了对合法性的界定范围,认为合法性不应只涉及权力系统,还需要强调组织价值观与镶嵌于社会建构中的价值观的一致性。作为新制度学派的创始人,Meyer和Rowan(1977)更加强调社会制度系统的重要性,认为只要组织行为嵌入特定的制度环境中,组织就能通过与制度同构获取生存合法性。Pfeffer和Salancik(1978)进一步指出,合法性是指组织价值观是否符合社会可接受的行为规范,强调对文化相似性的一种评估。进一步地,新制度学派突出强调了社会认知系统,认为认知制度要素随时间的推移被社会性地建构,被参与者所感知,社会结构明确了合适的行动角色与行为规制(Scott,1995),并将合法性定义为社会外界对组织存在的合理性,以及组织追求目标手段的正当性的普遍认识与可接受程度。Suchman(1995)对合法性的定义进行了全面阐释,认为合法性是在信仰、规范、价值观和身份系统等多因素共存的社会机制下,组织行为被认为是正确的、合理的和可取的整体感知。

概括而言,学者对合法性的研究可分为制度视角与战略视角两个方面。制度视角认为,合法性反映了组织与所感应社会规范、规则和文化信仰等一致性的程度,强调通过采纳与制度场域相容的结构特征与行为,实现制度同构,以获得合法性(Scott,1995);战略视角则将合法性看作一种能够实现组织目标和提高组织绩效的关键资源,认为可以通过有目的地依从、选择、操纵,甚至创造制度环境,得到制度环境的支持,以获得合法性(Zimmerman & Zeitz,2002;Suchman,1995)。二者的区别在于制度视角是基于社会大众的角度"朝里看",而战略视角是基于内部管理者的角度"向外看"。制度视角和战略视角是互补的,研究组织合法性需要整合这两个视角(Suchman,1995)。

因此,本书基于新制度理论,融合组织合法性研究的制度视角与战略视角,并结合新创企业新进入的合法性缺陷等新生弱性特征指出,新创企业在面对制度环境压力时,可以根据制度环境的不确定性、法律的强制力,以及组织目标与制度环境的匹配程度等因素，选择改变组织结构或行为以获取所处制度场域情境更大程度的支持，或者操控、改变甚至创造新的制度环境，使组织结构或行为与新创制度场域情境的要求相一致，从而克服制度压力。新制度合法性可以用来解释那些没有明显经济回报的行为实践的目的，为研究者提供理论依据，使研究者能够检验并明确影响组织生存与行为合法性的因素（俞园园，2015）。

以上理论为本书奠定了丰富的理论基础。竞争优势理论是本书的立足点和归属点，网络嵌入理论是逻辑起点，而组织学习理论与新制度理论构成了本书的切入点。具体地，资源基础观认为，竞争优势源于企业拥有的异质性资源，而新创企业面临资源匮乏等新生弱性问题，基于组织学习理论，新创企业可以充分利用其新生学习优势（苏晓华等，2013、2015），通过组织学习获得知识等异质性资源。关系学习是一种关系范式下的组织间学习，组织学习理论是研究关系学习的起点。同时，考虑到新创企业外部网络关系不稳定，基于社会网络理论及网络嵌入理论，新创企业可以通过积极构建网络联结关系从而嵌入社会网络。此时，嵌入网络的关系联结为新创企业开展关系学习提供了丰富的关系纽带与学习渠道。因此，在组织网络化视角下，本书基于网络嵌入理论和组织学习理论，立足于竞争优势的资源基础观，引入关系学习这一中介变量，指出新创企业可以充分利用嵌入网络中的关系联结积极开展关系学习，为建立竞争优势提供持续性的知识等异质性资源，突破资源束缚。再者，竞争优势的制度基础观认为，企业在保持效率的同时必须争取合法性。新创企业由于新生弱性，缺乏可靠性与可信性，在制度环境中面临更为严峻的合法性约束。新制度理论认为，新创企业成长的关键是寻找克服合法性门槛的途径与战略，而社会网络理论及网络嵌入理论认为，网络嵌入有助于新创企业减轻合法性压力（Zimmerman & Zeitz，2002；俞园园，2015）。因此，本书在组织网络化视角下，基于网络嵌入理论和新制度理论，立足于竞争优势的制度基础观，引入组织合法性这一中介变量，指出新创企业可以通过网络嵌入的"溢出效应"和"骑乘效应"获取组织合法性，为建立竞争优势累积合法性的制度资本，克服制度压力。此外，权变理论将组织视为与外部环境不断交互以获取发展机会的开放系统，认为环境是企业成长中重要的权变变量（郭韬等，2017）。目前，我国正处于经济转型时期，环境动态性和环境竞争性的双元环境最能反映经济转型背景下中国企业面临的创业环境特征（黄胜兰，2015）。基于环境权变理论，双元环境特征可能会对组织网络化视角下新创企业竞争优势的实现过程产生影响。据此，下文将就本书涉及的新创企业竞争优势、网络嵌入、关系学习、组织合法性、双元环境等关键变量的相关文献研究进行梳理、归纳与总结。

2.2 相关文献研究

2.2.1 新创企业竞争优势的相关研究

(1) 新创企业的界定

创建新企业有三种形式：一是由两个或者多个成熟企业联合创建合资企业，二是由成熟企业创建独立运营具有法人资格的子公司，三是由一个或几个创业者自主创建企业。在"大众创业、万众创新"的政策推动下，中国掀起了全民创业热潮，创业者自主创业成为创建新企业的主要形式。因此，本书将新创企业定义为：创业者积极抓住商业机会，整合资源进而创建的一个全新的且具有法人资格的经济实体，它通过提供产品或服务实现获利和成长，并创造价值。目前关于新创企业的界定主要有两种观点：一种观点是以组织生命周期理论为基础，按企业发展阶段来划分的。例如，Kazanjian(1988)将创业企业划分为概念化发展期、商品化期、成长期和稳定期，并指出新创企业是处于前三个时期的企业。Chrisman等(1998)认为，新创企业是达到成熟期之前的企业，但关于何时达到并没有明确的时间界定。另一种观点是以企业成立年限的长短来界定的。Kazanjian(1988)指出，一个企业由新创到成熟所需时间因行业、资源及战略的差异而不同，短则3~5年，长则8~12年。全球创业观察(Global Entrepreneurship Monitor，GEM)将新创企业的年限界定为3.5年之内。Brush和Vanderwerf(1992)指出，新创企业的年限界定在4~6年。Batjargal(2010)将新创企业定义为成立时间在8年及以内的具有独立管理与财务制度的企业。Lechner等(2006)、Forbes和Daniel(2010)、Kiss和Barr(2017)等则提出了以10年为期限的界定标准。

总体而言，无论是从发展阶段还是从成立时限来界定，新创企业都要经历由无到有、由小到大的过程，由于其面临新生弱性，所以在现金流、管理模式、组织架构、规章制度等方面尚不健全，未来很难预见。且新创企业创建、维护和拓展自身企业网络是一个长期的过程，需要投入较高的时间成本。因此，基于已有研究，并结合中国新创企业的实践，本书将新创企业定义为成立年限在10年及以下的创业企业，认为在10年过渡期内，新创企业从开始创建不断朝着发展阶段迈进，逐步形成并嵌入企业网络联结，同时通过开展组织学习与获取合法性等一系列行为，逐渐建立起企业竞争优势。该界定对实证研究具有可操作性的现实意义。

（2）企业竞争优势的维度划分

关于企业竞争优势的维度划分，有的学者直接以财务绩效的相关维度为衡量企业竞争优势的指标，或者直接将企业绩效等同于企业竞争优势。这种做法将竞争优势与绩效混为一谈，缺乏合理性和科学性（Kleiman，2004）。Porter（1985）、江积海和刘敏（2014）等从差异化优势和低成本优势两个方面衡量了企业竞争优势。Schulte（1999）基于竞争优势的发展模式将竞争优势划分为功能、效率、持续性三个维度。其中，功能主要从资源角度考察资源对竞争优势的影响，效率主要是从成本角度考察企业行为，持续性主要从供应商、客户和企业专有知识的角度考察竞争优势的持续性。董保宝（2012）指出，企业竞争优势应涉及低成本、价值增值服务、速度、灵活性、创新和客户服务六个方面。关于新创企业竞争优势的测量，Wu等（2009）在研究创业团队与新创企业竞争优势间关系时，使用市场反应速度、生产效率、产品质量和创新速度四个指标测量新创企业竞争优势。朱秀梅等（2010、2011）、温超和陈彪（2019）在研究中国新创企业竞争优势时，也主要借鉴了Wu等（2009）的测量指标。据此，结合中国应用情境，本书采用朱秀梅等（2010、2011）、温超和陈彪（2019）选取的新创企业竞争优势测量指标。

（3）新创企业竞争优势的影响因素研究

新创企业普遍面临生存与发展的困境，只有积极建立持续竞争优势，才能摆脱这一困境。近10年来，国家对新创企业日益重视，其生存成长问题越发受到企业界和学术界的关注，学者从不同视角对新创企业竞争优势的影响因素展开了诸多有益的探索，主要涉及以下三个方面：

第一，强调学习的重要性。朱秀梅等（2010）以知识管理为路径，研究了组织学习与新创企业竞争优势的关系。董保宝和李白杨（2014）论证了新创企业的学习导向与竞争优势的正向关系，以及动态能力在这一关系中的完全中介作用。温超和陈彪（2019）检验了经验学习和观察学习等创业学习行为对新创企业竞争优势的积极作用,并指出创业战略是创业学习获取竞争优势的重要路径,且不同类型的创业战略对新创企业竞争优势的影响具有差异性。

第二,突出战略的重要性。郭润萍和蔡莉(2014)验证了战略试验对新创企业竞争优势的积极影响,而机会识别能力和机会利用能力在其中具有中介作用。Cai等(2017)指出,创新战略对创业企业的竞争优势有正向影响,在创业初期,功能失调竞争的影响对这种关系有正向调节作用;在创业成熟期,功能失调竞争对这种关系起负向调节作用。陈彪和单标安(2018)认为,新创企业的创新战略和模仿战略对竞争优势均存在显著正向作用,但不同环境特征下这一作用效果存在差异。

第三,从网络及关系的角度进行研究。朱秀梅等(2011)认为,网络化能力和创业导向是新创企业获取与创造知识资源,并将其转化为竞争优势的两个重要因素。董保宝(2013)指出,网络中心度对高科技新创企业竞争优势存在正向影响,且战略隔绝在这一关系中存在部分中介作用。董保宝和周晓月(2015)进一步论证了网络导向(网络合作性、网络开放性)正向影响新创企业竞争优势,以及机会能力对网络导向与竞争优势关系的作用机制。

不仅如此,还有学者研究了其他影响新创企业竞争优势的因素。Kim(2013)以国际新创企业为研究对象,指出早期国际承诺影响企业国外市场竞争优势,市场导向作为中介变量影响这一关系。马鸿佳等(2015)指出,即兴能力与动态能力均对新创企业竞争优势有显著正向影响,且在低动态环境下,动态能力起到主要作用;在高动态环境下,即兴能力起主要作用。马力和马美双(2018)指出,企业伦理对新创科技型企业竞争优势有正向影响,绿色创业导向在这一关系中发挥中介作用。此外,Anwar等(2018)将竞争优势作为前因变量,论证了其对新创企业绩效的积极影响。

2.2.2 网络嵌入的相关研究

(1)网络嵌入的维度划分

随着网络嵌入理论的不断发展,学者基于不同角度对网络嵌入进行了框架划分,形成了以下五个划分维度:

第一,"二分法"。Granovetter(1985)将网络嵌入划分为结构嵌入和关系嵌入。结构嵌入是指网络个体间互动联系的网络整体结构,它既重视网络整体结构和功能,又强调个体在网络中所处的位置,以及与其他行为个体的关系数量,主要关注的是网络规模、密度和中心性等;关系嵌入则反映了企业与其他网络成员二元关系的特殊属性,如信任等,现有研究大多通过关系强度、方向、内容和质量等指标进行度量(Granovetter,1985;Burt,1992;Gulati,1999),也有学者从商业关系和政治关系两个方面进行了刻画(Sheng et al.,2011)。Granovetter 的"二分法"已成为后续研究分析的经典框架。

第二,基于社会资本维度的划分。Nahapiet 和 Ghoshal(1998)将社会资本划分为结构、关系和认知三个方面。进一步地,有学者将社会资本理论应用于企业网络理论研究中,基于 Nahapiet 和 Ghoshal(1998)的思想,提出了结构嵌入、关系嵌入和认知嵌入三个维度(Tsai & Ghoshal,1998;Lin et al.,2009)。其中,结构嵌入和关系嵌入沿袭了 Granovetter(1985)的观点。关于认知嵌入,在 Nahapiet 和 Ghoshal(1998)看来,集体共享的认知资源也应包含于社会资本中,认知资源显示了在社会系统中能促进各成员对集体目标和行事方式达成共识的意义系统。

第三,基于社会网络环境的划分。Zukin 和 Dimaggio(1990)基于网络环境对主体经济行为的影响作用,提出了四种嵌入性:结构嵌入、认知嵌入、文化嵌入和政治嵌入。其中,结构嵌入关注的核心是社会联系和网络结构对经济交换的制约,其概念综合了 Granovetter(1985)的结构嵌入与关系嵌入;认知嵌入关注的焦点是精神和心智产生过程中的结构化规则对经济理性的限制方式,也注意到了群体思维、认知对组织和管理行为的影响;文化嵌入主要强调的是网络中共享的信念、价值观和传统惯例等社会文化因素对理性经济行为的约束;政治嵌入主要考察的是主体的经济行为如何受到法律系统、政治制度和经济条约影响。

第四,基于嵌入经济行为内容的划分。该种划分方式的关键在于对网络嵌入性关系所涉及的内容加以分类。例如,Andersson 等(2002)认为,网络嵌入是企业理解网络环境并适应网络环境变化的能力,并基于企业价值链视角,提出了技术嵌入和业务嵌入两种维度。技术嵌入是企业与技术合作伙伴在产品生产与开发过程中彼此依赖的程度,反映企业通过外部联结从网络中获取利用技术的能力;业务嵌入是企业改变其业务行为以适应业务合作伙伴的程度,反映企业感知并适应外部环境变化,以及调动传递信息的业务能力。

第五,基于社会层次结构的划分。Hagedoorn(2006)基于不同层次情境,将组织间形成的嵌入关系划分为双向嵌入、组织间嵌入和环境嵌入三个维度,三者分别对应两个组织间的关系、企业网络的形成背景和具体的产业环境。其中,双向嵌入反映两个独立企业间稳定持续的合作关系会受到彼此熟悉与信任程度的影响，与Granovetter(1985)提出的关系嵌入相似；组织间嵌入涉及企业集群基于合作关系产生的网络，反映企业行为受到网络的影响程度；环境嵌入包括宏观层次和中观层次，分别反映国别和行业间差异对企业组织间合作关系的影响。

考虑到社会资本是新创企业获得高起点竞争优势的基本途径(张红等，2011)，本书结合Granovetter(1985)的研究结论，并基于Nahapiet和Ghoshal(1998)对社会资本维度的划分方法，将新创企业的网络嵌入划分为结构嵌入、关系嵌入和认知嵌入三大维度。并且，为了更全面地探究新创企业网络嵌入的情况与特征，结合现有研究，根据新创企业嵌入网络的结构属性，进一步将结构嵌入划分为网络规模、网络密度和网络中心性三个维度；同时，考虑到供应商、客户、同行，以及政府、各类管制和支持性机构等主体对新创企业成长的重要性(Dyer，2015；Ma et al.，2020；温超，2020)，根据与新创企业建立双边关系的网络成员的性质，从商业关系嵌入与政治关系嵌入两个维度来刻画新创企业的关系嵌入。

(2) 网络嵌入对新创企业成长和企业竞争优势的影响研究

第一，网络嵌入对新创企业成长的影响研究。1999年，Aldrich就指出了嵌入在社会网络中开始创业更有可能取得成功。目前，网络嵌入性研究已经渗透到创业领域，学者就网络嵌入对新创企业成长的影响展开了广泛的研究。

庄晋财等(2013)以温氏集团为例，指出新创企业通过网络嵌入(社会网络嵌入和产业网络嵌入)获取人力资源和知识资源，这些异质性资源是新创企业绩效的基础性保障。张春雨等(2018)从结构嵌入和关系嵌入两个方面论证了网络嵌入对技术创业企业商业模式创新具有正向影响，并指出关系嵌入的作用更为显著。李鹏飞(2019)基于嵌入悖论对创业网络进行了研究，从关系强度、网络多样性与网络开放性三个具有悖论性质的网络嵌入维度入手，论证了关系强度、网络开放性与创业能力的倒"U"形关系，以及网络多样性与创业能力的正向线性关系。汪艳霞和曹锦纤(2020)采用Meta分析方法，搭建了研究数据库，从关系强度、网络结构、网络规模、网络异质性四个维度构建了网络嵌入创业绩效解释性框架，探索网络嵌入创业绩效的普遍规律，得出社会网络能显著提升创业绩效，新创企业对这一关系有正向调节作用的结论。

此外，还有学者侧重于从网络结构或者网络关系的视角研究网络嵌入对新创企业成长的影响。例如，在网络结构上，芮正云和罗瑾琏(2017)认为，新创企业与成熟企业在知识基础和网络地位上存在差距,新生者劣势使新创企业只能徘徊在网络边缘,因而以知识网络嵌入为逻辑起点,提出并论证了"联盟能力—网络位置跃迁(网络中介性)—知识权力"的理论框架。Ripollés 和 Blesa(2018)通过对比国际新创企业与成熟企业发现,密集的网络嵌入能够为新创企业提供社会支持、市场合法性与资源通道。Dong 等(2020)指出,网络范围作为社会资本的重要结构维度,与创业企业绩效关系密切,并检验了二者之间的正向关系,以及创业导向和信任对这一关系的调节作用。在网络关系上,Plummer 等(2016)指出,良好的关系质量有利于合作双方交换信息和资源,促进知识转移,从而影响新创企业绩效。彭学兵等(2017)验证了创业网络的关系强度和关系质量对新创企业绩效的正向影响,以及效果推理型创业资源整合在其中的中介作用。大多数学者认同关系嵌入对新创企业绩效的积极影响,但也有学者指出有些创业企业可能会因社会网络关系嵌入过度而身陷"盘丝洞",这些创业企业并不是缺乏网络资源,而是缺乏优势网络资源识别能力。例如,杨震宁等(2013)从创业绩效抑制变量入手,分析了社会网络关系嵌入过度和创业资源获取之间的关系,并以组织认知偏差为中介作用变量,指出过度的网络关系嵌入会导致组织产生创业认知偏差,从而不利于创业资源获取。

第二,网络嵌入对企业竞争优势的影响研究。陈莉平(2014)以福建省晋江市中小企业集群为研究对象,从结构嵌入、关系嵌入和认知嵌入三个方面描述了晋江市中小企业集群的网络嵌入特性,并从这三个方面分析了网络嵌入对企业竞争优势的正向影响,以及战略协同能力在其中的中介作用。孟迪云等(2016)从结构嵌入、关系嵌入两个方面论证了网络嵌入对企业竞争优势的正向影响,以及商业模式创新在这些关系间的中介作用。

与此同时,有学者侧重于从网络结构或者网络关系的视角研究网络嵌入对企业竞争优势的影响。例如,在网络结构上,董保宝(2012)指出,网络结构的三个维度(网络强度、网络密度和网络中心度)通过动态能力对企业竞争优势产生正向影响。王建刚和吴洁(2016)认为,企业嵌入于网络,网络结构特征影响企业竞争优势的建立,并验证了网络稳定性对企业竞争优势的正向影响,以及联系强度与企业竞争优势间的"U"形关系。在网络关系上,Wu 等(2020)以国际化中小企业为研究对象,论证了关系嵌入对潜在吸收能力与实现吸收能力的正向影响,以及潜在吸收能力与实现吸收能力对企业竞争优势的正向影响。此外,还有学者探讨了竞争网络嵌入对企业竞争优势的影响。例如，Feng 等（2020）分析了共建"一带一路"国家贸易竞争优势网络及其影响因素，指出共建"一带一路"国家贸易竞争优势网络的形成具有明显的网络嵌入效应，使用共同语言、货币和地理边界并签署自由贸易协定的国家之间更有可能形成贸易竞争优势。

2.2.3 关系学习的相关研究

（1）关系学习的维度划分

目前，学者对关系学习的维度划分主要存在以下几种方式：

基于"关系范式"的划分。Selnes 和 Sallis（2003）在"关系范式"视角下提出了关系学习这一概念，其背景是渠道成员之间的长期合作关系。他们将关系学习划分为信息共享、共同理解和特定关系记忆三个维度。其中，信息共享是关系学习的起点，体现了合作企业间在信息、资源、市场和技术等方面的交流；共同理解反映了洞察力、知识的发展，以及过去行动及其有效性与未来行动之间的关联，是一种解释和传达信息与其含义之间联系的机制；特定关系记忆是指组织把关系特定的知识整合起来，存储在共有的信念和价值中，其关键在于知识整合，因此，有学者将这一维度命名为"知识整合"（Skarmeas et al.，2018；Steven et al.，2021）。目前，大多数学者采用信息共享、共同理解和特定关系记忆三个维度测量关系学习。进一步地，Fang 等（2011）指出，信息共享和共同理解体现了知识流量的概念，而特定关系记忆体现了知识存量的概念。

突出"学习含量"的划分。关系学习既沿袭了"关系范式"的观点，又涉及"学习范式"的很多理论，体现出"承上启下"的作用。据此，蒋青云（2007）结合渠道营销理论"学习范式"的视角，在 Selnes 和 Sallis（2003）关系学习概念的基础上进行调整，进一步强化对行动学习要素的覆盖，以体现关系学习更为丰富的"学习含量"。他将关系学习划分为沟通、合作、适应与调整三个维度。其中，沟通对应了 Selnes 和 Sallis（2003）提到的信息交流和对话两个方面，组织之间通过沟通能促进共同学习，改善心智模式，形成合作优势；合作学习是指渠道成员双方为了共同创造利益和实现目标而采取的协同行动，包括交流、分享和共同发展；当渠道成员发现彼此之间或所处环境发生变化时，为了实现双赢，双方有必要根据对方情况，或者所处环境做出适当的调整，以维持彼此间的合作关系。

此外，Jarratt（2008）根据关系学习来自解决当前企业之间交互相关问题及关系管理实践中的创新知识,将关系学习划分为适应性学习与生成性学习。其中,适应性学习鼓励与当前的思维与规范作出一致性的变化,生成性学习则涉及应用新管理、新过程与新系统等形式,带来不连续的变化。

总体而言,学者们对关系学习维度的划分各有侧重,目前大多数学者都认可并采用的是 Selnes 和 Sallis(2003)的经典划分方法。因此,本书也采用此种定义与划分方法,将新创企业的关系学习划分为信息共享、共同理解和特定关系记忆三个维度。

(2)关系学习的影响因素及作用效果研究

关系学习这一概念为解释与构建全球化合作网络提供了一个崭新的视角与实践的可能,引起了学术界与企业界的关注(Shamsollahi et al.,2021),目前,学术界已经就关系学习的影响因素、作用效果等进行了如下探讨:

第一,关系学习的影响因素分析。

环境层面。Selnes 和 Sallis(2003)认为,环境不确定性会激励企业参与关系学习,以获得对外部性的某种控制或缓冲。Cheung 等(2010)基于跨国供应链环境,指出购买者和供应商的关系学习水平是环境因素的函数,并论证了环境不确定性和环境差异性对关系学习的正向影响。但也有学者提出了不同的观点,具体体现在文化差异上,Liu(2012)基于跨境供应链的视角,认为合作伙伴之间的跨文化差异和语言水平差异会造成沟通和理解竞争优势本质的障碍,从而对关系学习产生负面影响。

关系层面。Selnes 和 Sallis(2003)认为,关系信任能够促进关系学习。王辉等(2013)基于关系特征的角度指出,渠道竞争中的任务冲突有利于关系学习,而渠道关系冲突不利于关系学习,合作与关系冲突的交互不利于关系学习。Li 等(2017)基于全球商业环境指出,海外网络嵌入对关系学习具有积极的影响。Wu 和 Lin(2018)在联盟伙伴关系情境下,论证了承诺、关系投资正向影响关系学习。Sukoco 等(2018)从社会资本的角度,检验了关系社会资本对关系学习中的共同理解的正向影响。此外,Steven 等(2021)基于国际买卖关系背景,检验了心理距离对关系学习中信息共享、共同理解与知识整合的阻碍作用。

组织层面。部分学者从学习意图、组织能力等角度进行了研究,如 Liu(2012)基于跨境供应链关系指出,企业的学习意图和吸收能力正向影响关系学习。而 Fang 等(2011)指出,较强的学习意图正向调节关系学习中信息共享对特定关系记忆的影响。殷俊杰和邵云飞(2018)指出,联盟组合管理能力正向影响关系学习。还有学者从市场导向的角度进行了研究,如 Slatten 等(2017)认为,市场导向型组织既能为团队成员提供更多新颖的信息,又能使团队成员将这些信息作为合作学习活动的投入,从而积极影响其关系学习的潜力。此外,Jean 和 Sinkovics(2010)与 Albort-Morant 等(2016)从信息技术角度进行了研究,指出信息技术、应用技术创新有利于关系学习。

第二,关系学习的作用效果研究。

首先,降低企业成本。Selnes 和 Sallis(2003)、李贞和杨洪涛(2012)指出,企业通过与上下游进行关系学习,可以更好地把握对方需求,对产品设计意图、营销方案和交付流程等进行优化,从而避免投资失误造成的成本损失,同时降低研发成本。殷俊杰和邵云飞(2018)认为,通过关系学习,企业在合作创新过程中涉及的协调与规划、运营与战略等方面的问题也更容易得到解决,由此降低管理成本。

其次,提高企业能力。陈勇(2011)验证了信息共享、共同理解和特定关系记忆对动态能力的正向影响,以及环境不确定性对关系学习不同维度与动态能力不同维度间的调节作用。裴旭东等(2014)指出,新创企业与外部供应商信息共享和共同解决问题有利于形成关系专用性记忆,而关系专用性记忆有利于提升新创企业突破性创新能力。蔡坚(2014)论证了关系学习对知识整合能力的正向影响。詹志方(2018)认为,关系学习与企业双元能力中的利用能力正相关。

再次,提升关系绩效。Selnes 和 Sallis(2003)、Jean 和 Sinkovics(2010)认为,关系学习能提升企业的关系绩效。Skarmeas 等(2018)进一步指出,关系学习中的信息共享、共同理解、知识整合(特定关系记忆)通过提升关系价值,正向影响关系绩效。Sukoco 等(2018)指出,关系学习中的共同理解通过信息共享、知识整合(特定关系记忆),对关系绩效产生正向影响。Selnes 和 Sallis(2003)与 Han 等(2017)分别验证了信任和关系权力在关系学习与关系绩效间的调节作用。

最后,促进企业创新。李贞和杨洪涛(2012)、Chang(2017)将关系学习视为一种外部能力。李贞和杨洪涛(2012)指出,关系学习通过促进知识整合提升创新绩效。Chang(2017)指出,关系学习通过促进资源整合提升新产品开发绩效。陈勇(2011)、Wang 和 Hsu(2014)、Xue 等(2021)指出,关系学习中的信息共享、共同理解和特定关系记忆均有利于促进企业双元创新(探索性创新与利用性创新)。但宋春华等(2017)通过检验得出结论,关系学习中的共同理解对双元创新没有显著的影响。而Fang等(2011)认为,关系学习中的信息共享和共同理解通过促进特定关系记忆推动双元创新。Wang和Hsu(2014)进一步验证了权力不对称关系在关系学习与利用性创新间的正向调节作用。同时,Albort-Morant等(2016)、Albort-Morant等(2018a)立足于环境问题,论证了关系学习对绿色创新绩效的正向影响。进一步地,Albort-Morant等(2018b)检验了关系学习对吸收能力与绿色创新绩效关系的正向调节作用。此外,杨建君等(2020)指出,关系学习有利于促进高新技术企业突变式创新绩效,并验证了知识转移在此关系中的中介作用。Xue等(2021)提出并检验了关系学习对于人工智能技术创新的促进作用。

2.2.4 组织合法性的相关研究

(1) 组织合法性的维度划分

随着组织合法性研究的不断发展,学者基于研究需要对其进行了不同维度的划分,如表2-1所示。

表2-1 组织合法性的维度

划分方法	作者	维度
单维度	Certo和Hodge(2007) 杜运周等(2012) 王玲玲等(2017)	利益相关者的认可程度
二分法	Singh等(1986)	内部合法性、外部合法性
	Aldrich和Fiol(1994)	社会政治合法性、认知合法性
	Ruef和Scott(1998)	技术合法性、管理合法性
	魏泽龙和谷盟(2015)、Guo等(2019)	商业合法性、政府(政治)合法性
三分法	Scott(1995)	规制合法性、规范合法性和认知合法性
	Suchman(1995)	实用合法性、道德合法性和认知合法性
四分法	Zimmerman和Zeitz(2002)	在三分法的基础上加入产业合法性
	高丙中(2000)	社会合法性、政治合法性、法律合法性和行政合法性
五分法	Dacin等(1999)	投资合法性、社会合法性、市场合法性、关系合法性和联盟合法性

无论是哪一种维度划分方法,都遵循了有关合法性研究的制度视角和战略视角。整合这两种视角,本书基于具有合法性的组织是获得其环境认可或接受的组

织这样一种认识(Kostova & Zaheer, 1999)，结合 Certo 和 Hodge(2007)、杜运周等(2012)、王玲玲等(2017)的研究，认为新创企业的组织合法性涉及新创企业被顾客、供应商、员工、政府、竞争对手、投资者等利益相关者的认可和接受程度。

(2) 新创企业组织合法性的影响因素、作用效果以及合法性战略研究

组织合法性对新创企业和成熟企业都很重要，但成熟企业更容易被认为是合法的，而新创企业成立时间较短，可信度和声誉较低，利益相关者更多持怀疑态度，因此新创企业对组织合法性的获取更为迫切。组织合法性是新创企业研究的重要议题(林枫等，2017；Tracey et al.，2018；Fisher，2020)，学者主要进行了以下探讨：

第一，新创企业组织合法性的影响因素分析。杜运周等(2012)认为，竞争者导向与组织合法性之间呈"U"形关系，相较于中度竞争者导向水平的新企业，低度和高度竞争者导向的新企业的组织合法性更高。苏晓华等(2013)通过案例研究提出了新生学习优势与新创企业基于绩效的合法性具有正相关关系的假设。进一步地，苏晓华等(2015)、何霞和苏晓华(2016)等论证了战略联盟对新创企业合法性获取的正向影响，以及组织学习的中介作用。王兆群等(2017)指出，需求型创业拼凑与构想型创业拼凑分别对新创企业规制合法性、规范合法性和认知合法性产生不同方向的影响，且这一过程受到环境动态性的调节。Bloodgood 等(2017)通过使用一种流行病学研究方法，探究了网络密度和中介中心性在新创企业合法性扩散中的作用，指出网络中的网络密度和中介中心性的高低程度会影响利益相关者判断新创企业合法性的手段与过程。Yu 等(2018)探讨了员工的工作家庭冲突与新创企业合法性的关系及其内在机制，指出有效性和因果性策略在工作干扰家庭与新创企业合法性间的正向关系中起中介作用，以及家庭干扰工作与新创企业合法性间的负向关系。杨栩等(2020)分析了生态创新、利益相关者关系嵌入性与新创企业合法性间的关系，指出生态创新对组织合法性有显著的正向影响，资源拼凑正向调节生态创新对新创企业合法性的影响。Ma 等(2020)以工业4.0时代为背景，结合企业生命周期，研究了三种合法性在新创企业不同发展阶段的重要性，并构建了公共关系与组织合法性的理论模型。

第二，新创企业组织合法性的作用效果研究。周劲波等(2014)以国际新创企业为研究对象，指出正式合法性和非正式合法性在加快国际新创企业进入速度方

面起互补作用,初始进入阶段的合法性在组织学习对国际新创企业进入后速度的影响中具有中介效应。罗兴武等(2017)验证了组织合法性在商业模式创新和新企业绩效间的部分中介作用。裴梦丹等(2019)指出,组织合法性在关系冗余和新企业绩效间起到了部分中介作用。Guo 等(2019)分别考察了新创企业和成熟企业的政治合法性和商业合法性对产品创新的影响,指出新创企业政治合法性与产品创新呈倒"U"形关系,商业合法性与产品创新呈正相关关系;而在成熟企业中,政治合法性与产品创新呈负相关关系;商业合法性与产品创新呈倒"U"形关系。朱仁宏等(2019)基于2014~2016年中国创新创业大赛的数据,实证检验了新创企业的规制合法性对创业融资的正向影响,以及敌对环境对这一关系的正向调节作用。Kawai 等(2020)试图通过建立合法性因果过程模型,研究创业合法性决定新创企业成败的条件机制,并论证了合法性对新创企业绩效的正向影响以及资源获取的中介作用。

第三,新创企业组织合法性战略研究。学者从战略管理的角度,研究了新创企业组织合法性战略,指出新创企业的创业过程就是获取合法性的过程,新创企业通过战略实施部署获得社会认可、接受与支持。这些学者主要基于 Suchman(1995)、Zimmerman 和 Zeitz(2002)提出的依从、选择、操控和创造四种合法性战略展开研究,并认为新创企业的合法性获取战略选择倾向因行业特征、自身组织特征以及企业成熟度的不同而存在差异。例如,曾楚宏等(2009)根据新创企业是新兴行业还是成熟行业,以及创业者是否具备相关经验将新创企业划分为四种类型,并就每种类型匹配了一种合法性获取战略。Su 等(2015)以互联网新创企业为研究对象,结合产业生命周期,指出产业的成熟度和合法性战略的主动性呈倒"U"形关系:新创企业在面对或高或低的产业成熟度时,倾向于采纳稳健的战略建立合法性;而面对产业中度成熟时,倾向于通过积极的带侵略性的战略来获取合法性。Tracey 等(2018)认为,企业家所经历的合法性压力会随着企业的成熟而显著变化,指出企业合法性的建立不是"一蹴而就"的,阐明了新创企业合法化的时间动态,以及如何应对创建新企业时面临的固有的合法性压力的策略。此外,Fisher 等(2017)基于前人的研究,确定了新创企业的三大合法化机制:身份机制、关联机制与组织机制,并将新创企业合法性标准与不同受众的制度逻辑联系起来,探讨了新创企业合法性标准如何因不同的新创企业而异,以及企业家在寻求新创业资源时如何在不同受众之间建立组织合法性。

2.2.5 双元环境的相关研究

(1) 双元环境的概念及其维度划分

陈建勋(2011)将组织管理实践中具有相反张力或悖论特质的外部环境称为双元环境,具体体现为环境动态性和环境竞争性两个维度。其中,环境动态性侧重于描述企业所处环境的变化速度和不稳定程度,主要涉及技术、顾客需求、产品需求或原料供应的动态变化等;环境竞争性侧重于形容企业外部环境竞争的激烈程度,通常表现为企业所面临的竞争者数量以及竞争领域的多少(王永伟等,2021)。黄胜兰(2015)指出,环境动态性和环境竞争性是创业环境的两个重要维度,最能反映转型经济情境下中国企业面临的环境特征。基于已有研究,本书从环境动态性和环境竞争性两个维度描述新创企业面临的外部双元环境。

(2) 双元环境对新创企业的影响研究

权变理论指出,企业是一个与外部环境不断交互以获取发展机会的开放系统,企业经营策略只有与外部环境相匹配才能充分发挥作用,环境是企业成长中重要的权变变量(Hannan & Freeman,1984;郭韬等,2017),环境的不同特性会影响新创企业获取资源和信息的范围、能力和结果(俞园园,2015)。

目前,学者们基于环境动态性和环境竞争性对新创企业影响的研究可以分为三类:一是将双元环境作为前因变量,二是将双元环境作为控制变量,三是将双元环境作为调节变量。在这三类研究中,第三类研究的数量居多。例如,部分学者分析验证了环境动态性的调节作用:Hao等(2013)检验了环境动态性在动态能力(发现机会感知能力和重组能力)与新创企业绩效间的正向调节作用;苏晓华等(2015)论证了环境动态性在不同组织学习方式对合法性影响过程中的调节作用,指出环境动态性负向调节新创企业利用式学习与合法性的关系,正向调节新创企业探索式学习与合法性的关系;尹苗苗等(2015)分析了环境动态性在中国创业网络关系对新创企业成长影响过程中的调节作用,指出环境动态性正向调节商业关系与新创企业成长的关系,负向调节政府关系与新创企业成长的关系;何霞和苏晓华(2016)检验了环境动态性对新创企业战略联盟与组织学习关系的正向调节作用;陈浩和刘春林(2018)发现,环境动态性负向调节新创企业创业导向与企业绩效的关系,正向调节新创企业创业导向在机构投资者与企业绩效关系间的中介作用;Mckelvie等(2018)研究了外部市场知识获取和内部知识生成在新企业创新中的相对重要性,认为高动态环境会影响外部获得知识的有效性;Yang 等(2019)检验了环境动态性在企业核心创始人的功能经验多样性对新创企业绩效影响过程中的调节作用;Wu 等(2020)在研究企业孵化器网络与创业绩效的关系时,论证了环境动态性在国际清算银行的内外部网络与新创企业创业导向间的正向调节效应。

此外,还有部分学者分析了环境竞争性以及环境动态性与环境竞争性对新创企业行为影响作用的调节效应:曹国昭和齐二石(2016)通过分析新创企业与成熟企业的产量柔性技术决策,发现在竞争环境下,新创企业更加关注成本因素,倾向于选择成本较小的技术来提高其收益;杨艳和景奉杰(2019)以中国新创小微企业为研究对象,从企业最关键的利益相关者——顾客的视角出发,检验了竞争强度对新创企业资产与顾客认知合法性感知关系的负向调节作用;温超(2020)论证了竞争强度对商业关系与新企业战略(探索型战略、利用型战略)关系的消极调节作用;梁阜等(2020)认为,企业在初创期,环境动态性、环境竞争性,以及二者的交互项,分别在人力资本与组织绩效间以领导—成员交换为中介的间接关系中起调节作用;杨智和邱国栋(2020)以新创科技企业为研究对象,验证了环境动态性在资本一致性与组织创新绩效间的正向调节效应,以及环境竞争性在二者关系间的负向调节效应。

2.3 文献评述

现有文献为本书奠定了丰富的理论基础。通过对相关文献的梳理,发现仍然存在一些问题有待深入探究。

(1) 网络嵌入对新创企业竞争优势的影响作用有待明确

首先,现有学者已就网络嵌入对新创企业成长的影响做了较多研究,且多数学者指出网络嵌入对新创企业绩效具有促进作用,但也有学者认为新创企业要避免社会网络关系嵌入过度而身陷"盘丝洞",导致无法获取创业资源,从而抑制创业绩效(杨震宁等,2013)。还有学者指出,关系强度与创业能力之间存在倒"U"形关系(李鹏飞,2019)。可见,学者在网络嵌入对新创企业成长的影响上存在不同的认知。其次,现有学者同样就网络嵌入对企业竞争优势的影响做了较多研究,但网络嵌入是否能够有效地促进企业竞争优势还存在争议。例如,在关系嵌入与企业竞争优势的关系上,学者们得出了关系嵌入与企业竞争优势之间存在正向关系(Wu et al.,2020),以及"U"形关系(王建刚和吴洁,2016)等不同结论。同时,结构嵌入对企业竞争优势的影响也存在分歧的地带,呈现结构嵌入对企业竞争优势没有显著的正向影响(陈莉平,2014)和有显著的正向影响(董保宝,2012)两种结论。

通过梳理文献可知,学者对网络嵌入的划分及处理存在差异。虽然多数学者基于Granovetter(1985)的研究,将网络嵌入划分为结构嵌入与关系嵌入两个维度,但缺少对这两个维度更深层次的细分。有的学者将结构嵌入、关系嵌入作为综合变量进行Meta分析,抑或将结构嵌入和关系嵌入下的各细化变量通过取均值的形式加以整合开展后续研究(蔡坚,2014;张悦等,2016;黄继生,2017),这就难以区分各细分维度对企业的具体影响。且学者在结构嵌入、关系嵌入的具体细分维度上也存在差异。从已有文献来看,虽然目前关于网络嵌入对新创企业绩效的影响研究已取得了较为丰硕的成果,但事实上企业竞争优势不同于企业绩效(江积海和刘敏,2014;Anwar et al.,2018)。竞争优势是一种其他企业未能实现的降低成本、利用市场机会和规避竞争威胁的战略达成,而绩效是指此类战略达成后所累积的经济租。竞争优势是企业绩效的关键决定因素(Leiblein et al.,2017),因此,对二者的定义及测量方法有所不同。并且,虽然现有学者就网络嵌入对企业竞争优势的影响做了较多的研究,但目前尚未有学者以新创企业为研究对象,从结构嵌入、关系嵌入和认知嵌入三个层面系统地分析网络嵌入对新创企业竞争优势的影响,研究对象的差异也可能带来不同的研究结论。此外,在研究关系嵌入时,学者多采用关系质量、关系强度等加以描述与测量,较少有学者根据与新创企业建立双边关系的网络成员的性质,从商业关系嵌入与政治关系嵌入两个维度来研究关系嵌入对新创企业竞争优势的影响。综上所述,有必要界定新创企业竞争优势的概念内涵,并进一步对网络嵌入的维度进行明确与细化,揭示这些不同的细分嵌入维度对新创企业竞争优势的影响作用。

(2)网络嵌入对新创企业竞争优势影响的中间路径有待探究

从已有文献来看,现有研究从不同视角论证了网络嵌入对新创企业绩效和企业竞争优势的重要影响,但对于网络嵌入影响新创企业绩效和企业竞争优势的作用机制意见不一，且较为缺乏对网络嵌入影响新创企业竞争优势内在机制和作用过程的系统深入探究。通过梳理文献可知，网络嵌入虽然能增加新创企业获取资源的途径和机会，并有利于向制度环境中的利益相关者传递企业信号，但这些并不能直接上升为新创企业的竞争优势。在知识经济时代背景和中国经济转型情境下，对于具有新生弱性的新创企业而言，嵌入网络中的新创企业应该通过什么样的路径来有效解决其所面临的知识资源短缺和制度环境压力等问题，最终实现网络嵌入向竞争优势的转化还有待深入探究，具体而言：

竞争优势的资源基础观认为，企业的竞争优势来源于异质性资源，在网络中开展组织学习以从外部获取知识等异质性资源已经成为共识。目前，已有学者就企业（创业）网络、组织学习对新创企业成长的影响进行了研究，指出企业（创业）网络通过影响组织学习进而影响新创企业创新与绩效（蔡莉等，2010；云乐鑫等，2017）。关系学习作为关系范式下的一种组织间学习，其研究借鉴了大量有关组织学习理论的相关研究成果。现有文献大多关注于关系特征对关系学习的影响，以及关系学习对关系绩效、企业创新的影响，且以实证研究为主，对于关系学习的相关经验性研究，以及新创企业关系学习的研究并不多见。在组织网络化范式下，新创企业如何有效地利用网络嵌入开展关系学习，进而促进竞争优势的经验性研究与实证研究相对缺乏。

竞争优势的制度基础观强调，企业在保持效率的同时必须争取合法性。组织合法性作为新制度理论的核心概念，近年来被不断地应用到创业创新与战略管理等领域。大多数研究表明合法性对组织生存与绩效有促进作用，一些学者指出新创企业的成长是在既有社会制度约束下，克服"合法性门槛"，实现成长的合法化过程。但也有学者在研究新创企业合法性时，提及新创企业面临的战略困境——"求同"还是"存异"（Guo et al.，2014）。并且，关于组织合法性与竞争优势的关系也未得到应有的重视（李玉刚和童超，2015）。在组织网络化视角下，对新创企业组织合法性的获取途径及其管理问题的研究还有待深入，新创企业如何有效利用网络嵌入克服制度压力，获得合法性认可从而实现成长仍需要进一步解释，且新创企业组织合法性的相关经验性研究也较为缺乏。

（3）关系学习与新创企业组织合法性之间的关系有待探寻

目前，有关新创企业学习的研究主要集中于组织学习、创业学习，且已有学者意识到组织学习对企业获取合法性的重要性，但对于新创企业具体通过何种组织学习手段和方式影响组织合法性获取的研究仍显不足。并且，关系学习不同于组织学习、创业学习，对关系学习的理解不会被一般的组织学习所取代，合作关系中的学习还需要进一步探索（Wang & Hsu，2014；宋春华等，2017）。现有学者大多关注于关系学习对关系绩效或关系价值的影响，鲜有研究关系学习与新创企业合法性的关系。因此，有必要基于组织间学习的视角进一步探究新创企业的组织合法性问题。

(4) 双元环境在网络嵌入对新创企业竞争优势作用过程中的影响有待验证

权变理论将企业外部环境视为影响组织的一个重要变量。通过梳理文献可知，环境动态性和环境竞争性作为最能反映转型经济下中国企业面临的创业环境特征，会对新创企业产生影响。但现有文献大多仅考虑了双元环境，或者其中某一元环境的正向、负向的线性调节效应，并在研究结论上存在一些分歧，目前尚未有学者就环境动态性与环境竞争性对网络嵌入、关系学习、组织合法性与新创企业竞争优势间关系的影响进行关注与研究。在中国经济转型中，双元环境是否会影响网络嵌入对新创企业竞争优势的作用过程、会影响哪些过程阶段，以及如何影响等尚需进一步验证。

鉴于此，本书从网络嵌入视角出发，对组织网络化下新创企业竞争优势的实现问题进行研究，认为网络嵌入对新创企业竞争优势具有重要影响。并基于新创企业的新生弱性问题，将实现新创企业竞争优势作为立足点和归属点，结合知识经济时代背景与中国经济转型情境，以突破知识资源缺口与克服制度环境压力为切入点，指出网络嵌入是新创企业开展关系学习获取知识等异质性资源，以及寻求合法性认可克服制度压力的重要渠道。据此，本书尝试构建"网络嵌入—关系学习、组织合法性—新创企业竞争优势"的逻辑框架，重点探讨组织网络化范式下，网络嵌入对新创企业竞争优势的影响及作用机制。同时，考虑到创业环境在新创企业成长过程中扮演的重要角色，本书尝试进一步通过双元环境因素来解释由网络嵌入推动的关系学习与组织合法性对新创企业竞争优势的影响，关注并考察环境动态性和环境竞争性在网络嵌入向新创企业竞争优势转化的部分路径中所起的调节作用，明确网络嵌入通过关系学习、组织合法性影响新创企业竞争优势的环境边界，从而弥补现有研究的不足。

3 网络嵌入对新创企业竞争优势影响的探索性案例研究

基于第 2 章对网络嵌入、关系学习、组织合法性、双元环境和新创企业竞争优势的文献梳理可知,现有研究对于网络嵌入的维度划分,以及网络嵌入对新创企业竞争优势的影响机制缺乏系统的、全面的探究,且网络嵌入、关系学习、组织合法性、双元环境和新创企业竞争优势之间的关系不甚明朗,甚至存在分歧。因此,本章希望通过案例研究对现象进行描述,以明确网络嵌入"是什么",以及"为什么"、"怎么样"影响关系学习和组织合法性,并进一步促进新创企业竞争优势的提升。

具体地,在第 2 章梳理与总结相关理论基础及文献综述的基础上,针对网络嵌入对新创企业竞争优势的影响机制问题,采用规范的案例研究程序,选取 4 个典型的新创企业案例开展探索性案例研究。通过理论预设、案例内分析与跨案例比较分析,构建网络嵌入、关系学习、组织合法性和双元环境,以及新创企业竞争优势间关系研究的初始模型,并形成初始命题。

3.1 案例研究概述

Yin(2003)对案例研究的定义被学者们广泛采纳,他认为案例研究是在现象与环境界限模糊时,通过多种资料源调查现实世界中当前现象的一种方法。

案例研究是一种经验性研究,适用于回答"是什么"、"为什么"或"怎么样"的问题(Eisenhardt,1989),能够帮助研究者在特定情境下探究案例的活动性质,把握其中的独特性与复杂性,全面了解当前的真实情况,从而寻求解决问题的途径或方法。Eisenhardt(1989)指出,相较于实验、问卷调查等其他研究方法,案例研究更有益于帮助研究者摆脱已有研究与过往经验的制约,应对更为复杂和动态的问题,更适合社会科学领域中新问题的研究以及新理论框架的构建。同时,陈晓萍和沈伟(2018)认为,案例研究并非只是先导性研究(Pilot Study),也可以应用于验证已有理论,并且可能在验证过程中产生一些新的观点和看法,进而缩小或扩大原有理论的适用情境与范围。付丙海等(2018)指出,案例研究能够通过细致充分的证据呈现,助力研究者深入挖掘复杂过程现象背后的潜在规律与理论逻辑。

3.1.1 案例研究方法的分类

目前,学者根据不同的研究任务、案例数量和哲学研究基础,对案例研究方法进行了分类,如表3-1所示。

表3-1 案例研究方法分类

划分标准	案例研究方法类型	方法描述
研究任务	探索性案例研究	运用新视角、假设及方法来解释问题或构建理论框架,侧重于提出假设和理论升华
	描述性案例研究	对经济或社会现象中的行为主体及关联、事物发生过程进行翔实、深入的描述
	解释性案例研究	综合运用已有理论,考察、解释或归纳现实生活中的问题和现象
	评价性案例研究	对事物提出自己的观点与看法
	例证性案例研究	阐述企业创造性实践活动或企业实践的新趋势
	实验性案例研究	检验企业中的新实践、新流程和新技术的执行情况并评价其收益
案例数量	单案例研究	就一个典型案例进行深入剖析,验证某一方面的问题,或用于分析一个极端的、独特的和罕见的管理情境
	多案例研究	针对所有案例进行多次逻辑的重复验证,从多层面归纳并抽象出案例映射的情况,形成更周密的理论框架
哲学研究基础	规范性案例研究	根据客观价值判断研究案例
	实证性案例研究	对感觉或观察获得的知识进行检验

本书旨在探究网络嵌入、关系学习、组织合法性、双元环境和新创企业竞争优势之间的影响机制,目前变量间关系不甚明朗,甚至存在争议。而探索性案例研究多用于补充现有理论而提出新的假设,且适用于可供借鉴的其他研究中的观

点与验证结果不符的情况(任胜钢等,2016)。同时,相较于单案例研究,多案例研究可以对每个案例进行重复检验,能够显著地提高案例研究的内外部效度和信度(Eisenhardt,1989;Yin,2011),且其适用于过程和机制类问题的研究(王萧萧,2018)。因此,本章采用探索性多案例研究方法,深入挖掘网络嵌入、关系学习、组织合法性、双元环境与新创企业竞争优势之间的影响机制,构建初始概念模型,提炼出变量之间的假设关系,从而为后续的理论推演以及实证研究做准备。

3.1.2 案例研究的步骤

Eisenhardt(1989)、Yin(2003)分别对案例研究步骤进行了深入探讨。Eisenhardt将案例研究分为定义研究问题、选择研究案例、采用多种方法与资料、深入实地调研、分析资料数据、提出命题假设、对比文献与归纳结论七大步骤。而Yin将案例研究分为研究设计、收集数据前的准备、收集数据、分析数据和撰写研究报告五大步骤。相较而言,两人提出的研究框架较为一致。但Eisenhardt给出的步骤过于烦琐,同时也没有突出案例研究背景的重要性(陈向明,2000)。并且,Eisenhardt主张为了避免在分析考察案例时产生偏见,在构建理论前应尽量不要预设理论。与此相反,Yin则强调为了提高案例研究的效率与效果,探索性案例研究有必要创建一个大致的理论框架,即提出可能的前导研究观念。本书通过梳理已有文献,结合研究问题,形成了研究构思与理论预设,并据此选择案例、收集数据、分析数据,构建网络嵌入、关系学习、组织合法性和双元环境,以及新创企业竞争优势间关系的初始模型和研究命题。案例研究的基本流程如图3-1所示。

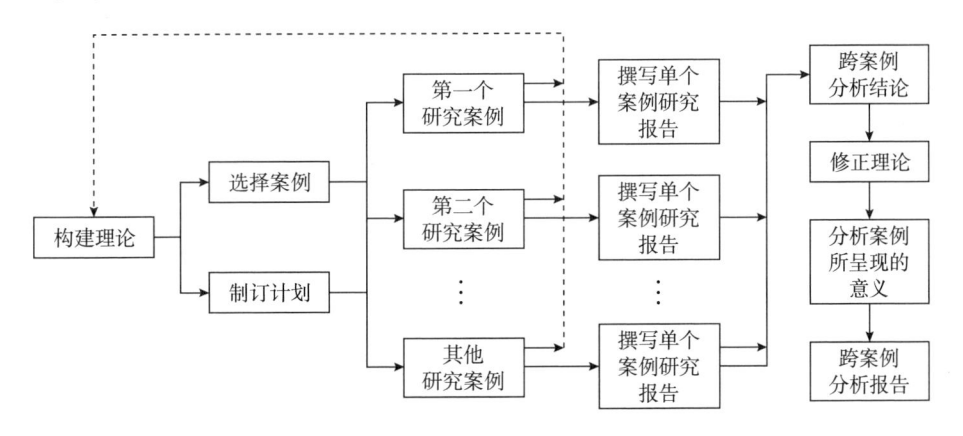

图 3-1 案例研究的基本流程

3.2 研究设计

3.2.1 理论预设

随着经济全球化和信息技术革命步伐的加快，组织呈现网络化发展趋势，新创企业由此处于供应商、顾客、同行、金融机构和政府等外部组织相互联系、相互作用的网络化环境中。组织网络化已成为企业塑造并保持核心竞争力的重要渠道，也是企业创造价值与赢得市场竞争的客观条件（黄继生，2017）。基于网络嵌入理论来分析新创组织成功是创业研究的重要视角（俞园园，2015；Dong et al.，2020）。网络嵌入刻画了新创企业在网络中的关系联结情况，而网络嵌入理论强调了社会行为主体已有社会联系对其行为及绩效的影响（Granovetter，1985；Uzzi，1997）。可见，网络嵌入对新创企业行为活动的影响不言而喻。那么，网络嵌入刻画了新创企业的哪些网络关系联结特征、网络嵌入可以通过影响新创企业的哪些行为活动从而最终建立新创企业竞争优势？

资源基础观强调，企业拥有的异质性资源能为其带来竞争优势。但新创企业初始资源短缺，导致其仅依靠自身资源难以获得持久竞争优势。而基于社会网络理论，网络嵌入为网络成员企业交换信息与资源提供了新的沟通机制，成为新创企业克服资源瓶颈的重要途径（Letaifa & Goglio-Primard，2016）。进一步地，在知识经济时代下，知识因更符合异质性资源特征对企业竞争优势有重要影响（David & Lebmann，2006；朱秀梅等，2010）。因此，如何通过网络嵌入获取知识等异质性资源对新创企业实现竞争优势显得尤为重要。从实践情况来看，利用外部网络中不同形式的嵌入关系开展组织间学习来获取异质性资源已成为很多中小企业合作的主要动机，网络在组织间学习中有重要的作用（Zhao，2017；马丽，2020）。基于合作关系视角的组织间学习理论认为，紧密的合作关系对组织间知识，尤其是隐性知识的获取、诠释、利用和创造具有显著的促进作用（Ritala & Hurmelinna-Laukkanen，2013）。据此，本书尝试引入一种"关系范式"下的组织间学习——关系学习（蒋青云，2007），用来阐释这种基于紧密合作关系获取与创造知识的组织间学习行为。关系学习指的是企业与伙伴之间的联合活动,其目的是分享、理解信息和知识,并将其整合至特定关系记忆(Selnes & Sallis,2003),有利于增加企业知识的广度和深度(蔡坚,2014)。新创企业由于创立时间短、不受组织惯性制约,表现出新生学习优势(Autio et al.,2000;苏晓华等,2013),而在组织网络化范式下,网络嵌入恰好为新创企业开展关系学习打造了稳固的关系纽带,并拓宽了学习渠道,助力新创企业充分发挥新生学习优势,与合作伙伴积极开展关系学习,为实现竞争优势提供持续性的知识资源。因此,本书基于竞争优势的资源基础观视角,结合知识经济时代背景,将关系学习引入透视网络嵌入对新创企业竞争优势影响的研究,指出关系学习在网络嵌入与新创企业竞争优势关系间起到中介作用。

组织合法性一直是新创企业研究领域的重要议题(林枫等,2017;Tracey et al.,2018;Fisher,2020)。战略研究中的制度学派指出,制度会影响企业战略选择,制度环境为企业带来了挑战与机会(Suchman,1995)。在制度基础观视角下,企业为了获得竞争优势,应在保持效率的同时争取合法性(Martinez & Dacin,1999),以有效避免制度压力对企业效率产生的负面影响(Dacin et al.,2007)。并且,企业在缓和制度压力方面做出的努力与投资使其得以建立并累积制度资本,为新进入者创造障碍(Suchman,1995;Bresser & Millonig,2003)。在中国转型经济情境下,既定的制度和准则仍不够成熟,新创企业极易与现有社会制度结构产生冲突,面临更严峻的合法性问题(尹苗苗等,2015)。因此,如何跨越合法性门槛、化解合法性危机对新创企业的生存与发展至关重要。已有学者指出,企业为了获得合法性,可以与外部利益相关者建立多种联系,以获得社会支持(李玉刚和童超,2015)。构建网络关系已成为新创企业建立合法性的一个重要战略选择(王玲玲等,2017),且新创企业所嵌网络的"溢出效应"和"骑背效应"有利于其获取组织合法性(Zimmerman & Zeitz,2002)。因此,本书基于竞争优势的制度基础观视角,结合中国转型情境,将组织合法性引入透视网络嵌入对新创企业竞争优势影响的研究,指出组织合法性在网络嵌入与新创企业竞争优势关系间起到中介作用。与此同时,新创企业的合法性身份是通过与其他组织的互动合作被社会性地建构的(罗兴武等,2017),而关系学习体现了企业与合作伙伴的联合互动(Selnes & Sallis,2003)。可见,关系学习与新创企业组织合法性可能存在关联性,关系学习会对新创企业组织合法性产生影响。

此外，权变理论指出，环境是企业成长过程中重要的权变变量（郭韬等，2017）。只有准确地把握环境因素对组织运作的影响程度，才能保持竞争优势（Khanna & Nohria，1998）。环境会影响所有的企业，且对新创企业的影响更大（俞园园，2015）。在经济转型时期的中国，双元环境是创业环境的两个重要维度（黄胜兰，2015）。环境动态性和环境竞争性会对新创企业的资源获取与转化过程、组织战略管理及其作用的发挥等产生重要的影响（温超，2020；杨智和邱国栋，2020；李树文等，2020）。Herron 和 Robinson（1993）指出，环境在行为—绩效关系中具有决定性作用。因此，基于以上分析，双元环境特征可能会影响新创企业的关系学习行为、组织合法性获取行为与新创企业竞争优势的关系，即双元环境在关系学习和组织合法性与新创企业竞争优势的关系中起调节作用。

综合上述理论逻辑和关系脉络，本书在组织网络化视角下，以实现新创企业竞争优势为立足点和归属点，分别基于竞争优势理论的资源基础观和制度基础观，将关系学习与组织合法性作为双中介变量引入透视网络嵌入影响新创企业竞争优势的作用机制研究，并加入双元环境这一调节变量，综合探寻网络嵌入对新创企业竞争优势的影响机制，如图 3-2 所示。此理论预设将作为研究基准，用于指导后续的案例研究，形成初始命题。

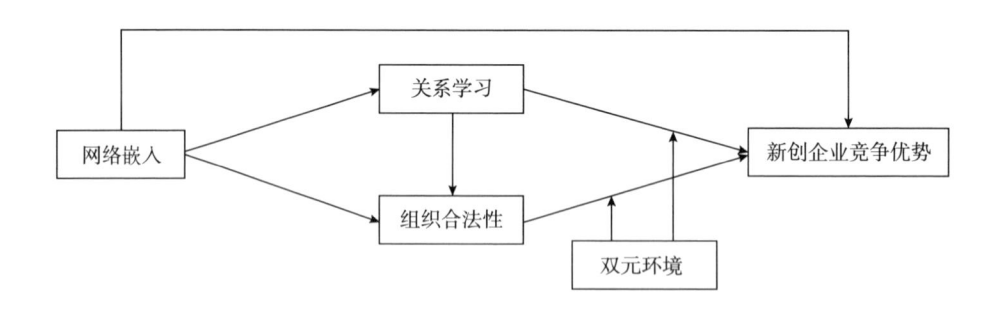

图 3-2　网络嵌入对新创企业竞争优势的影响机制

3.2.2　案例选择

案例选择是成功开展案例研究的关键。Eisenhardt（1989）认为，样本的选择与研究对象，以及要回答的问题相关，可不必遵循随机抽样原则，并指出最理想的案例数量是 4~10 个，同时应采用理论抽样来决定案例数量。鉴于此，本书采取理论抽样的方法，依据研究中发展的概念和形成的理论有目的地选择样本。具体地，在初步研究了8个新创企业案例后，基于复制与扩展的归纳逻辑，最终选取4个新创企业案例进行探索性案例研究。根据理论抽样的原则与要求，本书在选取案例时主要基于以下考虑：

主题适配性原则。结合研究主题，所选案例企业均为新创企业，它们在实现竞争优势过程中普遍面临资源短缺与制度压力等新生弱性问题，而这4个案例企业在行业领域上存在差异，面对不同的市场环境和技术环境，它们通过建立网络联结关系等方式获取外部资源以突破资源瓶颈、寻求外界认可以克服制度压力的行为较为常见，从而为研究新创企业网络嵌入提供了"天然的"实验对象。同时，选取的4个案例企业经过与外部组织的联结互动后，在网络嵌入作用下，其关系学习、组织合法性，以及竞争优势情况较为明了，并表现出一定的差异性，这些差异为研究主题提供了丰富的情境，有利于进行理论的差别复制与扩展（Eisenhardt，1989），并为验证理论预设创造了条件，适合回答本书提出的研究问题。

代表性与典型性原则。本书结合案例背景分析，根据北京大学国家发展研究院发布的《2020中国区域创新创业指数排行榜》，以及西南交通大学创新创业中心发布的《中国大众创业指数（MEI—1）》（大陆省域篇）等，选取4个位于广东、四川和江西等创新创业指数排名中上游省份的新创企业，这些区域均有较好的创新创业环境，有利于降低过多外部因素对研究结果造成的干扰，同时兼顾了地理区域的多样性，且这些区域创新创业活动比较活跃，企业具有较强烈的创业意愿。同时，案例企业所属行业领域覆盖了农业、服务业和制造业三大行业，并涉及传统行业与新兴行业，具有一定的代表性与典型性，且企业行业的不同可能导致它们在实现竞争优势过程中所嵌入网络的特征存在差异，从而有利于本书分析不同行业企业的网络嵌入特点及其作用。进一步地，4个案例企业同时兼顾了表现领先企业与欠佳企业，而通过对不同表现状况的多个案例企业的分析，可以更容易地观察与对比案例企业之间的数据，有效识别焦点现象的中心结构与变量之间的逻辑关系等。这些均有助于进行多角度的交叉验证，从而更好地体现多重检验的效果，提高研究结论的解释力与普适性。

信息可获取性和访谈便利性原则。案例研究需要进行深入的实地调研访谈与大量的信息收集工作，这就要求案例研究企业数据具有可得性与获取便利性。因此，为了保证案例研究的信息丰裕度，且能在合理范围内控制研究成本，本书并非随机抽取案例,而是兼顾了信息可获取性和访谈便利性,充分利用研究组成员"地理接近和关系接近"的优势,开展案例访谈与调研,从而能够较为全面地获取所需的企业资料。

基于上述原则与要求,我们于 2018 年 11 月至 2019 年 1 月,先后与选取的 4 家新创企业的董事长、总经理或副总经理进行了半结构化的深度访谈。4 个案例企业基本情况如表 3-2 所示。遵循保密约定,本书对企业名称进行了匿名处理,采用字母与行业代指案例企业。

表 3-2 案例企业基本情况

特征	LX 生态养殖企业	JLY 虚拟容器研发企业	LCR 金融科技企业	DB 家具制造企业
成立年份	2013 年	2015 年	2014 年	2016 年
注册资本	2194.9 万元	1524 万元	1350 万元	100 万元
区域	抚州	成都	成都	深圳
员工人数	232 人	70 余人	72 人	100 余人
主营业务	鸡禽及鸡蛋生态养殖与销售	容器云软件开发与服务	为商业场景提供金融科技解决方案	实木家具制造与销售
2018 年销售额及利润	2.39 亿元,利润 8655 万元	未透露,利润率 60%~70%	2200 万元,利润近 1000 万元	2000 万元,利润 100 多万元

3.2.3 数据收集

根据 Yin(2003)的建议,通过多渠道、多数据源获取资料,并在资料收集过程中采用三角验证,以确保研究结论的准确性。具体操作如下:

(1) 采用深度访谈,以提高研究效度

通过文档资料采集的方法获取数据。基于文献梳理结果形成初步理论框架,据此设计访谈提纲,然后与调研企业副总经理或以上职位的管理者进行半结构化深度访谈,这些访谈对象熟悉企业,能够保证信息获取的准确性。访谈提纲主要分为两部分:一是企业基本信息,由被访者简要陈述企业的员工人数、主营业务及企业发展情况等;二是模块式问题,将研究主题分为企业外部联系情况、与伙伴互动学习情况、被认可情况、外部环境情况,以及企业竞争优势情况等模块(访谈提纲见附录)。主要采取面对面交流的方式,每次访谈时间在 2 小时左右。

访谈之后,继续通过电话、微信或再次会面等方式与被访谈者反复沟通,核对记录,整理和完善信息资料。

(2)建立案例资料库,以确保研究信度

案例资料库既涉及访谈笔记、录音等一手资料,又包括通过现场参观、内部文件,以及网络等方式和渠道收集的二手资料。具体地,在正式访谈前通过案例企业的官网、企业公众号、媒体报道等信息资料,事先了解案例企业的情况,以提高实地调研的沟通效率。且在每次访谈前,基于上一次访谈结果和新的资料、想法对访谈提纲进行适当调整,不断完善研究内容;然后,在具体访谈过程中进行现场笔录和录音。与此同时,通过现场参观,以及获取宣传手册和部分内部资料等为整理访谈内容提供进一步佐证。实地调研访谈结束后,根据"24小时"规则,当天整理访谈资料,并进一步核对确认信息,及时查缺补漏,同时将案例资料统一归档存入案例数据库,进行分类编码,为案例内分析与跨案例分析做准备。

(3)使用案例资料建立证据链

根据Yin(2003)分析推广逻辑,首先依据案例数据,构建证据链,发现其中的因果关系和逻辑机制,而后在此基础上对其他案例进行复制,检验初始案例研究结论在这些复制案例中的适应程度,保证研究效度。另外,在案例收集过程中,不断使用其他资料数据对访谈数据进行补充,以验证访谈者提供信息的准确性。表3-3注明了案例企业的资料来源和访谈对象、方式与地点。

表3-3 案例企业的资料来源和访谈对象、方式与地点

企业	访谈地点	访谈对象	资料来源	访谈方式
LX生态养殖企业	农场基地办公室	董事长	企业宣传材料、资质文件、会议记录、企业网站、公众号、媒体报道、管理者公开言论等	参观养殖基地和产品展厅等,与销售总监等进行非正式交流
JLY虚拟容器研发企业	会议室	副总经理	企业宣传材料、资质文件、企业网站、公众号、媒体报道、管理者公开言论等	企业参观,与内部员工进行非正式交流
LCR金融科技企业	办公室	总经理	企业宣传材料、资质文件、企业网站、公众号、媒体报道等	企业参观,与内部员工进行非正式交流
DB家具制造企业	办公室	总经理	企业宣传材料、内部资料、高管微信朋友圈等	实地调研、参观生产现场等,与企业高层、销售经理等进行非正式交流

3.2.4 数据分析

案例研究的核心在于数据分析。Eisenhardt 和 Graebner(2016)指出，严谨的案例研究不应拘泥于形式，无论是写作格式还是数据分析过程，选择适当的研究方法即可。根据 Eisenhardt(1989)的建议，本书案例研究从案例内分析和跨案例分析两个方面展开，案例内分析是对单个案例进行系统整体的分析，而跨案例分析是基于案例内分析对所有案例进行统一的抽象与归纳，以得出更精确的描述和解释。同时，考虑到研究的复杂性，首先基于已有文献，对案例研究涉及的主要构念测度加以明确；其次借助编码进一步深化各主要构念，并对案例进行深入分析。

(1) 构念测度

对案例分析涉及的主要构念尽量选取客观明晰的资料加以测量。首先，考虑到社会资本是新创企业获得高起点竞争优势的基本途径(张红等，2011)，结合 Granovetter(1985)等的研究，并基于 Nahapiet 和 Ghoshal(1998)对社会资本维度的划分方法，从结构嵌入、关系嵌入和认知嵌入三个维度来刻画新创企业的网络嵌入特征，并进一步基于 Watson(2007)、王雷(2012)、王永健和谢卫红(2015)等的研究，将结构嵌入划分为网络规模、网络密度和网络中心性三个分维度，主要涉及新创企业外部网络规模大小、网络疏密情况，以及所处网络位置等方面；将关系嵌入划分为商业关系嵌入与政治关系嵌入两个分维度，主要涉及新创企业与商业伙伴、政府机构等主体的关系联结情况等方面；认知嵌入主要涉及新创企业与网络成员在相似文化、行为方式及共同目标下开展合作的意愿。关系学习构念的测量主要基于 Selnes 和 Sallis(2003)、陈勇(2011)等的研究成果，通过新创企业与合作伙伴共享信息和知识的程度、共同解决问题的程度，以及调整更新关系数据的程度等方面来测量。组织合法性构念的测量主要基于 Certo 和 Hodge(2007)、杜运周等(2012)的研究成果，通过新创企业被顾客、供应商等利益相关者的认可程度来测量。双元环境构念的测量主要基于 Jansen 等(2006)的研究，包括环境动态性和环境竞争性两个分维度，涉及新创企业面临环境的动态变化程度和竞争激烈程度等方面。新创企业竞争优势的测量主要基于 Wu 等(2009)、朱秀梅等(2010)的研究成果，通过新创企业在行业中所表现出的在质量、创新等方面的优势来测量。

（2）数据编码与分析

首先，在数据编码之前进行了前测信度检验，随机抽取10%的文本，由笔者与另外两位创业管理研究领域的博士研究生完成编码，计算得出平均互相同意度和信度均大于0.8的标准水平，这时方可正式进行编码。

其次，对每个案例进行案例内分析。运用内容分析法（Strauss & Corbin，1990）对不同来源的数据进行汇总、提炼和分析。首先，将各类案例资料文本化，形成整体性的文字材料，进行初级编码，发现概念的维度和属性。在此过程中，对4家企业的资料分别进行编码，其中，访谈资料编码为FT；二手资料编码为SS。其次，进行聚焦编码，使用最重要或最频繁的初始代码，用大量数据来筛选代码，区别出较低层次的解释性概念。再次，以本书涉及的主题和构念为参考依据，根据结构嵌入、关系嵌入、认知嵌入、关系学习、组织合法性、双元环境和新创企业竞争优势等关键构念，完成二级编码。最后，根据测量变量或维度对部分构念进行三级编码，如结构嵌入主要从网络规模、网络密度和网络中心性3个二级子构念进行编码；关系嵌入根据商业关系嵌入和政治关系嵌入2个二级子构念进行编码；双元环境根据环境动态性和环境竞争性2个二级子构念进行编码。在编码过程中，对于存在争议的条目，依据相关文献进行改进或者删除，最终形成统一意见。关键构念、子构念、变量测量和关键词（句）举例等如表3-4所示。

表3-4 关键构念、子构念、变量测量和关键词（句）举例

关键构念	子构念	变量测量	关键词（句）举例
结构嵌入	网络规模	与企业有交流的客户、供应商、竞争对手、政府机构、行业协会、投资机构，以及其他组织的数量	广泛联系、加入协会与联盟、参加行业交流会、产学研、接触新伙伴、与不同主体联系
	网络密度	与合作伙伴之间共同拥有的第三方的数量，与第三方交流的频率，合作伙伴间的直接联系情况	共同合作企业、直接联系、联系紧密、相互认识、圈子、互通、抱团
	网络中心性	网络联系的稳定性，其他企业发生业务联系时经过本公司的情况，使用所处网络中的资源解决问题的情况，所处网络中资源信息的丰富程度	网络稳定、桥梁、纽带、位置优势、龙头、控制、支配、资源利用、表现活跃

续表

关键构念	子构念	变量测量	关键词(句)举例
关系嵌入	商业关系嵌入	与客户、供应商,以及其他伙伴之间的关系联结情况	互利互惠、信任、长期协议、战略伙伴、重复合作、彼此重视
	政治关系嵌入	与行业主管部门、各级政府,以及税务部门、工商管理部门等之间的关系联结情况	与官员交往、与政府部门合作、高管政府背景、粉饰政绩、配合政府
认知嵌入	认知嵌入	与其他组织在相似文化、行为方式及共同目标下开展合作的意愿	理念共识、默契、友谊、契合、共同语言、约定俗成、做事风格
关系学习	关系学习	与合作伙伴交换信息和知识的情况,与合作伙伴共同解决问题情况,与合作伙伴调整更新关系数据的情况	互动学习、共享信息、交流经验、联合工作团队、共同解决问题、面对面沟通、管理伙伴关系数据
组织合法性	组织合法性	客户、供应商、员工、政府、竞争对手和投资者等利益相关者对企业的认可程度	资质认证、荣誉、牌子、背书、站台、声誉、形象、示范、认可、普及、落地
双元环境	环境动态性	市场环境、技术、需求变化程度	对产品提出新要求、消费理念变化、需求多样化、技术发展变化
	环境竞争性	市场竞争激烈程度	竞争者实力、竞争者数量、产品同质化、价格战
新创企业竞争优势	新创企业竞争优势	在行业中所表现出的在质量、创新、市场反映、效率、成本和客户满意度等方面的优势情况	质量、创新、专利、市场反应、效率、成本、满意度、好评、口碑、影响力、竞争力、市场地位

最后,在单案例分析的基础上进行跨案例比较分析。对4个案例汇总后的资料信息进行比较、归纳和总结,寻找出案例的共性和发展趋势,以解释结构嵌入、关系嵌入、认知嵌入、关系学习、组织合法性、双元环境和新创企业竞争优势等变量间的关系逻辑,提出初始命题。

为了实现对现有理论的扩展与精练,本书在案例分析过程中采用分析性归纳的方法(Strauss & Corbin, 1990; Yin, 2003)。首先,对要解释的现象进行定义,提出对这个问题的假设解释;其次,对第一个案例进行分析,看所提解释是否与该案例的事实相匹配,若不符,则要么修改假设解释,要么排除这个案例。经过分析几个案例后,解释逐步稳定,按照这个步骤继续进行,直到建立起一个一般的理论关系。基于此过程,本书分析了第一个案例,并将结果与所提初始模型进行了比较,然后对模型进行调整,后续三个案例的分析也是重复此过程,比较案例间的异同,找到一个与所有案例数据相匹配的理论框架,得出研究命题。

3.3 案例内分析

3.3.1 LX生态养殖企业

LX生态养殖企业(以下简称LX公司)2013年创立于江西省抚州市,是一家集生态养殖、加工销售,以及粪污综合利用于一体的农业产业化国家重点龙头企业。其主营业务为鸡禽及鸡蛋的养殖和销售,并涉及水稻、瓜果和蔬菜等农作物的种植与销售,以及农业观光休闲服务等。公司现有固定资产3亿多元,流转湿地松林地1.5万亩(1亩≈666.7平方米),已建成年放养600万羽"飞天凤"的生态养殖园,除了满足省内市场需求,其产品还远销上海、浙江、广东、北京、湖南和湖北等20多个省份。

目前,LX公司积极拓展B端客户和C端客户,与众多经销商、政府机构和事业单位等保持长期联系,且从2014年开始发展"互联网+农业",通过淘宝、微信、京东、工行融易购等电商平台在全国搭建起广泛的销售网络(SS)。同时,与清华大学等高校院所保持频繁的交流学习,获得了丰富的专业化的养殖技术与知识。大规模的企业网络为公司带来了益处,如在访谈中,LX公司的Z总提到,"我是一个留学归国人员,回来从事农业双返双创,当时我们圈子里正好有江西广播电视台卫星频道的人,他们帮忙拍了很多宣传片,为我们造势""我在清华大学读工商管理硕士(MBA)期间,认识了很多能力很强的人,也积累了不少人脉资源"(FT),并且,"公司与很多从事生态农业相关的企业都在同一个圈子里,很多合作伙伴都是由最初的合作伙伴帮忙牵线的,后来大家都成了好朋友,彼此间业务交叉关联,一起赚钱"(FT)。此外,公司与合作伙伴形成了稳固的关系网络,并积极带动周边产业发展,Z总指出,"作为龙头企业,我们联合当地相关产业,牵头成立了生态农业的禽类养殖协会联盟,希望通过打造产业集群实现生态养殖产业链的上下游整合,……提高整体知名度和影响力"(FT)。

LX公司与商业合作伙伴建立了长期战略关系,如"与盒马鲜生、天天果园达成战略协议,通过它们的销售平台在高端鸡市场打响了品牌,得到了市场认可,并通过对接它们的后台供应系统,快速响应市场、提高客户满意度"(FT)。且LX公司与清华大学等院校签署了合作协议,积极交流鸡禽生态养殖技术,选优培育了"飞天凤"品种,极大地提高了公司产品品质,并建立起全景实时监控追溯系统,形成了独特高效的生态食物链循环(SS)。Z总还提到,"如果没有这几个学校(清华大学、华南农业大学等)帮忙背书,别人很难相信我们,它们是我们的'招牌',没有扯这些大旗我也扬不起这个帆"(FT)。与此同时,LX公司与省、市、区各级政府机构联系紧密,并在其引荐下获得了许多机会,Z总提到,"现在政府要政绩,而我们能创造社会效益""在'映山红行动'下,我们拿到了3.5亿元的发展基金(FT),该笔基金的注入为公司开展创业活动、实现成长发展提供了坚实的基础"。

LX公司与合作伙伴共同推进绿色生态有机的生产生活的理念,通过不断创新发展,它们构建了一个协同、开放、繁荣的绿色生态养殖与销售网络系统(SS),得到了社会大众的认可。并且,LX公司基于合作共赢的原则,与上游供应商、下游经销商和零售商等在行事方式上形成了很多默认的规则与惯例,如在毛鸡市场上,Z总提到,"我们有共同的预期和约定俗成的规则,大家在做事时会考虑对方,他们愿意接纳我们进入当地市场"(FT)。同时,LX公司还与一些高校教授开展股份制合作,在经营理念与发展目标上达成高度共识与深度信任,这对于公司与高校实验室充分交流学习养殖技术知识、共同讨论战略规划大有裨益,Z总提到,"通过这样的深入互动,公司建设起了生态养殖园、生态水产园、生态加工园和生态种植园,实现了经济与生态双重效益,得到了政府和社会各界的高度评价"(FT)。

LX公司积极与合作伙伴开展互动学习,如与华南农业大学、中山大学实验室对接,组成联合工作团队,定期分享有关鸡禽最新疫苗和鸡种改良技术信息,并共同解决鸡禽饲料配比问题,在提高鸡禽存活率、降低养殖成本的同时,生产出了更高品质的生态产品(FT)。同时,"公司引进ERP系统,对供应商与客户伙伴进行分级管理"(FT),以更好地对接供应商、服务客户,获得他们的认可,提高客户满意度。LX公司还派出骨干人员与行业领先企业温氏集团交流学习,借鉴其先进管理经验、管理规范和质量标准等(SS),积极与知名企业保持一致,获得"同构效应"。此外,从LX公司面临的外部环境来看,"一般鸡禽类农产品的市场竞争十分激烈,但LX公司主打绿色有机的中高端农产品,因此相对而言,LX公司面临的环境竞争性水平一般"(FT);而从市场变化来看,随着居民消费不断升级,客户对农产品提出了新要求,且呈现多样化、品质化的趋势(SS),因而,LX公司面临的环境动态性较高。行业的竞争,以及市场的动态变化,进一步激发了LX公司的关系学习行为,如LX公司为了及时获得产品与市场信息,与客户、代加工厂商等开展深入交流互动,在整鸡产品线上增加了鸡肉肠、鸡肉丸和鸡肉酱等品类,并针对不同季节,将生鲜鸡与不同药材进行搭配销售,满足了消费者的多样化需求,得到了客户的好评(SS)。并且,针对消费者不断升级的需求,LX公司还通过与合作伙伴共同讨论战略议题,如与上海盛华共同成立专攻高端鸡市场的YHJ子公司,以帮助解决产品销路与融资问题,从而拓展LX公司市场,为其上市铺路(FT)。

LX公司作为农业产业化国家重点龙头企业,通过了ANAS有机、PONY检测等多项高水平的资质认证,并入选"赣抚农品"公用品牌的优质生态农产品。通过依托该品牌影响力,LX公司以"区域公用品牌+企业产品品牌"的母子品牌战略为主线,获得品牌溢价增值效益,快速提升公司产品的知名度、竞争力和附加值(SS)。同时,LX公司积极承担社会责任,采取产业发展与精准扶贫相结合的经营模式,使千余人脱贫,塑造了良好的企业形象(SS)。并且,通过省、市两级政府的推荐,LX公司Z总荣获了"全国创业创新典型人物""市优良家风宣传人物"等称号,帮助公司塑造了正面形象。Z总指出,"这些体现了社会对你的认可,……一传十,十传百,就会有口碑效应和品牌优势"(FT)。可见,社会利益相关者的认可为公司带来了很多益处。此外,面对行业环境的变化,"公司在省、市政府的支持下,联合相关行业企业发起建立江西省鸡禽绿色养殖标准体系"(FT),引入行业新规范,不断提升企业影响力。Z总还提到"这几年市场变化越来越快,竞争者也多了起来,企业的这些牌子,还有知名度变得越来越重要了,……像我们进入上海市场时,打的就是国宴菜的招牌,……而且,有了这些(认可),能帮我们节省不少的营销和宣传费用"(FT)。

LX公司案例的典型资料举例及其编码结果如表3-5所示。

表 3-5　LX 公司案例的典型资料举例及其编码结果

构念/维度	典型资料举例	编码结果
结构嵌入	与江西、湖南、湖北和福建等地 90 余家农贸市场经销商保持联系；与南昌、北京、上海、广州、深圳等城市的 30 余家知名进货商签订了供货协议；与清华大学、华南农业大学、中山大学，以及中国科学院等建立了产学研合作；加入中国保健协会、中国畜牧业协会等	网络规模 (16)
	我们的合作伙伴会把他的伙伴介绍给我们，这样大家就都认识了；大家的圈子是互通的，彼此间都有业务往来，联系密切；圈子就这么大，谁在做什么都知道	网络密度 (11)
	牵头成立禽类养殖协会联盟，打造产业集群；与上游的玉米大豆、黑牧草等供应商，下游的毛鸡批发商、大型超市，以及知名高校、科研院所等都有比较稳固的联系；在行业内表现活跃	网络中心性 (13)
关系嵌入	在冰鲜鸡市场，与盒马鲜生、天天果园、永辉超市、缘来鲜、上海蔬菜集团、广州餐饮协会、华润集团等达成长期供货协议；在毛鸡市场，与湖南、湖北和广西的多数批发商合作长达 5 年；与清华大学签署农业交流示范基地协议、与中山大学签署合作协议	商业关系嵌入(19)
	设有专门的公关部门做政府关系维护，Z 总是江西省工商联执委会委员、抚州市政协委员，公司某股东是广东省政协常委、民盟广东省委会常委	政治关系嵌入(15)
认知嵌入	与合作伙伴达成了相似的互利共赢的发展目标；缘来鲜比较认同公司的经营理念与企业文化，成了公司股东；相互考虑对方、获得情感上的回报；大家聊得来，有共同的语言	认知嵌入 (13)
关系学习	与华南农业大学、中山大学的实验室对接，建立联合学习团队；与行业领先企业温氏集团交流学习，借鉴其管理经验、规范；与合作企业共同讨论战略议题，成立 YHJ、FX 等子公司；引进 ERP 系统管理供应商与客户的数据资料	关系学习 (14)
组织合法性	为农业产业化国家重点龙头企业、江西省现代农业示范园；通过 CNAS 有机、华测 CTI、PONY 检测等资质认证；被选为国宴菜；两年内扶持 323 户贫困农户参与生态养殖，让 1100 多人脱贫；受到了新华社及其海外版、农林卫视、江西省电视台等媒体的高度评价	组织合法性 (17)
双元环境	市场需求呈现品质化、多样化趋势；消费者选择更为理性，对于食品健康、营养等需求提高，对优质鸡肉需求与日俱增；生物技术不断进步促进了养殖行业关键技术水平的提高、疾病防疫技术的进步	环境动态性 (10)
	主打绿色有机的中高端农产品，面临环境竞争性水平一般；我们成立时，生态农产品市场没什么大的竞争对手，但这几年竞争对手多了；一般购买我们产品的客户，首先考虑的不是价格，而是品质	环境竞争性 (8)
新创企业竞争优势	在鸡禽类高端产品市场中，价格有竞争力；在华南地区做得最好，全国可以排名前 5；研发了独特的生态食物链循环模式；优化鸡禽养殖技术，降低了几十万元的成本；当前公司估值达 9 亿元，准备在新三板上市；2019 年，公司营业收入达 3.16 亿元，净利润达 1.2 亿元	新创企业竞争优势(16)

结合以上对 LX 公司的分析过程，以及表 3-5 的编码结果，构建该公司网络嵌入对新创企业竞争优势的影响关系，如图 3-3 所示。

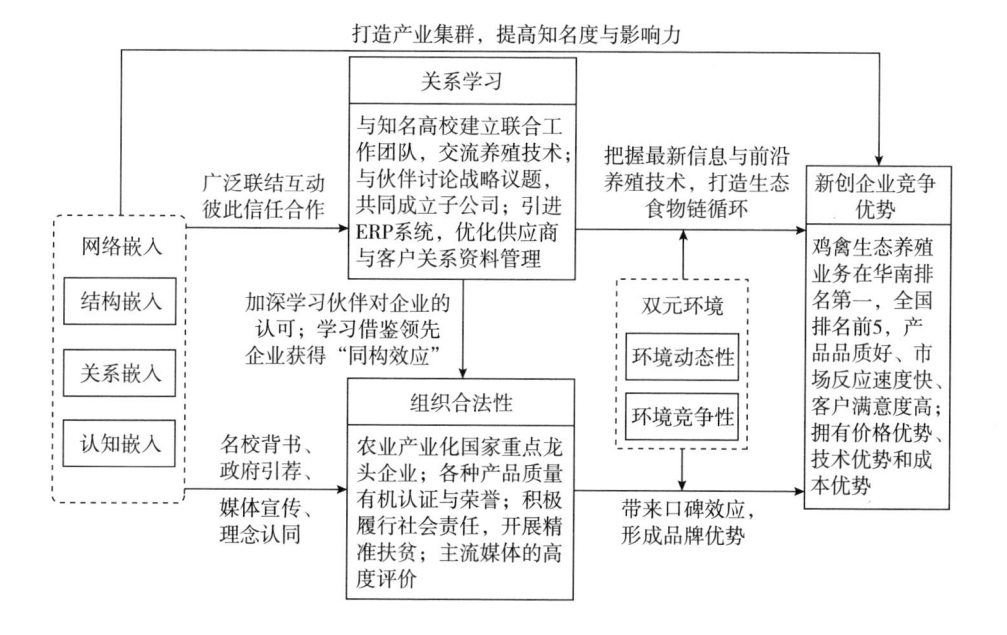

图 3-3 LX 公司网络嵌入对新创企业竞争优势的影响关系

3.3.2 JLY 虚拟容器研发企业

JLY 虚拟容器研发企业（以下简称 JLY 公司）2015 年创立于四川省成都市，是国家级高新技术企业。其主营业务涉及多元化的云计算相关产品及服务，包括云计算基础设施服务、容器云 PaaS/CaaS 平台、大数据平台及应用、DevOps 咨询及实施服务、微服务咨询及实施服务等，并提供私有云/混合云构建的整体解决方案、产品及服务。JLY 公司是国内首批从事容器技术研究，并推出企业级商用产品的企业。

JLY 公司的服务范围涉及制造、教育、能源、金融、互联网和政务等众多领域，并积极与四川大学、电子科技大学、西南财经大学，以及四川省宇航科技发展研究会等高校和科研院所开展产学研互动，通过与网络内众多客户、高校，以及同行企业的广泛联结关系，公司与这些外部组织积极开展交流学习，并致力于联合国内外云原生领域的更多伙伴，促进国内云原生技术落地（SS）。同时，JLY

公司与网络内同行、客户彼此间的直接联系较为频繁,特别是在技术方面。C总提到"(容器云)这个行业很新,需要大家抱团合作,……相互交流学习先进的技术研发与应用经验,共同去推进这个事情","我们这个是一个全新的突破性的东西,……密集的网络关系可以让大家知道并了解我们做的是什么"(FT)。此外,JLY公司在网络中已经形成了稳定的联结关系,并能从中挖掘真正能用的资源,如"充分调动网络中的伙伴资源,将部分技术研发业务外包给更加专业的合作伙伴,从而降低公司的运营成本,提高开发效率"(FT)。

JLY公司与众多商业伙伴形成了互利互惠的紧密合作关系。目前,JLY公司已与中国长城科技集团股份有限公司(以下简称中国长城科技)、中科技术股份有限公司(以下简称龙芯)、信息产业股份有限公司(以下简称中科曙光)、华为技术有限公司(以下简称华为)等强强联合,完成了兼容互认证,这有利于提高公司服务质量、降低运维成本、实现客户业务的快速响应与数字化转型(SS),并且"能够推动公司与这些技术领先企业持续开展有关云原生技术信息与知识的深度学习交流,实现联合创新"(FT)。同时,JLY公司与各级政府的关系密切。2019年,在四川省委省政府的支持下,JLY公司与中国人民银行成都分行,联合四川省发展和改革委员会、财政厅、金融监督管理局等政府部门,共同创新推出了天府信用通平台,接入四川省21个市和1.8万余家金融机构网点,有力地提升了公司的品牌形象,并为客户节省了90%以上的硬件资源(SS)。此外,"公司已与50多家军工单位合作,如为中电科某所开发电子对抗及仿真云、为中航某所提供无人机协同作战云支撑、为总参某所提供作战任务快速效应云支撑,有效地保障了国家信息安全,得到了政府的高度评价,并打破了国外容器云技术的垄断"(FT)。

JLY公司的愿景是"保障国家安全、改善我国IT环境、提高信息化水平"(SS)。"在与军工部门合作时,公司本着'维护国家安全'的使命,与军工部门产生了强烈的情感共鸣,在保护国家信息安全上达成高度共识,获得了政府与社会的高度评价与认可"(FT)。同时,秉承"以信息化带动工业化,以工业化促进信息化"的"两化融合"理念,与合作伙伴共同打造云生态环境,实现"成都制造"到"成都创造"的转变,并围绕"共建共享、开放共赢"的共同目标,团结中小微企业、金融、政府和征信机构,致力于构建多方共赢的金融生态圈(SS)。这是网络伙伴间合作的高级形态,为JLY公司与网络伙伴进行深入的云技术交流学习扫清了障碍,有利于促进网络利益相关者对公司及产品的合法性认可。

"JLY公司开设精灵学院，积极与客户、同行探讨学习云原生技术及其产品的开发经验"(FT)，在组织内和组织间形成良好的学习氛围，为实现竞争优势持续赋能。且公司作为云原生计算基金会(CNCF)的银牌会员，积极举办或参与行业峰会，与合作伙伴交流云原生技术的最新开发情况，共同促进开源技术的推广、普及与落地(SS)，提高公众认可度。此外，"十四五"规划提出了"数字中国"建设目标，让国家、企业对云计算提出了新的更高的要求(FT)。同时，云计算作为企业数字化转型的底座，正成为主要竞争领域，预计未来5~10年，国内云计算产业将保持较高的增长率(SS)。而目前云计算主要依托的是Docker开源技术，需要多人协作完成。因此，为了应对更高的市场需求以及日趋激烈的行业竞争，JLY公司继续强化与客户、同行的技术交流与经验分享，并共同解决当前环境带来的威胁，如积极参与Kubernetes(K8s)社区，从开源和闭源两个方向齐头并进，为客户在Docker、微服务、DevOps等方面提供多元化服务(SS)，以及与蓝盾信息安全技术股份有限公司(以下简称蓝盾股份)通过"自主研发+技术合作+投资参股"的方式，共同解决用户在云安全及云解决方案等方面的个性化需求问题，推动"云战略"布局(SS)，从而不断提升企业核心竞争优势。并且，"公司设有专门的营销方向和渠道方向的负责人负责客户伙伴关系资料的管理维护，对从POC测试到立项，再到招投标各个阶段涉及的客户信息进行管理和更新，以及时跟进客户的需求变化情况"(FT)。但是，在访谈中C总也提到"随着行业中越来越多新企业的创建，竞争者也多了起来，我们在与合作伙伴交流容器云技术时，会更加注重对核心技术的保密工作，比如我们自主研发的Newben系统的代码是不对外共享的，……同样地，我们有的合作伙伴交流时也不会与我们分享它们的关键技术"(FT)。

JLY公司是国内第一家实现K8s和Newben双调度引擎支持的企业，已取得国家高新技术企业认证等众多资质，获得了"2017年度中国云计算500强PaaS平台服务商"等多项荣誉。公司创始人指出，"始于2013年的Docker是目前云容器技术的代表，国外有80%以上的软件公司均在使用，但在中国这项技术的认知度和使用率还较低，所以蕴含着无限的商机，值得公司加入做一些'布道者'工作"(SS)。"在政府、产业的双重推动下，容器云行业环境不断变化，市场需求增加、竞争者数量也开始增多。……此时，公司前期的布道工作有了效果，作为CNCF银牌会员、全球首批官方认证的K8s核心服务提供商，社会对公司逐渐认可接受"(FT),"且凭借资本市场的高度认可,公司在同行竞争中脱颖而出,先后获得来自天使汇、蓝盾股份、中美创投等机构的几轮千万级风险融资,用于提升公司的开源社区影响力、强化市场推广、增强研发投入、扩大核心竞争优势,并加快向全国容器云服务市场拓展的速度"(SS)。同时,"为了在竞争中抢占先机,公司与政府建立了良好的关系,获得政府的认可与支持,进而开始尝试参与制定行业标准"(FT)。然而,近年来,JLY公司也意识到"随着同行竞争者越来越多,现在同样一些社会宣传和游说活动,给企业带来的好处不如之前明显了"(FT)。

JLY公司案例的典型资料举例及其编码结果如表3-6所示。

表3-6 JLY公司案例的典型资料举例及其编码结果

构念/维度	典型资料举例	编码结果
结构嵌入	拥有万国数据服务有限公司(以下简称万国数据)、中国移动通信集团有限公司(以下简称中国移动)、成都天府软件园有限公司(以下简称天府软件园)等50余家企业级客户;与电子科技大学、西南财经大学、四川大学,以及四川省宇航科技发展研究会、中国通号研究设计院等开展产学研互动;加入了四川省软件行业协会、大数据产业联盟、云计算产业联盟等;与不同机构合作,接触到了不同的资源	网络规模(14)
	公司处在一个全新的行业,大家抱团合作,彼此间联系密切;我们都在一个圈子里,有问题就直接联系;我们与很多单位合作,这些单位又和其他单位合作,同时我们也与它们合作,这很正常	网络密度(8)
	公司作为四川省软件行业协会成员,能进入核心层面挖掘真正有用的资源;公司从事的是中间层面的PASS系统研发,上下层的沟通需要经过公司;多次牵头主办行业技术交流会	网络中心性(11)
关系嵌入	与天府软件园、中国移动、亚马逊公司、万国数据、蓝盾股份等建立了长期合作关系;成为阿里云在西南地区唯一的Docker服务商;与中国长城科技、龙芯、中科曙光、华为等强强联合;大家比较愿意与我们合作,一些关系好的合作伙伴会给我们介绍新客户	商业关系嵌入(16)
	设有公共部门负责维护政府关系,是成都高新区软件园的重点扶持企业、成都市新经济百家重点培育企业,省、市、区各级政府都很关心我们,与中建集团、航空工业集团等的军工部门建立了长期合作关系	政治关系嵌入(14)
认知嵌入	在"以信息化带动工业化,以工业化促进信息化"的"两化融合"理念下积极开展合作;与合作伙伴达成"共建共享、开放共赢"的共同目标;大家在保护国家信息安全上具有高度共识;我们的做事风格比较像	认知嵌入(10)
关系学习	开设精灵学院;经常与伙伴交流云技术的最新开发情况;出于对知识产品的保护,部分核心技术会对合作伙伴保密;平均每天会拜访3~4位客户,面对面沟通;设有专人负责客户关系资料的管理与维护	关系学习(11)

续表

构念/维度	典型资料举例	编码结果
组织合法性	通过国家高新技术企业认证、ISO 9001 与 ISO 27001 认证、双软认证、ITSS 云计算服务能力标准认证等，获得"2017 年度中国云计算 500 强 PaaS 平台服务商""2019 年度四川省优秀软件产品"称号，创富中国年度总决赛荣获"最受媒体欢迎企业"称号	组织合法性（15）
双元环境	与云计算相关的虚拟化、容器、微服务、分布式存储、自动化运维等迅速发展，重新定义了大数据的技术路径和边界；以 IaaS、PaaS 和 SaaS 为代表的云市场呈现稳步上升趋势；客户在云容器选择上存在差异化、个性化需求	环境动态性（9）
	2013 年容器云技术诞生，当时国内使用率相当低，我们是西南地区第一家做容器云的企业，⋯⋯这两年做这块的多了起来；客户对价格不太敏感，主要关心能否满足他们的要求；云计算正在成为主要竞争领域，预计未来 5~10 年，国内云计算产业将保持较高的增长率	环境竞争性（7）
新创企业竞争优势	客户满意度 100%，业务增长超过 300%；公司的 K8s 代码贡献量是全球前 20，领先华为；拥有 20 余项专利和 60 余项软件著作权；研发的容器调度引擎 Newben 打破了国外技术垄断，在国内同行测试中表现最佳	新创企业竞争优势（15）

结合以上对 JLY 公司的分析过程，以及表 3-6 的编码结果，构建该公司网络嵌入对新创企业竞争优势的影响关系，如图 3-4 所示。

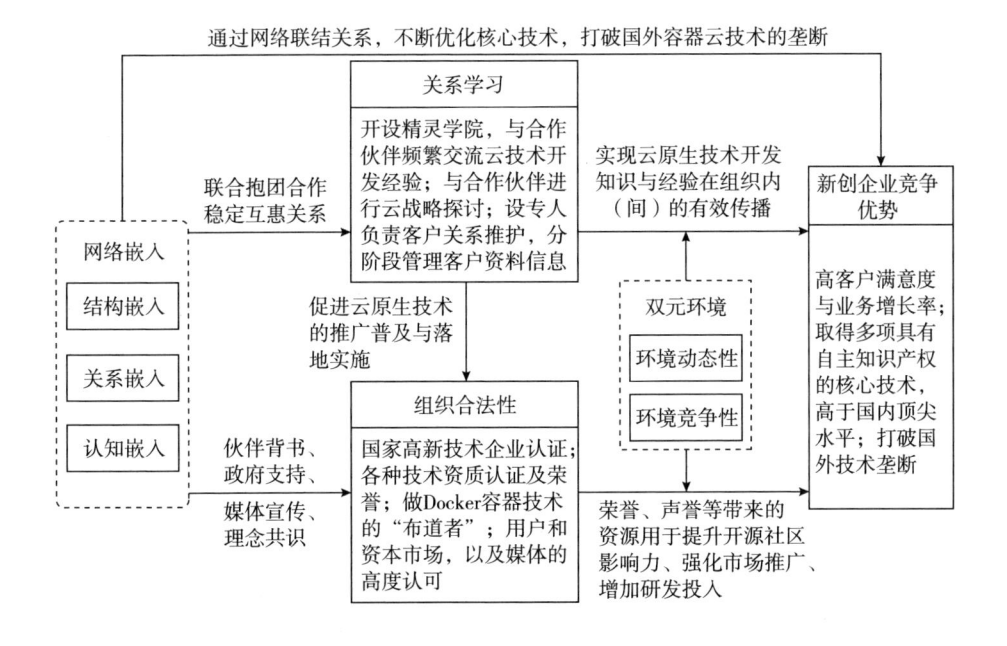

图 3-4　JLY 公司网络嵌入对新创企业竞争优势的影响关系

3.3.3 LCR 金融科技企业

LCR 金融科技企业（以下简称 LCR 公司）2014 年创立于四川省成都市，是国家级高新技术企业。LCR 公司专注于大数据及智能 AI 应用，为线上及线下商业场景提供大数据智能风控引擎以及为运营商定制分期服务解决方案，旨在深入商业场景，使商业场景与金融机构相连，实现场景的效率提高及金融机构的智能化转型。目前，LCR 公司的商业场景已覆盖电子、通信、航空等多个领域。

LCR 公司作为一家为 B 端用户量身定制分期服务解决方案的科技企业，与中国电信集团有限公司（以下简称中国电信）、中国移动和中国联合网络通信集团有限公司（以下简称中国联通），以及大型商业银行、信托机构、保理机构等建立了广泛联系，业务辐射全国多个省份（SS）。并且，"公司与伙伴共同合作的第三方企业主要涉及通信运营商和金融机构等，与它们交流较多"（FT）。同时，"B2B2C 的运营模式使公司联结着众多通信运营商、金融机构、投资机构和广大用户"（FT）。LCR 公司经常将网络中的航空公司、投资机构、通信运营商，以及政府科技局等众多"关联者"召集在一起交流学习、优化服务质量、开发商业场景、寻找新的利润源。例如，在访谈中 LCR 公司 D 总提到，"在做航空场景产品之前，我们并没有什么想法，当时组织了公司的'关联者'，也就是与我们有业务往来的企业朋友，约大家一起开茶话会，……经过多次交流讨论，大家发现交通出行又是一个很好的应用场景，于是才有了我们公司航空场景这个第二大业务模块，这是一个很大的亮点和利润点，所以千万不能闭门造车"（FT）。此外，"公司还通过跨圈层网络与 HRX 投资机构连接，积极寻求外部资金支持"（FT）。

LCR 公司与商业伙伴搭建了紧密的战略关系，如与江苏悦达商业保理有限公司、四川工业投资集团有限公司，以及中国电信、中国移动、中国联通三大运营商等商业伙伴在用户信用评估、金融对接、智能风控与人工智能等领域达成战略合作协议（SS）。良好的合作关系促进了 LCR 公司与商业伙伴更好地学习互动，如"与深圳硅基智能基于紧密的合作关系，共同建立了机器学习联合研发小组"（FT），以及与战略伙伴翼支付，就市场需求、业务机会和流程优化等方面的信息进行积极沟通交流，进一步探索并建立了系统化联系机制和高效对接模式，促进了公司在消费金融领域的优化升级（SS）。同时，D 总还提到，"与我们合作的客户都是名气比我们大很多的国有企业和中央企业，它们比较信任我们，为我们的品牌背书提供了很多支持,……像中国中信集团有限公司(以下简称中信集团),经常邀请我们参加全国金融科技交流会,帮我们宣传,还为我们引荐别的企业"(FT)。与此同时,LCR公司与省、市、区各级科技口都保持着较为紧密的联系,并得到了较多扶持,D总提到,"我们每年可获得近50万元的资金补贴、10%的企业所得税优惠,以及场地使用租金优惠,……在参加各类金融科技行业大会时,政府也会为我们站站台,鼓励鼓励我们,帮我们做做宣传"(FT)。

LCR公司积极打造合作共赢的消费金融产业生态的理念得到了众多合作伙伴的广泛认同,并与合作伙伴在助力消费升级方面达成了共识,开创了国内首单在电信通信消费分期领域获批的储架式ABS产品(SS)。LCR公司的主要合作伙伴大多是实力雄厚的中央企业、国有企业和大型集团企业,因而在合作过程中,公司会有意识地契合这些合作伙伴的价值观念与发展目标,以进一步稳定合作关系,D总提到,"这种契合可以加深我们之间的信任度,得到它们更多支持,……也能增强我们的互动交流,让我们更容易从它们那里获取信息,并得到它们的认可"(FT)。D总进一步指出,"在遭遇问题时,我们会第一时间想到这些与我们有默契的合作伙伴,和它们共同探讨解决问题的方法。这是一种深层次的理解和信任,如果商业上形成这种强连带,其实好多商业条款都不是特别重要的问题,但它很难建立"(FT)。

"LCR公司会将用户数据同步至合作伙伴的企业端,与合作伙伴共享信息,且公司每月会主动与大型集团的合作伙伴进行至少一次面对面的沟通,以实现对现有服务的不断修正、改进"(FT)。同时,LCR公司成立了商务团队专职负责维护与拓展企业业务关系数据资料,且D总就与公司的关联合作伙伴建立了一个"关联者"微信群,实现了线上和线下的充分交流学习,并指出"公司50%以上的创意想法源于此"(FT)。此外,外部环境的变化对LCR公司开展关系学习的行为及其功效产生了影响。在访谈中D总提到,"移动、电信和联通这三大运营商是我们非常重要的客户,而随着通信技术的快速发展,它们的业务定位和需求都发生了明显的改变"(FT)。针对运营商客户需求的变化,LCR公司通过与技术合作伙伴开展关系学习,提供了优质的服务解决方案。例如,"公司于每月25号前往深圳,与人工智能技术合作伙伴深圳硅基智能进行面对面交流,跟进有关产品研发、服务流程优化等方面的信息,并共同讨论解决技术开发中的问题"(FT),且"双方成立人工智能机器学习中心,将大数据与AI技术结合,建立了多个数据模型,并开发出12台智能云机器人,帮助运营商实现数据优选和清洗,得到运营商的一致认可与好评,且公司依托该技术积极拓展全国市场,已有接近10万个销售网点"(SS)。但与此同时,由于目前消费金融企业的产品种类、目标用户等同质化严重,且各大头部机构入局,场景经济市场竞争激烈,D总也意识到"激烈竞争使公司开发出的一些新模型更容易被竞争对手模仿,造成利润率下降"(FT)。并且,"随着竞争激烈程度的加深,公司发现,在与一些重要合作伙伴互动交流时,能获取的关键信息减少,甚至有时候会以LCR公司单向沟通为主"(FT),从而极大地削弱了公司与合作伙伴开展关系学习的效果。

LCR公司作为一家金融科技企业,获得了国家高新技术企业认证、AAA级企业信用等级认证、ISO 9001认证等资质,D总提到,"高新技术企业认证可以帮助我们获得相应的优惠政策和资源扶持,让我们能继续提高技术创新能力和高端技术研发能力"(FT)。同时,几个实力强大的合作伙伴为公司的品牌背书与宣传提供了很多支持,D总指出,"我们现在的规模还不够大,像中信集团这种大企业为我们背书可以带给我们很多好处"(FT)。但是,D总在访谈中也提到,"我们这个行业主要有三家直接竞争对手:品钛北京科技有限公司、维信金科控股有限公司和招联消费金融有限公司,它们的实力都非常强,而且我们同行竞争者大大小小的也比较多。这样一来,客户、投资者可以选择的同行企业也有很多,……我们要获得客户、投资者和同行认可的难度变大,为此我们需要花更多的精力"(FT),因而导致LCR公司追求合法性的效益可能会低于其对资源的消耗,反而无法带来更好的收益。

LCR公司案例的典型资料举例及其编码结果如表3-7所示。

表3-7 LCR公司案例的典型资料举例及其编码结果

构念/维度	典型资料举例	编码结果
结构嵌入	接触客户、投资机构、金融机构、银行和政府等约200家;北京、上海、广州、深圳也有公司的触角;公司是全国金融科技协会的理事会成员;经常参加各种行业峰会,与不同的企业、机构保持交流	网络规模(13)
	与合作伙伴共有合作伙伴主要涉及一些运营商和金融机构,大家彼此业务有关联,联系较多;与共同伙伴交流比较频繁;通过第一圈层的朋友与第二圈层HRX投资机构建立了联系	网络密度(7)
	公司属于B2B2C运营模式,是运营商、金融机构与广大用户的联结桥梁;经常将公司"关联者"聚在一起开茶话会;公司的网络较为稳定,老伙伴退出频率不高;网络中不断有新鲜血液加入	网络中心性(11)

续表

构念/维度	典型资料举例	编码结果
关系嵌入	与江苏悦达商业保理有限公司(以下简称悦达)、四川工业投资集团有限公司、重庆金科投资控股集团有限公司、晋商银行、富民银行,以及中国电信、中国移动、中国联通三大运营商等达成长期战略合作协议;2019年,与悦达、天风证券股份有限公司携手推进"储架式ABS",储架额度高达15亿元;大企业帮我们对接新伙伴,给我们提供资源和人脉	商业关系嵌入(14)
	与成都市科学技术局、四川省经济和信息化厅下属的创新创业部门、高新区创新创业服务中心、科技与新经济发展局、改革创新局都联系较多;政府给钱、给证书、给牌照;与政府人员有正常交流,但并没有特别花很多资源和精力去做维护;政府为企业站台,鼓励企业发展	政治关系嵌入(10)
认知嵌入	公司会有意识地契合中央企业、国有企业和大型集团企业的一些文化价值观念,与客户达成深层次的理解与信任,与悦达、中国电信天翼电子商务有限公司、中诚信证券评估有限公司等在服务实体经济、助力消费升级上达成了共识	认知嵌入(9)
关系学习	与一些重要合作伙伴互动时,对方有时分享的信息较少;与可能成为股东的合作伙伴(悦达和中信集团)讨论战略议题;与深圳硅基智能共同成立人工智能机器学习中心;设有专门的商务团队负责维护企业的业务关系数据	关系学习(10)
组织合法性	公司获得国家高新技术企业认证、AAA级企业信用等级认证、ISO 9001认证等;D总获得2018年成都市高层次创业人才奖;公司会面临外界压力,但客户、媒体的评价还是比较积极正面的;国有企业、中央企业为公司品牌背书,有的还提出参股控股	组织合法性(12)
双元环境	随着人工智能、区块链、云计算、大数据、生物特征识别等新兴技术发展,金融科技形态不断变更升级;在不同"精细化"的金融消费场景内,客户需求呈现"千人千面"	环境动态性(9)
	消费金融市场拥有鲜明特色的产品较少;在产品种类、业务模式、目标用户等方面同质化严重;以3C为代表的成熟场景竞争也趋于白热化;头部机构纷纷入局,优质客户群体成为争夺的焦点	环境竞争性(10)
新创企业竞争优势	在市场反应速度上,公司对SAAS云系统要求的响应时间是15秒,竞争对手一般在60秒以上;在创新上,公司有30多项软件著作权,创新速度较快;在客户满意度上,公司的客户满意度中等偏上;公司有精准的市场定位——场景经济,在成长与发展方面更有耐力和持久性	新创企业竞争优势(12)

结合以上对LCR公司的分析过程,以及表3-7的编码结果,构建该公司网络嵌入对新创企业竞争优势的影响关系,如图3-5所示。

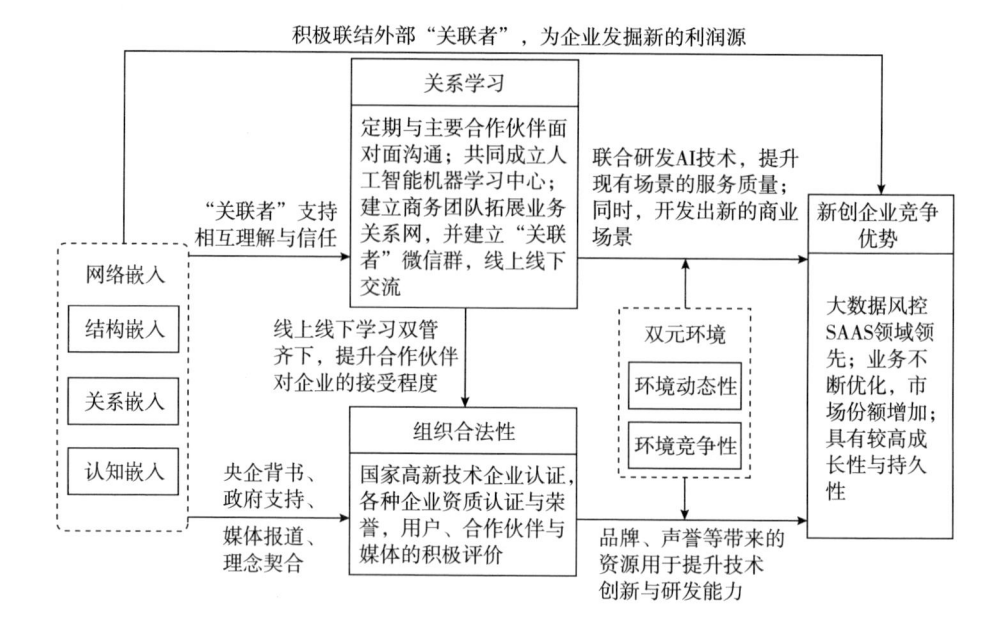

图 3-5　LCR 公司网络嵌入对新创企业竞争优势的影响关系

3.3.4　DB 家具制造企业

DB 家具制造企业(以下简称 DB 公司)2016 年创立于广东省深圳市,是一家家具制造企业,主营楠木家具制造、木制品加工与销售等业务。目前,DB 公司主要生产与销售"网红爆款"类的卧室家具、家居用品等,主打"海湖庄园"系列产品,拥有 10 余项产品外观专利设计,产品主要销往深圳、广州、四川、重庆等地。

DB 公司作为一家家具制造企业,"与公司有交流的木制件、涂料、皮革、布料和五金件等供应商达 30 余家,并与 70 余家经销商与零售商保持联系,遍及深圳、川渝、江浙沪等地",且"公司一年至少参加两次家具行业协会举办的家具展览会,与众多面料商、油漆商、家具生产设备企业,以及区域代理等建立起初步联系,但公司与这些主体的交流较少,并未有实质上的业务往来"(FT)。同时,"公司与合作伙伴共同拥有的第三方的数量很少,交流频率也不高,且合作伙伴彼此之间也几乎没有联系"(FT)。此外,目前公司与大多数网络成员的联系较为松散,在与其他伙伴的业务合作中价格导向非常明显。在访谈中,DB 公司 Y 总提到,"我们现在是在'单打独斗',周围很少有可以利用的资源"(FT)。虽然 DB 公司目前在网络规模、网络密集程度,以及网络位置等方面的表现差强人意,但Y总已经意识到了企业网络的重要性,并提到"企业在周围处于什么样的位置,周围有什么能量,决定了企业的竞争实力和市场地位"(FT)。

目前,与DB公司保持长期合作的经销商有10余家,其与这些经销商形成了较高的信任关系。在销售旺季时,DB公司会派人前往经销商现场进行宣传、协助。同时,DB公司也与部分上游供应商保持了较好的关系。当公司订单增加时,供应商能及时提供原料辅料,如Y总提到,"前段时间我们有一批加急订单缺乏原木材料,当时紧急联系了一家长期合作的供应商,第二天便派车从山东将几十万的原材料送了过来,解了我们的燃眉之急,那次客户对我们的准时交货也很满意"(FT)。但是,"公司所在地——制造厂附近存在很多同质化的家具制造企业,出于保护自身产品外观设计等商业秘密的考虑,公司与同行间没有形成较为良性的竞合关系"(FT)。与此同时,在与政府的关系方面,"公司会不定期地参加政府举办的中小企业培训讲座,了解工商、税务方面的知识"(FT)。现阶段,DB公司与所处网络中的伙伴在企业文化、行事方式和发展目标方面尚未形成较为相似的共识理念,且DB公司与合作伙伴的关系以价格导向和利益导向为主。访谈中,Y总不止一次提到"各自为政""价格导向""利益至上"等内容,并指出"这种状态无论是对公司的发展,还是对供应商和经销商,甚至同行企业的发展,都是毫无益处的"(FT)。

家具制造行业产品同质化严重,消费者对于价格的敏感程度高,加上僧多粥少、产能过剩、营销渠道单一,行业竞争非常激烈。同时,随着消费主体年轻化和消费能力的升级,家具消费市场呈现新的需求和方向(SS)。"为了把握市场信息,公司会通过电话、微信和拜访等形式与经销商进行沟通交流,对经销商进行培训,与其分享产品特色卖点、布置搭配等方面的信息,而经销商会将终端市场客户对产品外观和质地等方面的需求信息和市场情况反馈给公司"(FT),然而,Y总指出"公司与经销商的信息交流与共享还停留在比较初级的层面",因而难以获得更多对企业更有价值的信息。与此同时,由于消费者喜好的变化,DB公司最早推出的"柏年美佳"系列产品因样式与外观过于保守、复杂,不符合社会大众对时尚、简约的追求曾面临被淘汰的风险。针对这一问题,"公司通过与经销商、客户沟通讨论,让经销商与客户参与到产品设计中,并将原材料由柏木替换成楠木,最终推出了'海湖庄园'系列产品,得到了市场的认可,且销量有了大幅提升"(FT),但总体而言,"这种与合作伙伴共同解决问题的情况还是不多"

(FT)。此外,"公司目前尚未建立专门的供应商与客户数据库,仍然采用传统简单的模式对供应商和经销商的数据资料进行管理,不够规范,且公司主要关注的是供应商和经销商的订单情况等,更新也不够及时"(FT),随着DB公司生产和销售规模的扩大,这些粗放的管理方式已经不太适应公司的发展了。由此可见,DB公司与合作伙伴间的关系学习深入度不够,从而导致学习伙伴这些关键利益相关者对企业缺乏了解与认可,也不利于企业从伙伴处获取更多对竞争优势有价值的外部信息与知识。

DB公司推出的"海湖庄园"系列产品,在一定程度上得到了外界的认可,其中"有愿意代理销售产品的经销商、提供生产场地的制造商、提供生产原料的供应商,以及提供销售场地的合作者"(FT),这些利益相关者的支持对公司开拓市场有一定的帮助。2017年,政府对家具制造行业进行了整治,由于DB公司的排放废气达不到相关标准,被强制停业整顿。对此,"公司积极改良生产工艺,并引进了等离子光氧设备处理生产废气,达到了国家安全环保生产的要求"(FT)。且Y总进一步指出,"当时,我们周围还有很多工厂都被下了停业整顿通知,我们是最先完成整改达标的一批企业,从而以最快的速度恢复了生产,保住了市场"。但是,由于DB公司与政府部门接触较少,政府对企业并不熟悉,且客户对公司及其产品的了解程度也不高,所以在购买产品时表现出很强的价格弹性。此外,"公司所在行业竞争激烈,同行之间甚至存在恶意诋毁的现象"(FT)。因此,总体而言,DB公司目前缺乏社会评价,尚未在行业内树立起良好的企业声誉与品牌形象,因而难以体现出组织合法性对企业竞争优势的促进作用。

DB公司案例的典型资料举例及其编码结果如表3-8所示。

表3-8 DB公司案例的典型资料举例及其编码结果

构念/维度	典型资料举例	编码结果
结构嵌入	与公司有业务往来的木材商、皮革、布料和五金件等供应商有30多家,现阶段大概与70多家代理商和经销商保持联系,一年至少参加两次家具展览会	网络规模(8)
	公司的供应商、经销商之间几乎没有联系,都有各自的市场;同行之间不怎么交流;彼此不认识,联系松散	网络密度(4)
	"单打独斗",很少能利用网络资源;这些年公司形成了自己的圈子,但联系不是很稳定,都是价格说了算	网络中心性(6)

3 网络嵌入对新创企业竞争优势影响的探索性案例研究

续表

构念/维度	典型资料举例	编码结果
关系嵌入	与成都、深圳的部分经销商合作长达四五年；旺季时，前往经销商现场协助宣传、销售；有的供应商比较信任公司，愿意给公司赊账；同行间竞争激烈，关系一般	商业关系嵌入（10）
	公司配合政府工作；参加政府组织的有关工商、税务和投资等方面的讲座；目前与政府打交道比较少；我(Y总)有认识的同学在某个政府机构担任领导，但我(Y总)没有花时间和精力去维护	政治关系嵌入（5）
认知嵌入	与合作伙伴的业务往来以价格导向为主，利益至上；与经销商和供应商的利益点、目标不一致，行事方式各不相同；我们厂周边虽然有很多其他家具制造商，但大家都是各自为政	认知嵌入（5）
关系学习	与经销商的信息交流停留在初级层面；偶尔会与经销商共同商讨解决面临的困境，但不多；目前仍然采用传统模式对供应商和经销商数据进行简单管理，不够完善和及时	关系学习（7）
组织合法性	公司推出的"海湖庄园"系列产品在市场上比较受认可；2017年，公司曾因废气排放不达标被强制停业整顿，公司引进设备完成整改	组织合法性（8）
双元环境	消费者理念发生了质的变化，消费需求开始从模仿型消费向多样化理性消费转变；高档家具、个性化及定制化家具的需求逐渐提高；家具的消费周期逐渐缩短	环境动态性（12）
	家具制造行业产品同质化严重；消费者对价格的敏感性高；僧多粥少、产能过剩、营销渠道单一，行业竞争非常激烈	环境竞争性（11）
新创企业竞争优势	相较于市场上相似款式和质地的家具，公司的"海湖庄园"产品定价更低，售后服务期长，性价比较高；申请了10余项产品外观专利设计；同行中，公司竞争力处于中等偏弱水平	新创企业竞争优势（7）

结合以上对DB公司的分析过程，以及表3-8的编码结果，构建该公司网络嵌入对新创企业竞争优势的影响关系，如图3-6所示。

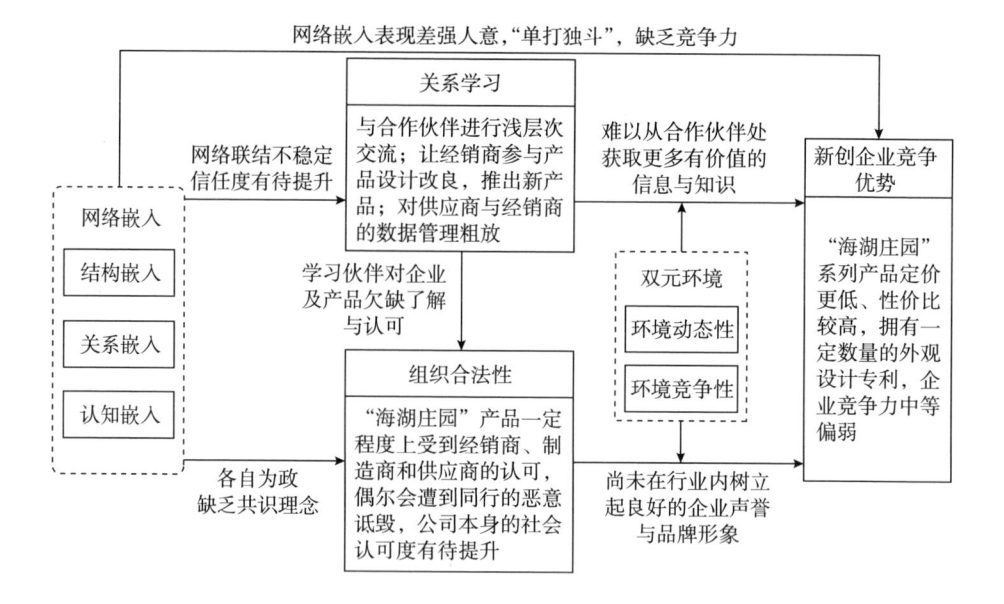

图 3-6　DB 公司网络嵌入对新创企业竞争优势的影响关系

3.4　跨案例分析

通过单案例分析可以发现，在网络化情境下，网络嵌入通过促进关系学习与组织合法性，推动了新创企业竞争优势的建立与提升。在这一过程中，外部双元环境会对关系学习、组织合法性与新创企业竞争优势的关系产生影响。在此基础上，本书进一步开展跨案例比较分析，以使研究结论更具普适性和稳健性。为了便于跨案例比较，基于对案例数据的描述分析，并结合姚铮和金列(2009)指出的维度的条目数反映了该维度强度的观点，对网络嵌入、关系学习、组织合法性、双元环境和新创企业竞争优势进行评判打分，采用低(差)、较低(较差)、中等(一般)、较高(较好)、高(好)五个等级反映案例企业的各项指标水平，同时请访谈人员与专家审核修正。形成的汇总与分析结果如表 3-9 所示。

3 网络嵌入对新创企业竞争优势影响的探索性案例研究

表 3-9 案例企业网络嵌入、关系学习、组织合法性、
双元环境和新创企业竞争优势汇总与分析

构念	维度	LX 生态养殖企业	JLY 虚拟容器研发企业	LCR 金融科技企业	DB 家具制造企业
结构嵌入	网络规模	高	高	高	一般
	网络密度	高	较高	较高	低
	网络中心性	高	高	高	低
关系嵌入	商业关系嵌入	高	高	高	较高
	政治关系嵌入	高	高	较高	较低
认知嵌入	认知嵌入	高	较高	较高	低
关系学习	关系学习	高	较高	较高	较低
组织合法性	组织合法性	高	高	较高	一般
双元环境	环境动态性	较高	较高	较高	高
	环境竞争性	中等	中等	较高	高
新创企业竞争优势	新创企业竞争优势	好	好	较好	较差

下文将就 4 个案例企业的各组变量进行对比分析，进一步归纳出各变量间的逻辑关系，提出初始研究命题。

3.4.1 网络嵌入与新创企业竞争优势

前文在理论预设中提出，网络嵌入对新创企业竞争优势产生影响，该观点在 4 个案例中得到了初步支持。由表 3-9 可以看出，网络嵌入与新创企业竞争优势呈正向相关。企业在网络嵌入各维度水平上越高，其对应的竞争优势表现越好。具体地，LX 公司通过牵头打造生态农业产业集群，进一步强化了在行业中的影响力，并积极与知名高校展开合作，开发出一套独特的生态食物链循环模式，极大地提高了产品层次，且通过契合大型电商的有机健康理念，对接其高端生鲜销售平台，不断提高生态鸡的电商市场占有率。JLY 公司充分调动网络中的伙伴资源，通过外包降低运营成本，提高效率，并与军工部门合作且达成高度共识，开发出电子对抗云、无人机云、情报云等，打破了国外容器云技术的垄断。LCR 公司通过联结航空公司、通信运营商、投资机构和政府等众多外部组织，创新业务

场景,开辟新利润源,并利用与三大通信巨头的关系资源延伸市场,管理百万级用户和数十亿资产。且 LX 公司与悦达等在助力消费升级上达成共识,开创了国内首单储架式 ABS 产品。而与 LX 公司、JLY 公司和 LCR 公司相比,DB 公司在网络嵌入方面表现欠佳,导致其难以从网络关系中获益,不利于提升竞争优势。且 DB 公司的 Y 总也意识到企业在周围所处位置决定了企业的竞争实力和市场地位。据此,本书提出以下研究命题:

命题 1:网络嵌入(结构嵌入、关系嵌入、认知嵌入)对新创企业竞争优势具有正向影响。

命题 1a:结构嵌入(网络规模、网络密度、网络中心性)对新创企业竞争优势具有正向影响。

命题 1b:关系嵌入(商业关系嵌入、政治关系嵌入)对新创企业竞争优势具有正向影响。

命题 1c:认知嵌入对新创企业竞争优势具有正向影响。

3.4.2 网络嵌入、关系学习与新创企业竞争优势

前文在理论预设中提出,关系学习在网络嵌入与新创企业竞争优势间起中介作用,4 个探索性案例的分析结果初步验证了这一预设。由表 3-9 可以看出,网络嵌入与关系学习呈正向相关关系,关系学习与新创企业竞争优势呈正向相关关系。企业在网络嵌入各维度水平上越高,相应地,其关系学习水平越高,竞争优势就表现得越好。具体地,LX 公司作为国家重点农业龙头企业,在网络中拥有较高的话语权,拥有更多的学习机会与更强的学习能力。且 LX 公司与知名高校基于产学研互动关系,成立了联合工作团队,交流鸡禽养殖技术和经验等,极大地降低了养殖成本,提升了产品品质。同时,LX 公司凭借良好的政治关系,通过与国家农业农村部一同前往欧盟交流学习先进农业,将高科技养殖技术引入农场,提高了养殖效率。JLY 公司作为云计算 2.0 的引领者,紧密团结同行及相关行业伙伴,建立互惠共生的合作关系,并在保护国家信息安全上达成高度共识,从而有利于促进公司与合作伙伴在云技术研发与应用经验上的深入交流,实现技术的互补与兼容,加速公司容器云产品与服务的创新。LCR 公司经常将企业网络中的众多"关联者"聚在一起开展线上与线下的关系学习,交流行业市场信息、产品开发经验,并共同讨论公司发展战略,获得了很多想法与创意。且 LCR 公

司通过有意识地契合大型中央企业、国有企业的理念与目标，与之达成共识，以推进与这些实力强劲伙伴的关系学习，实现重要信息与知识的获取，从而促进公司在消费金融领域的优化升级。

可见，LX公司、JLY公司和LCR公司均充分利用网络嵌入中的各种联结关系，积极与合作伙伴开展关系学习，实现信息与知识的充分沟通与交流，并建立起高效的学习机制，从而为提升竞争优势持续赋能。而与这三家公司相比，DB公司在网络嵌入各维度水平上表现欠佳，网络联结不稳定，无法为其开展关系学习提供稳固的关系纽带与学习渠道，因而难以从外界获得对竞争优势有价值的信息与知识。据此，本书提出以下研究命题：

命题2：关系学习在网络嵌入（结构嵌入、关系嵌入、认知嵌入）与新创企业竞争优势之间具有中介作用。

命题2a：关系学习在结构嵌入（网络规模、网络密度、网络中心性）与新创企业竞争优势之间具有中介作用。

命题2b：关系学习在关系嵌入（商业关系嵌入、政治关系嵌入）与新创企业竞争优势之间具有中介作用。

命题2c：关系学习在认知嵌入与新创企业竞争优势之间具有中介作用。

3.4.3 网络嵌入、组织合法性与新创企业竞争优势

前文在理论预设中提出，组织合法性在网络嵌入与新创企业竞争优势间起中介作用，4个探索性案例的分析结果初步验证了这一预设。由表3-9可以看出，网络嵌入与组织合法性呈正向相关关系，组织合法性与新创企业竞争优势呈正向相关关系。企业在网络嵌入各维度水平上越高，相应地，其组织合法性水平就越高，进而在竞争优势上表现越好。具体地，LX公司充分利用网络优势位置牵头打造生态产业集群，通过集群效应提高社会认知度，并积极利用网络中与高校、大型电商平台企业，以及省市各级政府的网络关系，获得"大人物"的背书支持，从而提高外界的合法性认可。且LX公司与网络成员在绿色发展理念上达成共识，共同致力于提高绿色生态农业的推广。社会大众、合作伙伴等利益相关者的认可帮助LX公司获得了丰富的资质认证与荣誉，带来了品牌优势，提升了产品竞争力。JLY公司积极挖掘云容器技术的商机，成为该技术的"布道者"，致力于联合国内外云原生领域更多伙伴抱团合作，搭建广泛的网络联结关系，促进国内云技

术的落地与普及,并与合作伙伴、政府及军工部门等在保护国家信息安全、构建多方共赢的云生态圈上达成了深刻的理念共识,从而助力其在嵌入网络内更好地传递企业信号,获得合法性优势。与 LX 公司类似,LCR 公司同样积极利用与大型中央企业、国有企业等实力强大合作伙伴的网络关系进行企业宣传,借助知名企业的品牌背书来提高外界的合法性认可。且 LCR 公司也会有意识地契合这些重要伙伴的理念文化等,通过与其保持一致性来获得这些伙伴的合法性认可。关键利益相关者的认可均为 LX 公司和 LCR 公司带来了融资便利、政策优惠等,助力它们增加研发投入、提高技术研发能力,从而为实现竞争优势提供了原动力。

可见,LX 公司、JLY 公司和 LCR 公司均通过网络嵌入的"溢出效应"和"骑背效应"实现了组织合法性的获取,来自供应商、客户、投资者、政府和同行等众多利益相关者的支持与认可为这三家公司实现竞争优势带来了地位、声誉、口碑、便利融资等诸多益处。而与这三家公司相比,DB 公司网络嵌入程度较差,难以从嵌入网络中获得合法性获益。据此,本书提出以下研究命题:

命题 3:组织合法性在网络嵌入(结构嵌入、关系嵌入、认知嵌入)与新创企业竞争优势之间具有中介作用。

命题 3a:组织合法性在结构嵌入(网络规模、网络密度、网络中心性)与新创企业竞争优势之间具有中介作用。

命题 3b:组织合法性在关系嵌入(商业关系嵌入、政治关系嵌入)与新创企业竞争优势之间具有中介作用。

命题 3c:组织合法性在认知嵌入与新创企业竞争优势之间具有中介作用。

3.4.4 关系学习与组织合法性

前文在理论预设中提出,关系学习对组织合法性产生影响,该观点在 4 个案例中得到了初步支持。由表 3-9 可以看出,关系学习与组织合法性呈正向相关关系。关系学习水平较高或高的企业,具有较高或高的组织合法性水平。具体地,LX 公司积极与行业领先企业温氏集团交流学习,通过借鉴其先进的管理经验、规范等,与领先企业保持一致,获得"同构效应"。JLY 公司积极与客户、同行、行业协会,以及政府等共同举办或参与有关云原生技术的行业峰会,相互交流前沿技术信息,共同推动国内云原生技术的普及与落地。LCR 公司经常与众多"关联者"就公司现有产品,以及新产品设计研发的相关思路等开展线上与线下的深入交流,从而有助于深化这些利益相关者对公司及产品的了解与认可。此外,LX公司、JLY公司和LCR公司在关系学习过程中均十分注重对伙伴关系资料数据的管理,能做到及时调整与更新,从而有利于这三家企业与外界保持一致性,提升其合法性水平。而与LX公司、JLY公司和LCR公司相比,DB公司与合作伙伴的关系学习水平一般,缺乏向合作伙伴这些关键利益相关者传播与解释企业及产品合法性信息的方式,且难以及时获取外部隐性知识、准确把握社会和行业的规范与惯例,从而阻碍企业合法性水平的提升。据此,本书提出以下研究命题:

命题4:关系学习对组织合法性具有正向影响。

3.4.5 双元环境的影响

前文在理论预设中推测,双元环境在关系学习和组织合法性与新创企业竞争优势关系中起调节作用,该观点在4个案例中得到了初步支持。通过案例分析可以发现,环境动态性和环境竞争性会对关系学习与新创企业竞争优势的关系,以及组织合法性与新创企业竞争优势的关系产生不同的影响。

(1)环境动态性的影响

组织学习理论认为,企业为了适应外部环境变化,需通过组织学习不断地进行战略调整和实施创新(房建奇,2020)。关系学习作为一种关系范式下的组织间学习,能提高企业缓冲环境不确定性的能力(Selnes & Sallis,2003),从而可以在动态环境中发挥积极功效。通过案例分析发现,4家企业在面临较高或高的环境动态性水平时,均表现出了开展关系学习的行为对其竞争优势的促进作用。例如,LX公司为了满足消费者多样化、品质化的需求,通过与客户和代加工厂商交流产品与市场信息,与合作伙伴成立子公司以专攻高端鸡市场等,有效降低了成本、提高了客户满意度,拓展了企业市场。JLY公司通过设置专人管理和更新各阶段与公司有深入交流的合作客户的资料数据,及时跟进客户的需求变化情况。LCR公司针对重要客户需求的改变,定期与技术合作伙伴进行面对面的沟通,并成立人工智能机器学习中心,建立多个数据模型,帮助客户优选和清洗数据,获得了客户的一致好评。DB公司为了把握市场信息,与经销商进行各种形式的交流,且针对消费者偏好的变化,通过与经销商的沟通讨论,推出新产品,使销量大幅度提升。可见,环境动态性强化了关系学习对新创企业竞争优势的促进作用。

新制度理论指出,组织合法性可以减轻环境动态性,帮助企业实现生存与繁荣(Wu et al.,2018)。在动态环境下,合法性是更有价值的,新创企业获取或创造合法性会更具主动性(吴月瑞,2011;苏晓华等,2013)。通过案例分析可以发现,4家企业的访谈资料均在不同程度上体现出了组织合法性在动态环境中对企业竞争优势的价值。例如,面对行业环境的变化,LX公司和JLY公司都尝试发起或者参与建立本行业的标准体系,试图通过引入行业新规范来提升企业影响力。LCR公司则是凭借高新技术企业认证获得的优惠政策和资源扶持,以及大企业合作伙伴的背书支持等,用以缓冲行业环境变化对企业发展造成的冲击。而DB公司面对政府对行业环境的整顿,引进先进设备处理生产废气,达到了环保要求,从而快速恢复生产,保住了市场占有率。可见,环境动态性强化了组织合法性对新创企业竞争优势的促进作用。据此,本书提出以下研究命题:

命题5:环境动态性正向调节关系学习与新创企业竞争优势的关系。

命题6:环境动态性正向调节组织合法性与新创企业竞争优势的关系。

(2)环境竞争性的影响

环境竞争性既是压力也是动力。一方面,环境竞争性会增强外部学习对创新的影响(Bao et al.,2012),随着竞争强度的升高,行业资源被占用的程度上升,此时,行业内学习获取的资源能够被更充分地利用,并转化为更多的机会(魏泽龙等,2017)。例如,在面对行业竞争时,LX公司与JLY公司都通过积极与客户、同行和其他合作伙伴的信息交流与经验分享,以及共同解决问题等关系学习行为应对当前竞争环境带来的威胁,发现并把握机遇,从而不断地提升竞争优势。另一方面,在激烈的竞争环境中,先进的技术很快会在竞争对手间模仿和扩散,使产品和服务迅速老化、过时(尹惠斌,2014)。LCR公司意识到,由于场景经济市场产品种类、目标用户同质化严重,公司通过关系学习开发出的一些新模型更容易被竞争对手模仿,导致利润率下降。并且,企业会在高竞争性的压力情境下保存自身资源以达到保持竞争优势的目的(李树文等,2021)。例如,LCR公司发现,激烈的竞争使公司在与一些重要合作伙伴互动交流时,能获取的关键信息越来越少。同时,随着环境竞争性程度的不断上升,JLY公司与合作伙伴都更加注重对核心技术的保密工作,双方在关系学习时不会共享彼此的关键技术。可见,过于激烈的环境竞争性可能会削弱关系学习对新创企业竞争优势的促进作用。因此,环境竞争性对关系学习与新创企业竞争优势的关系可能存在非线性影响。

同样地,环境竞争性对组织合法性效用的发挥也展现了促进与抑制的双重效应。一方面,随着环境竞争性的升高,企业间会争相模仿,此时,合法性成为区分企业与竞争对手、获取竞争优势的一个重要因素(汪涛等,2020)。例如,近年来,LX公司与JLY公司所在行业的竞争者由少变多,在面临环境竞争性逐渐升高的过程中,两家企业都意识到了合法性的重要性,如LX公司利用国宴菜品牌成功打入上海市场,并在生鲜鸡高端市场占领一席之地;JLY公司凭借资本市场的高度认可,获得几轮千万级融资,用于研发容器虚拟化技术、提升核心竞争优势。另一方面,当环境竞争性超过一定阈值后,同类组织数目过多将导致支撑组织发展的合法性机制被竞争性机制所取代(Carroll & Wade,1991;陈宗仕和郑路,2015),此时,合法性带来的收益下降。通过对JLY公司和LCR公司的访谈可知,面对日益激烈的竞争环境,以及强劲的竞争对手,这两家公司获取合法性的难度不断提高,且一些合法行为或表现带来的效果已经不如以前明显了。可见,过于激烈的环境竞争性可能会削弱组织合法性对新创企业竞争优势的促进作用。因此,环境竞争性对组织合法性与新创企业竞争优势的关系可能也存在非线性影响。此外,从表3-9中对4个案例的比较分析来看,LX公司与JLY公司的环境竞争性处于中等水平,而LCR公司与DB公司处于较高或高水平,相应地,LX公司与JLY公司的关系学习、组织合法性对新创企业竞争优势的促进作用更为明显。据此,本书提出以下研究命题:

命题7:环境竞争性倒"U"形调节关系学习与新创企业竞争优势的关系。

命题8:环境竞争性倒"U"形调节组织合法性与新创企业竞争优势的关系。

3.5 本章小结

本章遵循探索性案例研究的科学步骤,在提出理论预设的基础上,通过对4个新创企业的案例内分析与跨案例分析,尝试探究了网络嵌入对新创企业竞争优势的影响机制,发现关系学习、组织合法性这两个关键变量在网络嵌入对新创企业竞争优势的影响中具有中介作用，即网络嵌入（结构嵌入、关系嵌入、认知嵌入）可以通过影响关系学习和组织合法性，进而影响新创企业竞争优势，且外部双元环境这一权变因素也影响着新创企业竞争优势的建立过程。案例分析结论支持了本书所提的理论预设。

本章基于探索性案例研究，提出了关于网络嵌入、关系学习、组织合法性和双元环境，以及新创企业竞争优势间关系的8大初始研究命题。这是对于网络嵌入与新创企业竞争优势影响关系的初步探索。但是，该研究结论是在4个案例研究的基础上得到的，案例企业数量以及对变量定性测量的限制，可能会在一定程度上影响研究结论的效度。因此，后续章节将结合相关理论与文献研究对初始模型与命题展开进一步的理论分析与假设推演，并进行大样本实证检验，以提高本书研究结论的有效性。

4 网络嵌入对新创企业竞争优势影响的概念模型

第 3 章的探索性案例研究初步发现了网络嵌入、关系学习、组织合法性和双元环境,以及新创企业竞争优势之间的关系。典型案例有利于初始模型的构建,但研究结论存在一定的概化性问题。因此,有必要根据现有理论对初步概念模型与命题进行深入的分析与论证。本章在案例研究的基础上,通过理论推导与文献回顾,详细探究网络嵌入影响新创企业竞争优势的内在机制,进一步形成概念模型与细化的研究假设。

4.1 网络嵌入对新创企业竞争优势的影响

社会网络理论及网络嵌入理论认为,任何经济组织都与外界存在一定的社会关系,企业嵌入其所在的社会环境中,且其行为受到组织间相互社会关系的影响(Polanyi, 1944; Granovetter, 1985)。新创企业通过网络嵌入,不仅能以较低的成本获得办公场所、资金等有形的创业资源,还能获得信息、信任、情感和规范等无形的资源(易朝辉, 2012),从而提高竞争优势。考虑到新创企业在高速成长的过程中,社会资本是获得创业竞争优势的基本途径(张红等, 2011),本章基于社会资本维度的划分标准,从结构嵌入、关系嵌入和认知嵌入来描述新创企业的网络嵌入特征,分别探究这三大嵌入维度对新创企业竞争优势的影响。

4.1.1 结构嵌入对新创企业竞争优势的影响

社会网络理论指出，行动者在网络结构中的位置决定了其机会获得性与受到的约束性(Stuart et al.，1999)。基于已有的研究成果，本书主要从网络规模、网络密度和网络中心性三个方面刻画结构嵌入。网络规模是指企业在网络内与其他组织维持联系的数量多少。Burt(1992)认为，企业能在较大规模的网络中以较低的成本获得资源和信息利益，如获得更宽的接口、更快的时间和优先的推荐等。汪艳霞和曹锦纤(2020)指出，规模化的网络嵌入能够增加对潜在市场、新业务地点、创新、资本来源、潜在投资者等广泛信息的有效访问，从而挖掘与识别更优质的创业机会。Luo等(2020)指出，集群规模与新创企业构建关系密切。此外，新创企业所处的网络规模越大，网络中各种要素呈现多样性、异质性的概率就越大，从而有利于帮助新创企业整合各种资源要素提供某种"期权"，进而影响低成本和差异化竞争优势的战略实施(江积海和刘敏，2014)。

网络密度体现了整体网络结构的疏密情况。Coleman(1990)指出，密集的网络有助于构建与维持信任、规范和权威等制度，网络成员能放心地转移资源和信息，促进资源的组合与交换。任胜钢和赵天宇(2018)指出，提高网络聚合下的行为一致性有利于创业企业更好地协调网络内成员的任务分工，并明确其自身需求，提高资源整合能力，从而更好地吸收和利用外部资源。在Yan等(2019)看来，密集合作网络的优势包括合作规范、声誉关注和互惠交流，这些都对企业创新具有重要意义。

网络中心性反映了新创企业在网络中的位置与重要程度。社会网络理论认为，网络资源并不是均匀地分布在各个网络节点上的，而是汇聚在网络中心位置的节点处，处于该节点处的企业能够接触到更多潜在的知识源与战略资源(Tsai，2001)。新创企业利用这些关键性资源产出的服务或产品是竞争对手难以复制与模仿的，由此带来持续性的竞争优势(董保宝，2012)。芮正云和罗瑾琏(2017)认为，相较于成熟企业，具有新生劣势的新创企业难以吸引其他网络成员的注意，若新创企业能跃迁到更高层次、更核心的网络位置，不仅可以发掘更加多样化的信息和知识，还能发挥"先行优势"。综上所述，本书提出以下研究假设：

H1a：网络规模对新创企业竞争优势具有显著的正向影响。

H1b：网络密度对新创企业竞争优势具有显著的正向影响。

H1c：网络中心性对新创企业竞争优势具有显著的正向影响。

4.1.2 关系嵌入对新创企业竞争优势的影响

形成伙伴关系的原因在于以伙伴关系为纽带能够构建新的企业优势（李光金和刘兵，2002）。王建刚和吴洁（2016）认为，强关系联结有利于复杂和隐形知识的传递，弱关系联结有利于非冗余信息的获取。本书认为，弱联结虽然能够带来一定的异质性资源，但成员间缺乏信任，容易导致合作过程中对知识等资源的保护主义，因而从长期来看，对促进竞争优势收效甚微。并且，目前中国正处于经济结构转型时期，环境尚不稳定，以网络关系为中心的战略为新创企业成长与发展奠定了坚实的基础（尹苗苗等，2015）。因此，对于面临初始资源匮乏与新进入障碍的新创企业而言，加强与外部组织的联系是其成长发展的关键途径，新创企业有必要与商业伙伴、政府机构等建立紧密的联结关系来提高关系嵌入，以弥补市场体制与制度不完善带来的劣势，进而为建立和维持企业竞争优势奠定基础。本书根据与新创企业联结的网络成员性质，将新创企业网络关系嵌入划分为商业关系嵌入和政治关系嵌入。

中国背景下商业关系的社会嵌入可以看作联系润滑剂，能带来可观的关系性租金（Dyer，2015）。新创企业通过商业关系嵌入，能够从上游供应商处获取优质的原材料与其他基础性资源（Wu，2011）、从同行那里得到其他市场参与者的信息以及稀缺的行业内幕消息（Lucas & Gao，2021）、从下游分销商和经销商处知悉市场变化趋势和客户需求情况（Wind & Thomas，2010）等，这些成为新创企业实现获取竞争优势的有利条件。此外，企业通过与其他企业建立商业关系，可以形成正式的或者非正式的组织，增强彼此间的信任，从而克服因制度不稳定性带来的各种不确定性，降低交易成本（温超，2020）。

安舜禹等（2014）认为，与政府建立良好的关系是新企业获得政策信息的重要手段，能帮助新创企业在激烈的市场竞争中更为主动，同时利用这些信息对政策发展方向进行理性分析，从而比竞争对手更早抓住机会。Anwar 等（2018）指出，政治网络有助于新创企业获得可能产生竞争优势的发展机会，尤其是在新兴市场中，当一家新创企业与政府机构建立联系时，它可能有特权获得政府资源。Wang 和 Hsu（2014）认为，与政治关系较差的公司相比，政治关系良好的公司具有更好的企业再创业绩效。因此，本书提出以下研究假设：

H2a：商业关系嵌入对新创企业竞争优势具有显著的正向影响。

H2b：政治关系嵌入对新创企业竞争优势具有显著的正向影响。

4.1.3 认知嵌入对新创企业竞争优势的影响

认知嵌入是指社会系统中促进各成员对集体目标、行事方式形成共识的种种意义（Nahapiet & Ghoshal，1998），它是网络嵌入的最深层次的内容，体现了企业对于网络内部的认知方式（黄继生，2017）。王雷（2012）认为，认知嵌入具体表现为集群企业与链上主导企业在合作过程中建立的共同愿景、共同目标、共同语言及相似的组织结构等，内外资企业在认知嵌入上越相近，越有利于降低沟通障碍，使外资企业的信息和知识比较容易外溢到本土网络中。反之，若内外资企业在认知嵌入上差异过大，则容易造成信息和知识的战略隔离机制。因此，在网络认知范式下，企业间通常会在协同工作中形成共同语言和一定的行为规范等，从而在相同背景下进行资源的交换和组合，这有利于降低新创企业与其他网络成员间交易的不确定性，减少企业间沟通与合作的障碍和成本。此外，易朝辉（2012）以新创企业为研究对象，指出认知性网络嵌入对创业导向有显著的正向影响。马力和马美双（2018）进一步提出，创业导向高的新创企业能更好地识别商业机会，并通过先于竞争对手采取行动来积极参与竞争、获得先动优势。因此，本书提出以下研究假设：

H3：认知嵌入对新创企业竞争优势具有显著的正向影响。

4.2 关系学习的中介作用

基于网络嵌入理论，网络嵌入会限制新创企业的行为选择集，影响交易双方的互动合作行为与绩效（Granovetter，1985；Uzzi，1997）。关系学习作为一种组织间学习，体现了企业与伙伴的联合互动活动的行为（Selnes & Sallis，2003；宋春华等，2017）。因而，网络嵌入可能会影响新创企业的关系学习行为，且嵌入网络中的关系联结为新创企业开展关系学习提供了丰富的关系纽带与学习渠道。与此同时，组织学习理论认为，企业通过组织学习，能够以更低的成本一步步搜寻、积累、应用并革新那些极为重要的战略性资源,从而对竞争优势产生积极影响(孟宣宇,2013)。因而,关系学习作为一种组织间学习,也可能会对新创企业竞争优势产生影响。由此可见,关系学习会受到网络嵌入的影响,并会影响新创企业竞争优势。

4.2.1 结构嵌入、关系学习与新创企业竞争优势

(1) 关于结构嵌入与关系学习

首先,网络规模影响着网络中信息和知识资源的规模、范围和异质性。网络规模越大,企业在更大的范围内寻找到知识合作的机会就越多(蔡坚,2014),即企业开展学习的机会就越多。且网络规模越大,意味着企业的关系资源就越丰富,从而为企业开展学习提供了更多的关系渠道(马丽,2020),这对"势单力薄"的新创企业更为重要。同时,随着企业间合作的深入,关系学习的消极影响会出现,可能会带来不正确的洞察力,以及客观的损失和不断上升的期望,导致学习性能降低(Wang & Hsu,2014;宋春华等,2017)。而此时,新创企业嵌入网络的规模越大,就越有可能在网络中再次寻找到更为适合的合作伙伴开展关系学习,以弱化关系学习可能存在的消极影响,强化其积极影响。

其次,网络内的紧密关系是促进跨组织技术转移与学习的有效机制(蔡坚,2014)。俞园园(2015)指出,密集的网络有利于增加新创企业与产业集群内其他组织之间的互动频率与亲密程度,促进信息的快速传播与交换。Van 和 Zand(2014)也认为,密集的网络为成员间进行高效的互动学习提供了平台和场所,网络中的边界成员可以通过参与关系指导小组会、产品开发会和共享战略讨论会等构建起互惠性交换机制等来共同解决问题。并且,随着网络密度的增加,网络成员间的信任水平也得到了提升(Coleman,1990;Gulati & Sytch,2010),从而有利于新创企业与合作伙伴达成深度合作,在长期的交往互动中形成双方特有的关系记忆。

最后,网络中心性提高了企业的信息容量、信息丰裕性和多元性等,据此,马丽(2020)指出,网络中心位置有利于企业开展利用性学习与探索性学习的组织间学习。蔡坚(2014)认为,高网络中心性意味着企业拥有更多与其他网络成员开展互动学习的渠道,从而能够帮助企业从资源的非对称优势中获益。同时,张慧等(2015)指出,与低位势企业相比,高位势企业拥有更多的资源和更强的学习能

力。进一步地,詹志方(2018)认为,高中心性的企业能够桥接其他网络成员,因而对网络中信息与知识流动的控制能力也更强。由此可见,高网络中心性可以为新创企业打开更多关系学习的渠道,并赋予其更强的关系学习能力,同样有利于避免长期关系学习可能带来的消极影响。

(2)关于关系学习与新创企业竞争优势

关系观认为,关系学习是在关系中创造差异化优势和超正常利润的重要手段。葛宝山和王照锐(2019)指出,创业团队通过开展关系学习,能提高资源与机会开发的效率,改善创业绩效。首先,信息共享作为一种有效的竞争武器,能降低交易前后的成本,直接影响企业的低成本竞争能力(Lyngstadaas,2019)。其次,新创企业通过与合作伙伴建立共同理解机制,如构建信息共享论坛、会议和跨职能团队等,能更容易解决合作过程涉及的协调、规划、运营和战略等方面的问题,从而降低管理成本(殷俊杰和邵云飞,2018),且通过共同理解建立的组织间学习场所能促进知识,特别是隐性知识的转移(裴旭东等,2014),而隐性知识具有竞争优势的潜力。最后,新创企业与合作伙伴之间的特定关系记忆可看作一个外部知识存储器,能有效推动组织变革,促进企业双元创新(Fang et al.,2011;Xue et al.,2021),且这种特定关系记忆能够使企业产生更具创造性的结果(Jean & Sinkovics,2010)。可见,关系学习中的信息共享、共同理解和特定关系记忆均有利于促进新创企业竞争优势。

综上所述,新创企业嵌入网络的规模越大、密度越高、中心性越强,越有利于其进行关系学习,而新创企业通过与外部网络中合作伙伴的关系学习,能及时获取有效的信息、隐性知识和特有的关系资源,从而为建立和维持竞争优势创造隔离机制。因此,本书提出以下研究假设:

H4a:关系学习在网络规模与新创企业竞争优势之间具有中介作用。

H4b:关系学习在网络密度与新创企业竞争优势之间具有中介作用。

H4c:关系学习在网络中心性与新创企业竞争优势之间具有中介作用。

4.2.2 关系嵌入、关系学习与新创企业竞争优势

关系嵌入是一种区别于市场型关系的特殊关系,这种特殊关系创造了企业彼此间高水平的相互信任、精密的信息共享和共同解决问题的机制,而这些机制会对企业绩效产生影响(Uzzi,1997)。

就商业关系嵌入而言，Rusanen等（2014）认为，关系意味着企业间具有较高的信任水平和情感性承诺，能有效地降低知识和信息共享过程中的敌对，打破封闭，从而促进彼此间隐性知识的共享。马鸿佳等（2017）指出，在组织间学习过程中，若与合作企业存在更好的关系，则有利于减少知识传递和知识接受过程中的误解，提升对共享知识的理解程度。且在Chiang等（2014）看来，合作企业间的相互信任和依赖，有利于缩短彼此间的心理距离，对企业间的特定关系记忆具有积极作用。可见，新创企业与商业伙伴基于良好的关系能有效地推进双方开展信息共享、共同理解和形成特定关系记忆等关系学习行为。此外，Ruey-Jer等（2018）指出，长期、持久的关系可能会增加交流关系中的创新生成，但也会产生惰性和盲目性，阻碍知识获取和创新。此时，通过在长期的客户与供应商关系中开展联合学习活动有助于创造新的知识集，克服惰性，将关系转化为更好的结果。

就政治关系嵌入而言，单标安等（2015）指出，政府机构是创业者观察和学习的对象，创业者可通过政治关系来观察和学习领悟相关政策，通过制定合理的决策来把握相关商业机会。并且，王玲玲等（2017）认为，新创企业与政府间紧密的政企互动联系意味着政府更为重视这些新创企业，而当供应商、竞争对手得知新创企业具有"政府背景"时，更愿意与之进行合作交流（Kotabe et al.，2011）。此外，曾萍和宋铁波（2012）认为，良好的政治关系为行动者与其他社会网络主体之间的知识分享与互动学习提供了可能。吴楠（2015）进一步指出，与政府保持良好的关系，新创企业能更容易与其他企业建立关系，从而不断提高企业的外部知识获取能力。因而，我们推断政治关系嵌入有利于促进新创企业的关系学习。因此，本书提出以下研究假设：

H5a：关系学习在商业关系嵌入与新创企业竞争优势之间具有中介作用。
H5b：关系学习在政治关系嵌入与新创企业竞争优势之间具有中介作用。

4.2.3 认知嵌入、关系学习与新创企业竞争优势

认知嵌入涉及企业与网络成员之间通用理解的解释、表达与含义系统的那些资源，包括了共同的语言、相似的价值观等，强调与网络成员的认知范式（黄继生，2017）。Nahapiet和Ghoshal（1998）指出，若成员间语言和法则不同，则容易导致彼此间的分离并限制交流，而共同的语言符号、价值体系和目标愿景等有利

于提高企业交换、获取与整合信息和知识的能力。学习区域学派也认为，传递隐性知识要求面对面地分享交流，这依赖共同的语言文化、交流符号、行为规范和过去共同工作的关于彼此间的知识等的帮助（向永胜，2012）。王雷（2012）指出，内外资企业在语言习惯、企业文化、组织管理等方面越相似，越有助于更好地理解彼此的行为，从而促进企业的利用式学习与探索式学习，并最终改善创新绩效。孙娟和李艳军（2019）认为，农资渠道各方成员在集体理念和文化上达成共识，有利于降低知识转移的成本和黏性，并指出认知嵌入通过影响渠道公平关系正向影响显性知识与隐性知识的转移。可见，在认知嵌入作用下，新创企业与网络成员交流互动更为顺畅，关系学习也更容易实现。因此，本书提出以下研究假设：

H6：关系学习在认知嵌入与新创企业竞争优势之间具有中介作用。

4.3 组织合法性的中介作用

组织合法性是组织社会学新制度理论的核心内容。基于新制度理论，组织的经济行为是嵌入在社会性与规范性的情境中的，并且这种情境推动经济行为主体需寻求其行动的合法性（Oliver，1991）。网络嵌入理论认为，企业嵌入社会网络中，且其行为受到网络的制约。可见，网络嵌入同样可能会对企业寻求合法性的行为产生影响。已有学者提到，网络联结是企业获取合法性的一种重要方式（Suchman，1995；Zimmerman & Zeitz，2002；黄继生，2017）。也有学者指出，合法性的传播是利益相关者网络特征的函数，利益相关者网络是社会背景中合法性发生的主要要素（Bloodgood et al.，2017）。相较于成熟企业，新创企业信誉基础较弱，面临合法性不足的问题（Aldrich & Fiol，1994；俞园园，2015），如何跨越合法性门槛对新创企业至关重要。新制度理论在创业领域中的应用萌芽于Stinchcombe（1965）的研究，他认为新创企业因新进入缺陷而受到认知合法性低的约束，而网络有助于其减轻这种压力。进一步地，竞争优势的制度基础观认为，合法性是企业竞争优势的来源（Peng，2002），能够为新进入者创造障碍（Suchman，1995；Bresser & Millonig，2003）。也有学者指出，企业通过获取组织合法性，能够争取在控制或改变组织制度环境中掌握主动权,进而实现企业生存发展(尚航标和黄培伦,2011)。可见,组织合法性会受到网络嵌入的影响,并可能影响新创企业竞争优势。

4.3.1 结构嵌入、组织合法性与新创企业竞争优势

(1) 关于结构嵌入与组织合法性

首先,网络规模的扩大有利于提升新创企业的知名度(张哲,2017)。并且,新创企业嵌入网络的规模越大,其与网络中上下游企业、同行、中介机构、金融机构、大学、科研院所和政府等交流的机会就越多(俞园园,2015),在企业网络的既有制度安排与特定的制度背景下,就越容易在更大规模与范围内被认识、理解和接受。

其次,在密集网络中,新创企业需约束自身机会主义行为来提高企业声誉,而声誉是企业取得合法性的有效途径(李宏贵和周洁,2015)。且高密度的网络嵌入能够缩短网络中信息传递的平均路径长度,有利于推动新创企业信息在网络中的快速传播(张哲,2017),从而促进组织合法性的形成。李靖华和黄继生(2017)指出,企业所嵌入网络的规模越大、密度越高,表明企业与网络中其他众多成员都建立了互动联系,此时企业可利用的网络"溢出效应"和"骑背效应"就越强,越有利于提升创新合法性。Ripollés和Blesa(2018)指出,密集的网络嵌入能够为新创企业提供社会支持。

最后,新创企业可以通过提高其在嵌入网络内的中心性,控制并获得更多影响声誉的资源,如信息、公众支持、专业技术等,并享有较高的商誉,从而改变网络中其他成员对它的感知与评价(李国强等,2019)。并且,处于网络中心性位置的企业拥有更多的权力和机会来制定行动标准与网络规范等,从而更容易引起社会各界的关注(Ghoshal,1998)。张春雨等(2018)指出,与处在网络边缘的技术创业企业相比,占据网络中心位置的企业优势体现为在政府、行业中能获得较高的声誉和地位,更容易获得网络成员的认可,且距离规范和行业准则更近,更容易产生合法性优势。

(2) 关于组织合法性与新创企业竞争优势

郭海(2018)等指出,在中国转型情境下,制度空洞使企业拥有很多可发掘和利用的机会,合法性越高的企业越有可能获得市场中的信息优势、资源优势和先

行者优势。对于新创企业而言，合法性能赋予新创企业可靠性与可信性，帮助其克服新进入缺陷，促进其成长(Stinchcombe，1965)。且新创企业的合法性越高，其行为才越有可能成为优于竞争对手的资源(李宏贵和周洁，2015)。并且，高合法性的新创企业在动员与整合资源上更有利，同时也能以更合意的条件获得高质量的资源(罗兴武等，2017)。张春雨等(2018)认为，组织合法性能帮助技术创业企业接近并获得外部人财物等资源，并论证了组织合法性对技术创业企业商业模式创新的正向影响。而Federico和Guido(2018)认为，商业模式创新能为创业企业家提供有用的见解，帮助企业产生持久的竞争优势。可见，新创企业在实现竞争优势的过程中，需要在保持效率的同时，积极争取组织合法性。

综上所述，新创企业嵌入网络的规模越大、密度越高、中心性越强，越有利于新创企业获取和提升组织合法性。而组织合法性能够赋予新创企业可靠性和可信性，帮助其突破制度环境约束，获得客户、供应商等众多利益相关者的认可，从而为新创企业实现竞争优势奠定制度基础。因此，本书提出以下研究假设：

H7a：组织合法性在网络规模与新创企业竞争优势之间具有中介作用。

H7b：组织合法性在网络密度与新创企业竞争优势之间具有中介作用。

H7c：组织合法性在网络中心性与新创企业竞争优势之间具有中介作用。

4.3.2 关系嵌入、组织合法性与新创企业竞争优势

对于商业关系嵌入而言，新创企业与上下游企业、顾客，以及同行的关系越密切，越有利于提高彼此间的信任与承诺水平，从而帮助企业在众多利益相关者中树立良好的企业形象和声誉(Gulati & Higgins，2003)。俞园园(2015)指出，在产业集群内，新创企业商业关系嵌入使模仿更加频繁地发生，产业集群制度环境可能向集群内企业施加遵从的标准化压力，从而鼓励模仿性同构。张春雨等(2018)认为，与行业企业构建良好的合作关系，可以促进技术在规范的体系内流动，有助于技术创业企业的技术创新活动符合合法性。此外，新创企业通过与供应商、顾客、投资者和同行等保持频繁的联系，可以向利益相关者传递有关企业质量、能力、声誉和稳定性等方面的积极信号(王玲玲等，2017)，从而有助于企业得到利益相关者的认可，促进组织合法性的获取。

对于政治关系嵌入而言，在经济转型背景下，由于市场机制尚不完善，政治

关系对新创企业的影响更为突出。当企业与政府命令、法律规则、强制标准等相违背时，可能会失去社会合法性与声誉，甚至失去持续运营的资格（Oliver，1991）。而良好的政治关系是新创企业重要的声誉资本，来自政府等机构的证明鉴定、资格认证或委托，往往成为组织是否符合合法性的重要标志（Ruef & Scott，1998）。政治关系还能帮助新创企业克服体制障碍、得到更多的正式制度支持，以帮助新创企业理解法律法规，完善交易契约，阻碍竞争对手进入，从而实现快速成长（尹苗苗等，2015）。Luo 等（2020）指出，政治上的联系通过暗示支持和更好地获取资源，能够增强新创企业的合法性与谈判地位。因此，本书提出以下研究假设：

H8a：组织合法性在商业关系嵌入与新创企业竞争优势之间具有中介作用。

H8b：组织合法性在政治关系嵌入与新创企业竞争优势之间具有中介作用。

4.3.3 认知嵌入、组织合法性与新创企业竞争优势

以共同的语言符号、企业文化、价值观念、集体目标、行事方式等作为认知范式的认知嵌入体现了网络嵌入最深层次的内容。组织社会学制度理论视角的研究认为，组织合法性是一种作为符号价值被外部环境所识别的形式（Scott，1995）。对于一个组织而言，其往往需要通过一系列具有识别功能的共享信念来界定自己的身份（Hoggy & Terry，2000）。黄继生（2017）指出，企业通过主动展示和传递那些与社会公众具有较高一致性的企业文化与价值理念，以得到社会公众的认可。张哲（2017）认为，新创企业若能与网络群体中的其他组织形成共有的价值观和商业文化，并与网络中的规范制度保持一致，则能获得顾客、供应商、合作伙伴、投资商、社区等利益相关者的合法性认同。可见，在认知性嵌入的作用下，新创企业可以凭借与嵌入网络中的成员形成的共同的企业文化、价值观念、规范制度等而被外部环境所识别，从而获得组织合法性。此外，Fan 等（2019）通过对中国优步的案例研究，强调了社会嵌入（认知、文化、历史）对中国优步获取组织合法性重要性。因此，本书提出以下研究假设：

H9：组织合法性在认知嵌入与新创企业竞争优势之间具有中介作用。

4.4 关系学习和组织合法性的链式中介作用

关系学习是一种特殊的组织间学习。目前已有学者意识到，新创企业通过组织学习，能够获取形成新规范、信念和价值观的能力，从而推动新规则和新制度的建立，为实现合法性创造条件（苏晓华等，2013、2015；何霞和苏晓华，2016）。同时，与新创企业进行关系学习的合作伙伴也是其关键利益相关者，有学者指出，合法性虽是组织被制度环境接受，但并非被所有公众接受，而是取决于关键利益相关者的合法性认同（罗兴武等，2017）。可见，新创企业关系学习可能会对其组织合法性的获取产生影响。

具体地，新创企业通过与伙伴共享信息能有效减少机会主义行为，产生声誉效应（Lunawat，2016），较高声誉有助于创业企业获得合法性（张春雨等，2018）。同时，新创企业通过与伙伴的对话和关系互动来创造解释元素并形成共同理解（Fang et al.，2011），Middleton（2013）指出，企业可以在创业过程中与关键利益相关者互动对话，实现依从、选择和控制的合法性战略。且建立联合团队有利于缩短认知距离、减少认知失败（Fang et al.，2011），帮助企业获得跨组织变革思想的合法性（宋春华等，2017）。于晓宇等（2019）认为，稳定的顾客关系能使新企业更敏感地捕捉客户偏好等，从而帮助其获得客户认可。且特定关系记忆中涉及双方关系的规则，以及与竞争对手和顾客相关的知识（Fang et al.，2011），这些知识有助于新创企业按照规章制度、行业标准和市场规范运营，从而向利益相关者昭示自己是遵纪守法的"好公民"（苏晓华等，2015）。可见，关系学习中的信息共享、共同理解和特定关系记忆，均有利于新创企业合法性的获取。

由前文提出的有关关系学习的中介效应 H4、H5、H6 可知，网络嵌入（结构嵌入、关系嵌入、认知嵌入）会积极影响新创企业的关系学习行为，而关系学习有利于促进新创企业组织合法性的获取。并且再次结合前文提出的有关组织合法性的中介效应 H7、H8、H9 可知，组织合法性又对新创企业竞争优势有积极影响。因此可以推断，新创企业通过网络嵌入促进关系学习，进而提升组织合法性，并进一步推动新创企业竞争优势的建立。因此，本书提出以下研究假设：

H10a：关系学习和组织合法性在网络规模与新创企业竞争优势之间具有链式中介作用。

H10b：关系学习和组织合法性在网络密度与新创企业竞争优势之间具有链式中介作用。

H10c：关系学习和组织合法性在网络中心性与新创企业竞争优势之间具有链式中介作用。

H10d：关系学习和组织合法性在商业关系嵌入与新创企业竞争优势之间具有链式中介作用。

H10e：关系学习和组织合法性在政治关系嵌入与新创企业竞争优势之间具有链式中介作用。

H10f：关系学习和组织合法性在认知嵌入与新创企业竞争优势之间具有链式中介作用。

4.5 双元环境的调节作用

权变理论认为，组织是一个与外部环境不断交互的开放系统。环境是企业成长过程中重要的权变变量，企业的经营策略只有与外部环境相匹配，才能充分发挥作用(Hannan & Freeman，1984；郭韬等，2017)。产业竞争理论认为，企业竞争优势依赖其在市场中的准确定位，而市场定位受到企业面临的外部环境的影响(Porter，1985)。只有准确把握环境因素对组织运作的影响程度，才能成功保持竞争优势(Khanna & Nohria，1998)。在组织管理实践中，组织时常会面临两种具有相反张力或悖论特质的外部双元环境，即环境动态性和环境竞争性(Jansen et al.，2006；张振刚等，2021)。并且，在经济转型时期的中国，环境动态性和环境竞争性是中国创业环境的两个重要维度(黄胜兰，2015)。因此，基于已有研究成果，本书尝试从环境动态性与环境竞争性两个方面探究外部环境的调节作用。

4.5.1 环境动态性的调节作用

(1) 环境动态性对关系学习与新创企业竞争优势关系的调节作用

在高度动态环境中，企业知识和能力的异质性、价值性和不可模仿性受到极大冲击，从外部获取知识成为维持竞争优势的重要途径(冯长利等，2015)。关系学习作为从外部获取信息和知识的重要手段，能够增强企业缓冲环境不确定性的能力(Selnes & Sallis，2003)。陈国权和刘薇(2017)指出，企业外部学习的有效性取决于学习策略与环境是否匹配，动态环境增强了组织紧迫感，促使组织将从外部获取的知识更迅速地转化为有效行动，建立起自身竞争优势，以适应不断变化的环境。据此，我们推断环境动态性会影响关系学习与新创企业竞争优势的关系。具体而言，首先，随着环境动态性的提高，市场需求和技术状况越发难以把握，此时，与伙伴共享信息能提高对环境的敏感性(陈勇，2011)，帮助新创企业观察到新的市场需求和技术发展趋势，从而获得多样化想法，形成差异化优势(Wu，2011)。其次，在高度动态环境下，创业企业要实现成长，有必要与合作伙伴和竞争对手共同规划、解决问题，以提高应对环境变化的整体抗风险性，突破行业发展瓶颈，从而为企业建立和维持竞争优势创造更多战略选择(陈熹等，2015)。最后，在高度动态环境下，新创企业信誉更加受到质疑，而那些与合作伙伴有特定关系记忆的新创企业往往更容易被信任(彭学兵等，2017)，从而降低新创企业从合作伙伴处获取建立竞争优势所需关键资源的难度，且特定关系记忆表现为伙伴间有关市场、流程和数据库的经常更新(Steven et al.，2021)，从而有利于提高新创企业预测市场变化的能力，助力其在动态环境中快速响应市场。因此，本书提出以下研究假设：

H11：环境动态性正向调节关系学习对新创企业竞争优势的影响，即环境动态性越高，关系学习对新创企业竞争优势的正向影响越强。

(2) 环境动态性对组织合法性与新创企业竞争优势关系的调节作用

新制度理论认为，组织合法性可以减轻环境动态性和风险，帮助企业实现生存与繁荣(Wu & Lin，2018)。环境动态性的调节作用普遍被发现在信号理论中，企业周围环境的动态性越高，合法化事件或过程对新创企业绩效的影响越大(Stuart et al.，1999)，Bucar(2004)论证了环境不确定性对组织合法性与绩效关系的正向调节作用。吴月瑞(2011)认为，绩效是合法性与环境动态性联合作用的结果，并论证了环境动态性正向调节依从型、合法型和操纵型合法化战略与创新绩效之间的关系。苏晓华等（2013）指出，在动态环境中，组织合法性的获取或者创造会更具有主动性，新创企业可以通过制度创新或者引入新的惯例而被环境接受，此时，有利于新创企业率先抢占合法性"高地"。李宏贵和周洁（2015）认为，当新创企业面临高不确定性环境时，需要进一步突出组织合法性的重要性以跨越合法性门槛，强调制度逻辑以深入了解其面临的社会情境，为创新绩效奠定基础。环境动态性体现出了环境的不确定性，创新绩效也与企业竞争优势紧密相关。因此，本书提出以下研究假设：

H12：环境动态性正向调节组织合法性对新创企业竞争优势的影响，即环境动态性越高，组织合法性对新创企业竞争优势的正向影响越强。

4.5.2　环境竞争性的调节作用

（1）环境竞争性对关系学习与新创企业竞争优势关系的调节作用

环境竞争性是组织外部环境的重要特性之一，面对不同的竞争环境，新创企业开展关系学习的有效性会有所差异。在竞争程度较低的环境中，新创企业面临的竞争对手较少、竞争压力较小，其依靠自身现有资源足以应对市场挑战，获取相对较高的利润并维持竞争优势，此时，企业可能更趋于安于现状（杨智和邱国栋，2020）。在该情境下，新创企业通过开展关系学习来获取外部资源的动力不足，关系学习的优势并未凸显，对新创企业竞争优势的作用难以充分发挥。随着环境竞争程度的上升，外部竞争对手数量增多，意味着同一行业内企业之间对有限资源争夺的强度变大（魏泽龙等，2017），且对企业资源与能力储备的要求非常高，此时，企业需要不断调整、强化自我以适应激烈竞争的环境（简兆权和旷珍，2020）。在资源威胁下，与合作伙伴进行关系学习的企业通常能及时从外部获取重要的知识资源，有助于合作者之间提高现有的能力并开发更好的产品，从而获得更高的市场占有率与客户满意度（宋春华等，2017）。由此推断，随着环境竞争性的升高，面临减价、降本、增效等多重压力，新创企业通过开展关系学习能够有效地促进企业竞争优势的提升。

然而，当环境竞争性上升到一定程度时，过于激烈的竞争会造成单个企业所能抢占的市场份额越发下降，且同质化严重（张振刚等，2021），使新创企业通过塑造异质性特征获得优势市场地位越发困难。在此情境下，尽管新创企业通过关系学习能够获取一定的外部资源,但随着竞争对手行为随机性、不可预测性的大幅增加,企业增长空间急剧缩小,这一部分资源对于提升竞争优势的效用十分有限。且当企业处于高竞争性环境时,面临着更大的资源与环境威胁,为了保持竞争优势,企业会在压力情境下保存自身资源(李树文等,2021),从而导致重要知识的外溢减少。此时,新创企业即使在企业间开展关系学习,也难以获取更多有用的信息与知识。Huy等(2016)通过案例研究发现,高竞争性使组织间互相掣肘、恐惧横生,逐步丧失对外部竞争力的免疫,造成绩效下滑。此外,竞争的激烈性可能使新创企业需要对学习伙伴进行调整,但长期的关系学习可能会导致"黏合"效应,带来消极影响(Wang & Hsu, 2014; 宋春华等, 2017),以致新创企业调整学习伙伴的可能性降低,从而不利于获取更新颖、多样化的知识资源,进而阻碍竞争优势的提升。因此,从上述分析可知,环境竞争性对关系学习与新创企业竞争优势间关系的调节作用可能不是线性的,而是存在一定的阈值。在一定水平内,环境竞争性的上升能增强关系学习对新创企业竞争优势的促进作用,而超过这一水平的环境竞争性将削弱关系学习对新创企业竞争优势的促进作用。因此,本书提出以下研究假设:

H13:环境竞争性倒"U"形调节关系学习对新创企业竞争优势的影响,即相对于面临低水平和高水平环境竞争性的新创企业,中等水平环境竞争性下的新创企业的关系学习对企业竞争优势的正向影响更强。

(2)环境竞争性对组织合法性与新创企业竞争优势关系的调节作用

环境竞争性主要用来形容企业外部环境竞争的激烈程度。当企业进入竞争强度低的市场时,很少有相同的竞争对手来满足客户需求,客户的选择机会较少,那么即使企业缺乏足够的合法性也可能受到客户的青睐,获得较高的绩效,从而导致合法性对于企业竞争优势的促进作用并不突出。对于资源有限的新创企业而言,消耗资源在获取与提升组织合法性方面可能并不会为其建立竞争优势和带来高回报。此时,新创企业即使有资源和能力满足合法性的要求,也会倾向于将有限的资源投入其他战略活动,如提升产品的技术性能等。而竞争强度越高,企业越会努力在顾客和供应商等利益相关者中树立良好的声誉与品牌形象,通过获得顾客、供应商甚至同行的认可来共同面对竞争环境造成的威胁(魏泽龙和谷盟,2015)。并且,为了满足客户需求,企业会在价格、产品和服务等方面争相模仿,趋于一致(王永贵和王娜,2019)。同时,为了凸显优势,企业会从外在的硬性条件竞争转向组织内部软实力竞争,在此情境下,合法性成为企业区分竞争对手、获取竞争优势的一个重要因素(汪涛等,2020)。由此推断,环境竞争性的提升有益于避免合法性损失,强化合法性对新创企业竞争优势的促进作用。

然而,当环境竞争性上升到一定程度并继续增加时,影响组织发展的合法性机制将被竞争性机制取代(Carroll & Wade,1991;陈宗仕和郑路,2015),在高度的产品同质化和激烈的价格战压力下,企业战略目标短期化的倾向日益明显。此时,合法性作为一种战略资源的重要性逐渐让位于成本(魏泽龙和谷盟,2015),新创企业通过提升组织合法性促使竞争优势的积极性降低。杨艳和景奉杰(2019)认为,当竞争者攻击性较强时,新创企业更难达到顾客预期,也会让顾客更难以将新创企业与既有优秀企业形象联系起来。此时,新创企业获取合法性的难度加剧,需要付出更多的资源与精力,从而也可能导致新创企业在提升竞争优势时对组织合法性的追求与依赖下降。此外,陈宗仕和郑路(2015)基于Lomi(1995)、Hannan(2005)等有关种群生态学的相关研究,并结合制度学派的理论指出,当同类组织数量较低时,会导致组织不太受市场认可,从而死亡率高;而随着该类组织数目的增加,组织合法性提高,生存率上升,此时影响组织效益的是合法性机制。但当同类组织数目增加到一定程度后,该类组织可能会因为数目过多导致资源、市场等方面的竞争加剧,此时组织的发展不再受到合法性的支配。考虑到环境竞争性主要受到同行企业的数量及市场大小的影响,受此启发,本书推断环境竞争性对组织合法性与新创企业竞争优势间关系的调节作用也可能不是线性的,而是存在一定的阈值,即在一定水平内,环境竞争性的提升能增强组织合法性对新创企业竞争优势的促进作用,而超过这一水平的环境竞争性将削弱组织合法性对新创企业竞争优势的促进作用。因而,本书提出如下研究假设:

H14:环境竞争性倒"U"形调节组织合法性对新创企业竞争优势的影响,即相对于面临低水平和高水平环境竞争性的新创企业,中等水平环境竞争性下的新创企业的组织合法性对企业竞争优势的正向影响更强。

4.6 模型构建与研究假设

基于第3章提出的初始模型与命题，通过相关理论及文献推导，本章进一步深入探究了网络嵌入对新创企业竞争优势的影响机制，从结构嵌入（网络规模、网络密度、网络中心性）、关系嵌入（商业关系嵌入、政治关系嵌入）和认知嵌入等多个维度来描述新创企业的网络嵌入特征，并引入双元环境（环境动态性、环境竞争性）的调节变量。通过关联假设关系，本章构建了网络嵌入、关系学习、组织合法性、双元环境与新创企业竞争优势间关系的概念模型，如图4-1所示。

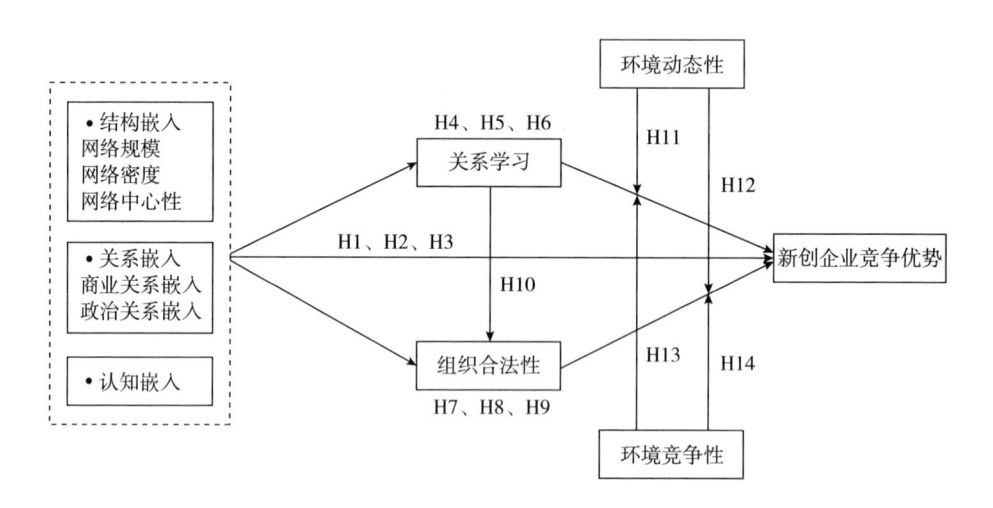

图4-1 网络嵌入、关系学习、组织合法性、双元环境与
新创企业竞争优势间关系的概念模型

研究假设汇总如表4-1所示。

表4-1 研究假设汇总

序号	假设内容
H1a	网络规模对新创企业竞争优势具有显著的正向影响

4 网络嵌入对新创企业竞争优势影响的概念模型

续表

序号	假设内容
H1b	网络密度对新创企业竞争优势具有显著的正向影响
H1c	网络中心性对新创企业竞争优势具有显著的正向影响
H2a	商业关系嵌入对新创企业竞争优势具有显著的正向影响
H2b	政治关系嵌入对新创企业竞争优势具有显著的正向影响
H3	认知嵌入对新创企业竞争优势具有显著的正向影响
H4a	关系学习在网络规模与新创企业竞争优势之间具有中介作用
H4b	关系学习在网络密度与新创企业竞争优势之间具有中介作用
H4c	关系学习在网络中心性与新创企业竞争优势之间具有中介作用
H5a	关系学习在商业关系嵌入与新创企业竞争优势之间具有中介作用
H5b	关系学习在政治关系嵌入与新创企业竞争优势之间具有中介作用
H6	关系学习在认知嵌入与新创企业竞争优势之间具有中介作用
H7a	组织合法性在网络规模与新创企业竞争优势之间具有中介作用
H7b	组织合法性在网络密度与新创企业竞争优势之间具有中介作用
H7c	组织合法性在网络中心性与新创企业竞争优势之间具有中介作用
H8a	组织合法性在商业关系嵌入与新创企业竞争优势之间具有中介作用
H8b	组织合法性在政治关系嵌入与新创企业竞争优势之间具有中介作用
H9	组织合法性在认知嵌入与新创企业竞争优势之间具有中介作用
H10a	关系学习和组织合法性在网络规模与新创企业竞争优势之间具有链式中介作用
H10b	关系学习和组织合法性在网络密度与新创企业竞争优势之间具有链式中介作用
H10c	关系学习和组织合法性在网络中心性与新创企业竞争优势之间具有链式中介作用
H10d	关系学习和组织合法性在商业关系嵌入与新创企业竞争优势之间具有链式中介作用
H10e	关系学习和组织合法性在政治关系嵌入与新创企业竞争优势之间具有链式中介作用
H10f	关系学习和组织合法性在认知嵌入与新创企业竞争优势之间具有链式中介作用
H11	环境动态性正向调节关系学习对新创企业竞争优势的影响
H12	环境动态性正向调节组织合法性对新创企业竞争优势的影响
H13	环境竞争性倒"U"形调节关系学习对新创企业竞争优势的影响
H14	环境竞争性倒"U"形调节组织合法性对新创企业竞争优势的影响

4.7 本章小结

本章基于前文探索性案例研究结果,结合相关理论、文献研究等,推导出网络嵌入(结构嵌入、关系嵌入、认知嵌入)对新创企业竞争优势的影响机制,聚焦于关系学习、组织合法性在网络嵌入与新创企业竞争优势之间的双中介作用和链式中介作用,以及双元环境(环境动态性、环境竞争性)对关系学习和组织合法性与新创企业竞争优势间关系的调节作用,构建了网络嵌入影响新创企业竞争优势的概念模型,并提出了相应的研究假设。

5 网络嵌入对新创企业竞争优势影响的研究方法及设计

为进一步揭示网络嵌入对新创企业竞争优势的影响机制,除了应用探索性案例研究与理论推演,本章将采用实证研究方法对概念模型及研究假设进行验证。鉴于概念模型中涉及的网络嵌入、关系学习、组织合法性和双元环境,以及新创企业竞争优势等变量大多属于企业内部资料,难以通过公开途径直接获取,故而本书通过问卷调查的方法获取数据。本章将从问卷设计、变量定义与测量、问卷预测试、正式调研及数据分析方法等方面对实证研究过程进行阐述,以保证研究结论的科学性与可靠性。

5.1 问卷设计

5.1.1 问卷调查方法

问卷调查法是管理学科收集数据最普及的方法。好的问卷题项所引出的答案是对研究者想要描述现象的可靠性与有效性的测量,主要涉及信度和效度。信度是指答案的一致性程度,效度则是指答案与假设的一致性程度。为保证问卷测量的信度与效度,本书严格遵循 Dunn 等(1994)提出的建议,在设计问卷时,做到问卷篇幅适中,问卷内容只包含与研究直接相关的题项,语言清晰易懂、措辞中性,且尽量避免敏感性问题。

问卷主要分为两部分。第一部分为研究中涉及的主要变量,包括网络嵌入、关系学习、组织合法性和双元环境,以及新创企业竞争优势等,采用Likert 7点量表测量变量题项,其中"1"表示"完全不符合","7"表示"完全符合"。第二部分为企业的基本信息情况,包括企业成立时间、员工人数、所属行业领域,以及受访者职位等基本信息情况。为方便受访者存有疑虑时能及时询问,并降低其顾虑,在问卷开头部分除了表明研究目的,也提供了调查者的联系方式并作出保密承诺。此外,为进一步减少结果偏差,选择新创企业的创业者、所有者或其他中高层管理者作为调查对象。

5.1.2 问卷设计过程

在设计问卷时主要参考Dunn等(1994)的建议,具体涉及以下步骤:

(1) 明确变量的概念及维度

梳理归纳出网络嵌入、关系学习、组织合法性、双元环境,以及新创企业竞争优势等关键变量的相关研究成果,进一步明确研究所涉及变量的概念及维度。

(2) 确定变量测量题项

在明确各变量概念及维度后,基于国内外相关文献,参考已有的并在中国情境下得以论证的成熟量表,形成问卷测量题项,并根据研究目的和研究背景进行适当调整,由此形成调查问卷初稿。

(3) 小规模访谈修正问卷

在初步形成各变量的测量题项后,邀请4位有类似研究经验的博士研究生针对初始问卷的结构与内容等加以讨论,并基于3位相关领域专家学者的建议,形成问卷修改稿;随后,征询了10位具有良好管理背景的企业高层管理人员的意见,检验了变量间的逻辑关系,以及测量题项内容是否符合企业实际等,再次对问卷进行调整。

(4) 问卷预测试

2019年1~2月,通过江西财经大学创业校友会、江西财经大学MBA教育中心,以及南昌市部分创业孵化园区等渠道开展预调研,共向新创企业的中高层管理人员发放250份问卷,回收105份有效问卷,有效问卷回收率为42.00%。就预测试收集的数据,对各个变量的测量题项展开了项目分析和探索性因子分析,净化问卷题项,最终形成正式调查问卷。

5.2 变量测量

依据前文的案例研究与理论推导，建立了网络嵌入影响新创企业竞争优势的概念模型，涉及变量包括网络嵌入、关系学习、组织合法性、双元环境和新创企业竞争优势等，考虑到这些变量难以量化，本书采用 Likert 7 点评分法，由被访者根据主观感知就其所在企业的实际情况进行打分。变量的测量题项均借鉴了国内外已有的且被验证的成熟量表。

5.2.1 网络嵌入的测量

网络嵌入作为解释变量，根据文献回顾和案例研究结果，从结构嵌入、关系嵌入和认知嵌入三个方面加以测量。采取的测量方法是常用的"自我中心网络分析法"，该方法要求应答者描述其所在的新创企业与网络中其他组织成员之间的相互关系及关系的相关特征等情况（Burt，1992）。

（1）结构嵌入

结构嵌入是对企业与其所嵌入网络的整体结构的描述，主要从网络规模、网络密度和网络中心性三个维度进行测量。其中，网络规模是指企业在其网络中拥有直接联结的数量，表征了网络成员间联结数量的多少，借鉴 Watson（2007）、朱秀梅等（2010）、杨特等（2018）的研究，采用网络中新创企业与其他网络成员间联系数量的多寡程度作为测量依据，涉及 5 个题项。网络密度是指网络内所有成员间实际存在的联系数量占所有可能联系数量之和的比例（Gulati & Higgins，2003），表征了整体网络结构的疏密情况，鉴于数据的可获得性，主要结合 Burt（1992）、俞园园（2015）、张哲（2017）等的研究，通过主观评估来度量，涉及 4 个题项。网络中心性是指成员在网络中占据中心位置的程度（Gulati，1999），借鉴 Giuliani 和 Bell（2005）以及孟迪云等（2016）的量表，涉及 4 个题项。具体测量题项如表 5-1a 所示。

（2）关系嵌入

关系嵌入是对企业与网络中其他成员间关系的联结情况。根据与新创企业建

表 5-1a 结构嵌入的测量

变量维度		测量题项	文献来源
网络规模	NS1	贵公司和较多的客户、供应商及竞争对手交流	Watson（2007）、朱秀梅等（2010）、杨特等（2018）
	NS2	贵公司和较多的政府机构交流	
	NS3	贵公司和较多的行业协会交流	
	NS4	贵公司和较多的金融机构交流	
	NS5	贵公司和较多的中介机构（如会计师事务所等）交流	
网络密度	ND1	贵公司与合作伙伴之间共同拥有的第三方的数目很多	Burt（1992）、俞园园（2015）、张哲（2017）
	ND2	贵公司同与合作伙伴之间共同拥有的第三方交流的频率很高	
	ND3	贵公司的合作伙伴之间存在很多直接联系	
	ND4	与同行业竞争者相比，贵公司与同行业内其他企业之间的关系更密切	
网络中心性	NC1	贵公司经常使用所处网络中的资源解决工作中的新问题	Giuliani 和 Bell（2005）、孟迪云等（2016）
	NC2	贵公司所处网络中流动的资源信息更加丰富	
	NC3	其他企业发生业务联系时更多地经过贵公司	
	NC4	贵公司拥有的网络联系更加稳固	

立双边关系的网络成员的性质，将关系嵌入划分为商业关系嵌入与政治关系嵌入。其中，商业关系嵌入是指新创企业与其他市场参与者，如与客户、供应商和竞争对手之间的联系情况；政治关系嵌入是指新创企业与各级行政机构，包括与各级行业主管部门、各级政府以及各种管制、支持性机构之间的联系情况。借鉴Sheng 等（2011）、王永健和谢卫红（2015）的研究成果来测量新创企业的商业关系嵌入和政治关系嵌入，分别涉及 3 个题项，如表 5-1b 所示。

表 5-1b 关系嵌入的测量

变量维度		测量题项	文献来源
商业关系嵌入	BR1	贵公司与客户建立了良好的关系	Sheng 等（2011）、王永健和谢卫红（2015）
	BR2	贵公司与供应商建立了良好的关系	
	BR3	贵公司与竞争对手建立了良好的关系	
政治关系嵌入	PR1	贵公司与行业主管部门建立了良好的关系	
	PR2	贵公司与各级政府建立了良好的关系	
	PR3	贵公司与税务部门、工商管理部门建立了良好的关系	

（3）认知嵌入

认知嵌入反映了企业在多大程度上愿意在共同愿景和规则下与网络成员开展合作，强调企业与网络成员达成共同认知范式的程度。参照Stafford（1994）、王雷（2012）的研究成果来测量新创企业的认知嵌入，涉及4个题项，如表5-1c所示。

表5-1c 认知嵌入的测量

变量维度		测量题项	文献来源
认知嵌入	CE1	贵公司与合作伙伴具有相似的文化背景	Stafford（1994）、王雷（2012）
	CE2	贵公司与合作伙伴具有相似的企业文化	
	CE3	贵公司与合作伙伴具有相似的行事方式	
	CE4	贵公司与合作伙伴具有相似的发展目标	

5.2.2 关系学习的测量

关系学习体现了企业与合作伙伴之间的联合互动。基于Selnes和Sallis（2003）、陈勇（2011）、宋春华等（2017）的研究成果，从信息共享、共同理解和特定关系记忆三个维度来测量新创企业的关系学习。其中，信息共享测度新创企业与合作伙伴间交换信息和知识的程度，共3个题项；共同理解测度新创企业与合作伙伴间共同解决问题的程度，共4个题项；特定关系记忆测度新创企业与合作伙伴间调整更新关系数据的程度，共3个题项。具体测量题项如表5-2所示。

表5-2 关系学习的测量

变量维度		测量题项	文献来源
信息共享	IS1	贵公司与合作伙伴会相互交流产品开发和经营方面的经验	Selnes和Sallis（2003）、陈勇（2011）、宋春华等（2017）
	IS2	当市场需求、消费者偏好和行为发生变化，贵公司与合作伙伴会相互交流信息	
	IS3	当市场产业结构发生变化（如合并、并购或联盟），贵公司与合作伙伴会相互交流信息	
共同理解	JS1	贵公司与合作伙伴会经常共同商讨并解决所遭遇的问题	
	JS2	贵公司与合作伙伴会经常共同分析讨论重要的战略议题	
	JS3	贵公司与合作伙伴会经常调整对本行业技术发展趋势的看法	
	JS4	贵公司与合作伙伴的合作总能带来许多建设性的讨论与想法	

续表

变量维度		测量题项	文献来源
特定关系记忆	RSM1	贵公司与合作伙伴会经常面对面地沟通,以更新人际网络关系	Selnes 和 Sallis(2003)、陈勇(2011)、宋春华等(2017)
	RSM2	贵公司与合作伙伴会经常评估和更新彼此间的正式合约	
	RSM3	贵公司与合作伙伴会经常评估并进一步更新存储在电子数据库中的资料	

5.2.3　组织合法性的测量

组织合法性表征了利益相关者对新创企业的认可和接受程度。结合中国经济转型背景,基于Certo和Hodge(2007)、杜运周等(2012)、王玲玲等(2017)的研究成果来测量新创企业的组织合法性,包括6个题项,如表5-3所示。

表5-3　组织合法性的测量

变量维度		测量题项	文献来源
组织合法性	OL1	顾客高度评价贵公司的产品(或服务)	Certo 和 Hodge(2007)、杜运周等(2012)、王玲玲等(2017)
	OL2	供应商希望与贵公司合作	
	OL3	员工会自豪地告诉别人自己在本公司工作	
	OL4	政府高度评价贵公司的经营行为	
	OL5	竞争对手对贵公司非常尊重	
	OL6	投资者愿意与贵公司接洽	

5.2.4　双元环境的测量

双元环境反映了新创企业面临的两种具有相反张力和不同压力的外部环境,体现为环境动态性与环境竞争性。借鉴Jansen等(2006)、陈勇(2011)、孙锐等(2018)的研究成果来测量双元环境,分别涉及3个题项,如表5-4所示。

表 5-4 双元环境的测量

变量维度		测量题项	文献来源
环境动态性	ED1	贵公司所面临的市场环境经常剧烈变化	Jansen 等（2006）、陈勇（2011）、孙锐等（2018）
	ED2	与贵公司产品(或服务)相关的技术变革很快	
	ED3	客户对产品(或服务)的需求很难掌握	
环境竞争性	EC1	贵公司面临的市场竞争很激烈	
	EC2	竞争对手经常试图抢夺贵公司的客户	
	EC3	贵公司所在的市场中经常发生价格战	

5.2.5 新创企业竞争优势的测量

新创企业竞争优势显示了新创企业与同行相比所表现出的在市场、质量、效率、创新和客户满意度等方面的优势。参考 Wu 和 Dong（2009）、朱秀梅等（2011）、高洋等（2017）的研究成果来测度新创企业竞争优势，包含 5 个题项，如表 5-5 所示。

表 5-5 新创企业竞争优势的测量

变量维度		测量题项	文献来源
新创企业竞争优势（与同行相比）	CA1	贵公司的市场反应速度很快	Wu 和 Dong（2010）、朱秀梅等（2011）、高洋等（2017）
	CA2	贵公司的产品(或服务)质量很高	
	CA3	贵公司的生产效率很高	
	CA4	贵公司的创新速度很快	
	CA5	贵公司的产品(或服务)有较高的顾客满意度	

5.2.6 控制变量

根据朱秀梅等（2011）、Yu 等（2017）、温超和陈彪（2019）的研究，将企业年龄、企业规模、行业领域和地域分布等作为控制变量。具体而言，企业建立与运营的时间越长，关系网络就越大，能够获得并掌握的资源也越多，企业的信用记录也越丰富,此时,新创企业得以成功并取得更多回报的可能性就越高,采用企业自成立以来持续的年份数来表示新创企业的年龄。同时,在组织管理学领域中,企业规模是影响组织作出战略决策的重要因素,因为企业规模越大,其获取资源的能力越强且资源禀赋越大,越有利于新创企业的生存与发展,采用员工人数来测度企业规模并对其进行自然对数转换。此外,不同行业特征,以及所处地域的分布可能对于新创企业开展创业活动行为的影响存在差异。因此,将新创企业所属行业领域划分为技术型行业与非技术型行业,其中对技术型行业(IT信息、光电子通信、生物医药、新能源和新材料)赋值为1,非技术型行业(传统制造、建筑/房地产、商贸/服务、其他)赋值为0。同时,对新创企业的地域分布进行虚拟化处理,将西南地区作为参照组,转换成两个虚拟变量。

5.3 预测试及正式量表形成

5.3.1 预调研过程

在问卷初始测量题项形成后,我们邀请了相关领域的专家以及问卷发放的目标人群就问卷题项的内容、语义的措辞和表达等进行了讨论,对可能存在歧义的地方进行了修改与调整,以保证问卷的合理性。同时,为检验初始问卷的可靠性和有效性,在进行正式调研前,进行了预调研,以修正测量题项并保证调查问卷的科学性。预调研的时间为2019年1~2月,基于地缘、学缘和业缘的关系,笔者团队通过江西省创新创业服务部门、江西财经大学MBA教育中心,以及南昌市部分创业孵化园区等渠道向符合条件的企业发放纸质问卷,主要采取委托发放并代为回收,以及现场亲自发放并当场回收两种方式,共发放问卷250份,回收153份。在回收问卷中,剔除48份无效问卷。剔除的标准主要有四个:第一,企业成立年限超过10年的问卷;第二,填写人的职位非董事长、总经理,或者其他中高层管理者的问卷;第三,内容填写不完整、基本信息不完善,或有超过5个题项没有填写的问卷;第四,填写数据存在明显规律性,如相同答案连续出现多次,或者呈"Z"字形的问卷。这些问卷数据会对其他有效问卷数据形成干扰,导致问卷质量无法得到保证。本次预调研共获得105份有效企业问卷,问卷有效回收率为42.00%。预测试企业样本的基本特征如表5-6所示。

表5-6 预测试样本的基本特征(N=105)

项目	类别	频数	比率(%)	项目	类别	频数	比率(%)
企业年龄	≤2年	36	34.29	行业领域	IT信息	28	26.67
	3~6年	41	39.05		光电子通信	7	6.67
	7~10年	28	26.66		生物医药	7	6.67
员工人数	≤20人	33	31.43		新能源和新材料	6	5.71
	21~50人	20	19.05		传统制造	11	10.48
	51~100人	16	15.24		建筑/房地产	10	9.52
	101~200人	14	13.33		商贸/服务	23	21.90
	≥201人	22	20.95		其他	13	12.38

5.3.2 预调研测量题项的CITC及信度检验

信度代表了量表的一致性和可靠性,采用内部一致性系数Cronbach's α进行检验。Cronbach's α值越大,表明量表一致性越高。一般认为,Cronbach's α的值小于0.5,不可接受;0.5~0.6,欠佳;0.6~0.7,尚可接受;0.7~0.8,较好;0.8以上很好。并且,为了进一步测试量表每个题项的可信程度,采用同质性检验法,通过修正的每个测量题项得分与总项目得分之间的相关系数CITC(Corrected Item-Total Correlation)来净化测量题项,若某个测量题项的CITC过低,则表明该题项与构念所在的其他题项缺乏同质性(吴明隆,2010a),多数研究将0.4作为标准。据此,对出现以下情况的题项考虑予以剔除:一是该测量题项的CITC小于0.4,二是剔除该题项后可以明显提高Cronbach's α系数。

(1) 网络嵌入的CITC及信度检验

第一,结构嵌入的CITC及信度检验。采用SPSS 20.0对量表中结构嵌入的测量题项进行分析检验,结果如表5-7a所示。

表 5-7a　结构嵌入变量的 CITC 及信度检验结果

变量	初始 Cronbach's α 系数	测量题项	CITC	删除题项后的 Cronbach's α 系数	备注
网络规模	0.772	NS1	0.406	0.775	待定
		NS2	0.631	0.699	保留
		NS3	0.542	0.730	保留
		NS4	0.554	0.727	保留
		NS5	0.590	0.713	保留
网络密度	0.804	ND1	0.720	0.701	保留
		ND2	0.795	0.659	保留
		ND3	0.517	0.801	保留
		ND4	0.464	0.821	待定
网络中心性	0.862	NC1	0.677	0.838	保留
		NC2	0.803	0.787	保留
		NC3	0.628	0.860	保留
		NC4	0.745	0.811	保留

由表 5-7a 的分析结果可知，就网络规模而言，5 个测量题项 NS1、NS2、NS3、NS4 和 NS5 的初始 Cronbach's α 系数达到 0.772，体现了较好的内部一致性。在 CITC 检验中，网络规模的 5 个题项的 CITC 系数均在 0.4 以上。从删除题项后的 Cronbach's α 系数来看，分别删除网络规模的 NS2、NS3、NS4、NS5 题项后的 Cronbach's α 系数均小于初始 Cronbach's α 系数，删除 NS1 后的 Cronbach's α 系数为 0.775，略大于初始 Cronbach's α 系数。因此，保留网络规模的 NS2、NS3、NS4、NS5 题项，NS1 是否保留待定，根据后续的探索性因子分析再做取舍。就网络密度而言，4 个测量题项 ND1、ND2、ND3 和 ND4 的初始 Cronbach's α 系数达到 0.804，体现了好的内部一致性。在 CITC 检验中，网络密度 4 个题项的 CITC 系数均在 0.4 以上。从删除题项后的 Cronbach's α 系数来看，分别删除网络密度的 ND1、ND2、ND3 题项后的 Cronbach's α 系数均小于初始 Cronbach's α 系数，删除 ND4 后的 Cronbach's α 系数为 0.821，大于初始 Cronbach's α 系数。因此，保留网络密度层面的 ND1、ND2 和 ND3 题项，ND4 是否保留待定，根据后续的探索性因子分析再做取舍。就网络中心性而言，4 个题项 NC1、NC2、NC3

和 NC4 的初始 Cronbach's α 系数达到 0.862，体现了很好的内部一致性。在 CITC 检验中，网络中心性的 4 个题项的 CITC 系数均在 0.6 以上。从删除题项后的 Cronbach's α 系数来看，分别删除网络中心性的 NC1、NC2、NC3、NC4 题项后的 Cronbach's α 系数均小于初始 Cronbach's α 系数，因此，保留网络中心性的所有测量题项。

第二，关系嵌入的 CITC 及信度检验。采用 SPSS 20.0 对量表中关系嵌入的测量题项进行分析检验，结果如表 5-7b 所示。

表 5-7b 关系嵌入变量的 CITC 及信度检验结果

变量	初始 Cronbach's α 系数	测量题项	CITC	删除题项后的 Cronbach's α 系数	备注
商业关系嵌入	0.674	BR1	0.598	0.508	保留
		BR2	0.658	0.453	保留
		BR3	0.397	0.894	待定
政治关系嵌入	0.892	PR1	0.795	0.842	保留
		PR2	0.831	0.809	保留
		PR3	0.746	0.884	保留

由表 5-7b 的分析结果可知，就商业关系嵌入而言，3 个题项 BR1、BR2 和 BR3 的初始 Cronbach's α 系数为 0.674，表明内部一致性尚可接受。在 CITC 检验中，商业关系嵌入 BR1 和 BR2 的 CITC 系数均在 0.4 以上，而 BR3 的 CITC 系数略低于 0.4。从删除题项后的 Cronbach's α 系数来看，分别删除商业关系嵌入的 BR1、BR2 题项后的 Cronbach's α 系数均小于初始 Cronbach's α 系数，删除 BR3 后的 Cronbach's α 系数为 0.894，远大于初始 Cronbach's α 系数。因此，保留商业关系嵌入的 BR1 和 BR2 题项，BR3 是否保留待定，根据后续的探索性因子分析再做取舍。就政治关系嵌入而言，3 个题项 PR1、PR2 和 PR3 的初始 Cronbach's α 系数达到 0.892，体现了很好的内部一致性。在 CITC 检验中，政治关系嵌入 3 个题项的 CITC 系数均在 0.7 以上。从删除题项后的 Cronbach's α 系数来看，分别删除政治关系嵌入的 BR1、PR2、PR3 题项后的 Cronbach's α 系数均小

于初始 Cronbach's α 系数。因此，保留政治关系嵌入的所有测量题项。

第三，认知嵌入的 CITC 及信度检验。采用 SPSS 20.0 对量表中认知嵌入的测量题项进行分析检验，结果如表 5-7c 所示。

表 5-7c 认知嵌入变量的 CITC 及信度检验结果

变量	初始 Cronbach's α 系数	测量题项	CITC	删除题项后的 Cronbach's α 系数	备注
认知嵌入	0.858	CE1	0.713	0.816	保留
		CE2	0.755	0.798	保留
		CE3	0.734	0.808	保留
		CE4	0.619	0.857	保留

由表 5-7c 的分析结果可知，认知嵌入 4 个题项 CE1、CE2、CE3 和 CE4 的初始 Cronbach's α 系数达到 0.858，体现了很好的内部一致性。在 CITC 检验中，认知嵌入 4 个题项的 CITC 系数均在 0.6 以上。从删除题项后的 Cronbach's α 系数来看，分别删除认知嵌入 CE1、CE2、CE3、CE4 题项后的 Cronbach's α 系数均小于初始 Cronbach's α 系数。因此，保留认知嵌入的所有测量题项。

(2) 关系学习的 CITC 及信度检验

采用 SPSS 20.0 对量表中关系学习的测量题项进行分析检验，结果如表 5-8 所示。

表 5-8 关系学习变量的 CITC 及信度检验结果

变量	初始 Cronbach's α 系数	测量题项	CITC	删除题项后的 Cronbach's α 系数	备注
信息共享	0.867	IS1	0.703	0.855	保留
		IS2	0.802	0.759	保留
		IS3	0.703	0.855	保留
共同理解	0.886	JS1	0.743	0.856	保留
		JS2	0.755	0.852	保留
		JS3	0.739	0.859	保留
		JS4	0.770	0.846	保留

续表

变量	初始Cronbach's α系数	测量题项	CITC	删除题项后的Cronbach's α系数	备注
特定关系记忆	0.838	RSM1	0.656	0.817	保留
		RSM2	0.772	0.707	保留
		RSM3	0.680	0.798	保留

由表 5-8 的分析结果可知，就信息共享而言，3 个题项 IS1、IS2 和 IS3 的初始 Cronbach's α 系数达到 0.867，体现了很好的内部一致性。在 CITC 检验中，信息共享 3 个题项的 CITC 系数均在 0.7 以上。从删除题项后的 Cronbach's α 系数来看，分别删除信息共享的 IS1、IS2、IS3 题项后的 Cronbach's α 系数均小于初始 Cronbach's α 系数。因此，保留信息共享的所有测量题项。就共同理解而言，4 个题项 JS1、JS2、JS3 和 JS4 的初始 Cronbach's α 系数达到 0.886，体现了很好的内部一致性。在 CITC 检验中，共同理解 4 个题项的 CITC 系数均在 0.7 以上。从删除题项后的 Cronbach's α 系数来看，分别删除共同理解的 JS1、JS2、JS3、JS4 题项后的 Cronbach's α 系数均小于初始 Cronbach's α 系数。因此，保留共同理解的所有测量题项。就特定关系记忆而言，3 个题项 RSM1、RSM2 和 RSM3 的初始 Cronbach's α 系数达到 0.838，体现了很好的内部一致性。在 CITC 检验中，特定关系记忆 3 个题项的 CITC 系数均在 0.6 以上。从删除题项后的 Cronbach's α 系数来看，分别删除特定关系记忆的 RSM1、RSM2、RSM3 题项后的 Cronbach's α 系数均小于初始 Cronbach's α 系数。因此，保留特定关系记忆的所有测量题项。

（3）组织合法性的 CITC 及信度检验

采用 SPSS 20.0 对量表中组织合法性的测量题项进行分析检验，结果如表 5-9 所示。

表 5-9　组织合法性的 CITC 及信度检验结果

变量	初始Cronbach's α系数	测量题项	CITC	删除题项后的Cronbach's α系数	备注
组织合法性	0.847	OL1	0.594	0.828	保留
		OL2	0.610	0.826	保留

续表

变量	初始 Cronbach's α 系数	测量题项	CITC	删除题项后的 Cronbach's α 系数	备注
组织合法性	0.847	OL3	0.675	0.814	保留
		OL4	0.635	0.821	保留
		OL5	0.650	0.818	保留
		OL6	0.615	0.825	保留

由表5-9的分析结果可知，组织合法性6个题项OL1、OL2、OL3、OL4、OL5和OL6的初始Cronbach's α系数达到0.847，体现了很好的内部一致性。在CITC检验中，组织合法性的6个题项的CITC系数均在0.5以上。从删除题项后的Cronbach's α系数来看，分别删除组织合法性的OL1、OL2、OL3、OL4、OL5、OL6题项后的Cronbach's α系数均小于初始Cronbach's α系数。因此，保留组织合法性的所有测量题项。

(4) 双元环境的CITC及信度检验

采用SPSS 20.0对量表中双元环境的测量题项进行分析检验，结果如表5-10所示。

表5-10 双元环境的CITC及信度检验结果

变量	初始 Cronbach's α 系数	测量题项	CITC	删除题项后的 Cronbach's α 系数	备注
环境动态性	0.733	ED1	0.612	0.581	保留
		ED2	0.557	0.647	保留
		ED3	0.510	0.713	保留
环境竞争性	0.826	EC1	0.686	0.757	保留
		EC2	0.729	0.716	保留
		EC3	0.644	0.809	保留

由表5-10的分析结果可知，环境动态性3个题项ED1、ED2和ED3的初始Cronbach's α系数为0.733，体现了较好的内部一致性。在CITC检验中，环境动态性3个题项的CITC系数均在0.5以上。从删除题项后的Cronbach's α系数来

看，分别删除环境动态性的 ED1、ED2、ED3 题项后的 Cronbach's α 系数均小于初始 Cronbach's α 系数。因此，保留环境动态性的所有测量题项。而环境竞争性 3 个题项 EC1、EC2 和 EC3 的初始 Cronbach's α 系数为 0.826，体现了很好的内部一致性。在 CITC 检验中，环境竞争性 3 个题项的 CITC 系数均在 0.6 以上。从删除题项后的 Cronbach's α 系数来看，分别删除环境竞争性的 EC1、EC2、EC3 题项后的 Cronbach's α 系数均小于初始 Cronbach's α 系数。因此，保留环境竞争性的所有测量题项。

（5）新创企业竞争优势的 CITC 及信度检验

采用 SPSS 20.0 对量表中新创企业竞争优势的测量题项进行分析检验，结果如表 5-11 所示。

表 5-11 新创企业竞争优势的 CITC 及信度检验结果

变量	初始 Cronbach's α 系数	测量题项	CITC	删除题项后的 Cronbach's α 系数	备注
新创企业竞争优势（与同行相比）	0.881	CA1	0.722	0.855	保留
		CA2	0.720	0.856	保留
		CA3	0.732	0.852	保留
		CA4	0.701	0.860	保留
		CA5	0.727	0.856	保留

由表 5-11 的分析结果可知，新创企业竞争优势 5 个题项 CA1、CA2、CA3、CA4 和 CA5 的初始 Cronbach's α 系数达到 0.881，体现了很好的内部一致性。在 CITC 检验中，新创企业竞争优势的 5 个题项的 CITC 系数均在 0.7 以上。从删除题项后的 Cronbach's α 系数来看，分别删除新创企业竞争优势的 CA1、CA2、CA3、CA4、CA5 题项后的 Cronbach's α 系数均小于初始 Cronbach's α 系数。因此，保留竞争优势的所有测量题项。

5.3.3 预调研测量题项的效度检验

效度是指量表能够准确测量研究特质的程度，代表了测量结果的准确性。一方面，基于国内外已有的成熟量表形成预调研量表，并结合研究主题和内容对量表题项和内容进行了反复斟酌，同时邀请相关学者、企业家就量表的逻辑性与合理性进行了检验，以保证量表测量题项能够反映出所需测量内容的特质，并达到测试的目的（吴明隆，2010a）。因而，预测试量表具有较好的内容效度。另一方面，在 CITC 及信度分析之后，对预测试量表进行探索性因子分析，以检验其建构效度，进一步对测量题目进行净化。探索性因子分析通过抽取共同因子，用较少的因子代替原有复杂的数据结构，从而起到降维的作用。通过主成分分析法提取公共因子，采用最大方差进行正交旋转，得到正交旋转成分矩阵和各测量题项的因子载荷值。因子载荷值越大，表明收敛效度越好，该题项能代表公共因子的特质就越多。基于 Hair 等（2010）的建议，结合大多数研究惯例，选取 0.5 作为保留题项因子载荷值的临界值，并对存在跨因子现象的题项予以剔除。

在进行探索性因子分析之前，需要进行 KMO（Kaiser-Mayer-Olkin）度量及巴特利特球形检验（Bartlett's Test of Sphericity），以验证量表是否适合进行因子分析（吴明隆，2010a）。一般而言，KMO 值小于 0.6，不适合；0.6~0.7，尚可；0.7~0.8，适合；0.8~0.9，很适合；大于 0.9，非常适合。因此，采用 0.7 作为 KMO 值可接受的标准，并要求巴特利特球形检验的 p 值在 0.05 的水平下显著，方能进行探索性因子分析。

（1）网络嵌入的探索性因子分析

第一，结构嵌入的探索性因子分析。采用 SPSS 20.0 对量表中结构嵌入的测量题项进行分析检验，结果如表 5-12a 所示，结构嵌入测量题项的 KMO 值为 0.803，且球形检验的 p 值显著，表明适合做因子分析。采用主成分分析法以及最大方差法进行因子旋转，共抽取了 3 个特征值大于 1 的公共因子。其中，因子一包括题项 NC1、NC2、NC3 和 NC4，4 个题项的因子载荷值均大于 0.6，且不存在跨因子现象，根据题项特征，将因子一命名为"网络中心性"；因子二包括题项 NS1、NS2、NS3、NS4 和 NS5，5 个题项的因子载荷值均大于 0.5，且不存在跨因子现象，根据题项特征，将因子二命名为"网络规模"；因子三包括题项 ND1、ND2 和 ND3，3 个题项的因子载荷值均大于 0.7，且不存在跨因子现象，根据题项特征，将因子三命名为"网络密度"。由于题项 ND4 出现了"张冠李戴"，即维度归属不清的情况，且因子载荷小于 0.5，结合前文 CITC 及信度检验结果，删除该题项。在删除 ND4 后，对剩余的 12 个题项再次进行探索性因子分析，抽取了 3 个特征值大于 1 的公共因子，每个题项的因子载荷值均在 0.5 以上，且不存在跨因子现象,体现出较好的建构效度。

表 5-12a 结构嵌入的探索性因子分析结果

测量题项	因子一	因子二	因子三
NS1	0.212	**0.525**	0.074
NS2	0.134	**0.799**	0.118
NS3	0.053	**0.711**	0.272
NS4	0.208	**0.685**	0.065
NS5	0.288	**0.681**	0.134
ND1	0.243	0.108	**0.843**
ND2	0.269	0.151	**0.866**
ND3	−0.058	0.172	**0.744**
ND4	0.286	0.445	0.440
NC1	**0.799**	0.282	0.072
NC2	**0.853**	0.278	0.094
NC3	**0.671**	0.221	0.368
NC4	**0.829**	0.137	0.133

注：KMO=0.803；巴特利特球形检验 p 值=0；累积解释方差：63.38%。

第二,关系嵌入的探索性因子分析。采用 SPSS 20.0 对量表中关系嵌入的测量题项进行分析检验,结果如表 5-12b 所示,关系嵌入测量题项的 KMO 值为 0.768,且球形检验的 p 值显著,表明适合做因子分析。采用主成分分析法以及最大方差法进行因子旋转,共抽取了 2 个特征值大于 1 的公共因子。其中,因子一包括题项 PR1、PR2 和 PR3,3 个题项的因子载荷值均大于 0.8,且不存在跨因子的现象,根据题项特征,将因子一命名为"政治关系嵌入";因子二包括题项 BR1 和 BR2,2 个题项的因子载荷值均大于 0.9,且不存在跨因子的现象,根据题项特征,将因子二命名为"商业关系嵌入"。由于题项 BR3 的因子载荷小于 0.5,结合前文 CITC 及信度检验结果,删除该题项。在删除 BR3 后,对剩余的 5 个题项再次进行探索性因子分析,抽取了 2 个特征值大于 1 的公共因子,每个题项的因子载荷值均在 0.5 以上，且不存在跨因子现象，体现出较好的建构效度。

表 5-12b 关系嵌入的探索性因子分析结果

测量题项	因子一	因子二
BR1	0.169	**0.922**
BR2	0.243	**0.908**
BR3	0.424	0.448
PR1	**0.857**	0.265
PR2	**0.892**	0.236
PR3	**0.871**	0.167

注：KMO=0.768；巴特利特球形检验 p 值=0；累积解释方差：76.43%。

第三，认知嵌入的探索性因子分析。采用 SPSS 20.0 对量表中认知嵌入的测量题项进行分析检验，结果如表 5-12c 所示，认知嵌入测量题项的 KMO 值为 0.771，且球形检验的 p 值显著，表明适合做因子分析。采用主成分分析法以及最大方差法进行因子旋转，共抽取了 1 个特征值大于 1 的公共因子，4 个题项的因子载荷值均大于 0.7，显示出较好的建构效度。根据题项特征，将这一因子命名为"认知嵌入"。

表 5-12c 认知嵌入的探索性因子分析结果

测量题项	因子一
CE1	0.850
CE2	0.876
CE3	0.856
CE4	0.775

注：KMO=0.771；巴特利特球形检验 p 值=0；累积解释方差：70.57%。

(2) 关系学习的探索性因子分析

采用 SPSS 20.0 对量表中关系学习的测量题项进行分析检验，结果如表 5-13 所示，关系学习测量题项的 KMO 值为 0.872，且球形检验的 p 值显著，表明适合做因子分析。采用主成分分析法以及最大方差法进行因子旋转，共抽取了 3 个特征值大于1的公共因子。其中,因子一包括题项JS1、JS2、JS3和JS4,4个题项的因子载荷值均大于0.7,且不存在跨因子的现象,根据题项的特征,将因子一命名为"共同理解";因子二包括题项IS1、IS2和IS3,3个题项的因子载荷值均大于0.7,且不存在跨因子的现象,根据题项的特征,将因子二命名为"信息共享";因子三包括题项RSM1、RSM2和RSM3,3个题项的因子载荷值均大于0.7,且不存在跨因子的现象,根据题项的特征,将因子三命名为"特定关系记忆"。以上分析表明,该部分量表具有较好的建构效度。

表5-13 关系学习的探索性因子分析结果

测量题项	因子一	因子二	因子三
IS1	0.238	**0.838**	0.158
IS2	0.220	**0.824**	0.326
IS3	0.297	**0.758**	0.312
JS1	**0.750**	0.460	0.130
JS2	**0.840**	0.250	0.125
JS3	**0.765**	0.176	0.352
JS4	**0.762**	0.175	0.426
RSM1	0.355	0.155	**0.747**
RSM2	0.274	0.317	**0.802**
RSM3	0.123	0.275	**0.816**

注:KMO=0.872;巴特利特球形检验p值=0;累积解释方差:77.68%。

(3) 组织合法性的探索性因子分析

采用SPSS 20.0对量表中组织合法性的测量题项进行分析检验,结果如表5-14所示,组织合法性测量题项的KMO值为0.853,且球形检验的p值显著,表明适合做因子分析。采用主成分分析法以及最大方差法进行因子旋转,共抽取了1个特征值大于1的公共因子,6个题项的因子载荷值均大于0.7,体现出较好的建构效度。根据题项特征,将这一因子命名为"组织合法性"。

表 5-14　组织合法性的探索性因子分析结果

测量题项	因子一
OL1	0.722
OL2	0.735
OL3	0.793
OL4	0.758
OL5	0.771
OL6	0.744

注：KMO=0.853；巴特利特球形检验 p 值=0；累积解释方差：56.88%。

(4) 双元环境的探索性因子分析

采用 SPSS 20.0 对量表中双元环境的测量题项进行分析检验，结果如表 5-15 所示，关系学习测量题项的 KMO 值为 0.750，且球形检验的 p 值显著，表明适合做因子分析。采用主成分分析法以及最大方差法进行因子旋转，共抽取了 2 个特征值大于 1 的公共因子。其中，因子一包括题项 EC1、EC2 和 EC3，3 个题项的因子载荷值均大于 0.8，且不存在跨因子的现象，根据题项的特征，将因子一命名为"环境竞争性"；因子二包括题项 ED1、ED2 和 ED3，3 个题项的因子载荷值均大于 0.7，且不存在跨因子的现象，根据题项的特征，将因子二命名为"环境动态性"。以上分析表明，该部分量表具有较好的建构效度。

表 5-15　双元环境的探索性因子分析结果

测量题项	因子一	因子二
ED1	0.232	**0.811**
ED2	0.021	**0.849**
ED3	0.251	**0.713**
EC1	**0.832**	0.214
EC2	**0.879**	0.155
EC3	**0.826**	0.131

注：KMO=0.750；巴特利特球形检验 p 值=0；累积解释方差：70.64%。

(5) 竞争优势的探索性因子分析

采用 SPSS 20.0 对量表中新创企业竞争优势的测量题项进行分析检验，结果如表5-16所示，新创企业竞争优势测量题项的 KMO 值为 0.841，且球形检验的 p 值显著，表明适合做因子分析。采用主成分分析法以及最大方差法进行因子旋转，共抽取了 1 个特征值大于 1 的公共因子，5 个题项的因子载荷值均大于 0.8，显示出较高的建构效度。根据题项特征，将这一因子命名为"新创企业竞争优势"。

表 5-16 新创企业竞争优势的探索性因子分析结果

测量题项	因子一
CA1	0.824
CA2	0.833
CA3	0.832
CA4	0.811
CA5	0.837

注：KMO=0.841；巴特利特球形检验 p 值=0；累积解释方差：68.43%。

5.3.4 问卷修正

基于对预测试量表的 CITC 和信度检验，以及探索性因子分析结果，删除初始量表 50 个测量题项中的 2 个题项，最终形成了一个包含 48 个测量题项的正式量表。在正式量表中，网络嵌入涉及结构嵌入、关系嵌入和认知嵌入三个层面。其中，结构嵌入涉及网络规模的 5 个测量题项、网络密度的 3 个测量题项，以及网络中心性的 4 个测量题项；关系嵌入涉及商业关系嵌入的 2 个测量题项和政治关系嵌入的 3 个测量题项；认知嵌入涉及 4 个测量题项。关系学习涉及信息共享的 3 个测量题项、共同理解的 4 个测量题项，以及特定关系记忆的 3 个测量题项。组织合法性包括 6 个测量题项。双元环境涉及环境动态性的 3 个测量题项和环境竞争性的 3 个测量题项。新创企业竞争优势包括 5 个测量题项。净化后的正式量表可以在保证获取完整信息的同时，在一定程度上缩短作答时间，从而有利于提高问卷的回收率与质量。

5.4 数据收集与样本特征

5.4.1 数据收集

依据 Lechner 等(2006)、Forbes 和 Daniel(2010)、Kiss 和 Barr(2017)、洪进等(2018)的观点,将成立时间不超过10年的企业作为调查对象。同时,每家企业由一位受访者填写问卷,且为了保证受访者对问卷题项有全面、清晰的了解,要求受访者为该企业的创立者、所有者,或者其他中高层管理者。

数据收集时间为2019年2~6月,调研范围涉及四川、江西、北京、上海和广东等地,主要通过三种方式发放电子问卷或纸质问卷:①在四川省政府创新创业服务部门、中小企业服务部门等机构的协助下,向四川省部分创业园区、创业孵化基地等地区的企业发放并回收问卷。②通过四川大学商学院 EDP 培训中心、MBA 教育中心,以及江西财经大学创业校友会、MBA 教育中心等机构,向班级学员以及创业校友会企业发放并回收问卷。③依托导师团队、私人人际关系等,向符合条件的企业中高层管理者发放并回收问卷。

本次调研共发放纸质问卷500份,回收345份,其中有效278份,问卷有效率为80.58%;电子问卷回收304份,其中有效170份,问卷有效率为55.92%。剔除问卷的标准为成立时间超过10年的问卷,非由董事长、总经理或其他中高层管理者填写的问卷,以及填写不完整、填写存在明显规律性的问卷等,最终得到448份有效问卷。问卷发放与回收情况如表5-17所示。

表5-17 问卷发放与回收情况

发放渠道	发放数量(份)	回收数量(份)	回收率(%)	有效数量(份)	问卷有效率(%)
纸质问卷	500	345	69.00	278	80.58
电子问卷	—	304	—	170	55.92
合计	—	649	—	448	69.03

进一步地，将通过纸质问卷与电子问卷两种渠道收集的数据进行独立样本T检验，结果表明两组数据在企业年龄、员工人数、所属行业领域上并无显著差异，可合并使用。且我们将调查前期与后期的各50份问卷进行独立样本T检验，发现两组数据在企业年龄、员工人数、所属行业领域上也无显著差异。

5.4.2 样本特征

本书依据调研回收的有效问卷，进行样本特征统计，如表5-18所示。

表5-18 样本特征统计（N=448）

项目	类别	频数	比率(%)
企业年龄	≤2年	123	27.46
	3~6年	209	46.65
	7~10年	116	25.89
员工人数	≤20人	119	26.56
	21~50人	106	23.66
	51~100人	107	23.88
	101~200人	69	15.41
	≥201人	47	10.49
行业领域	技术型企业	205	45.76
	非技术性型企业	243	54.24
地域分布	西南地区	242	54.02
	华东地区	132	29.46
	其他地区	74	16.52

由表5-18所示的数据结果可知，在企业年龄上，成立时间在3~6年的企业占比最大，为46.65%；成立时间小于2年的企业占比为27.46%，成立时间在7~10年的企业占比为25.89%。从员工人数来看，人数主要集中在小于等于20人、21~50人、51~100人的企业，占比分别为26.56%、23.66%、23.88%；而分布在101~200人，以及大于等于201人的企业占比较小，分别为15.41%和10.49%。在所属行业领域上，技术型企业共205家，占比为45.76%，大部分企业分布于西南地区，占比为54.02%；华东地区占比为29.46%，其他地区占比为16.52%。

5.5 数据分析方法

采用 SPSS 20.0 和 AMOS 21.0 进行样本数据分析和假设检验，涉及的分析方法如下：

(1) 描述性统计分析

描述性统计分析主要是对样本企业的年龄、规模，以及所属行业领域等基本特征信息进行统计分析，并对各变量的均值、标准差等情况进行描述。

(2) 信度与效度分析

信度用于衡量测量结果的一致性，采用 Cronbach's α 系数检验网络嵌入、关系学习、组织合法性、双元环境和新创企业竞争优势等变量的信度，并将 0.7 作为可接受的最低标准。效度用于衡量测量结果的准确性，通常从内容效度与结构效度两个方面进行度量。内容效度是指测量内容能够在多大程度上反映所要测量的构念。在设计量表时，本书借鉴了已有的成熟量表，并结合专家建议与现场调研，经反复修改完成，故而量表具有较高的内容效度。结构效度是指反映测量的内容能推测出抽象概念的能力，可分为聚合效度和区分效度。因子分析能有效地检验变量是否有一套正确的具有可操作性的测度（吴明隆，2010a），因而，采用验证性因子分析等来检验网络嵌入、关系学习、组织合法性和双元环境，以及新创企业竞争优势等变量的效度。

(3) 相关分析

相关分析是研究变量之间相互关系最常见的一种分析方法，用于初步识别变量间的相互关系特征。通过 Pearson 相关分析构建各研究变量之间的相关系数矩阵以考察网络嵌入、关系学习、组织合法性、双元环境，以及新创企业竞争优势等变量之间的相互关系，从而为后续分析奠定基础。

(4) 结构方程模型分析

结构方程模型是一种建立、估计和检验因果关系模型的分析方法，主要通过变量的协方差矩阵来分析变量间的关系，整合了验证性因子分析、路径分析和多元回归分析等方法。传统的统计方法要求不存在测量误差的可观察变量，因而难以妥善处理存在测量误差的潜变量。而结构方程模型涉及观测变量、潜变量，以及干扰或误差变量间的关系，允许自变量和因变量存在测量误差，并能同时评估因子结构和关系，以及整体模型的拟合程度（吴明隆，2010b）。鉴于本书涉及网络嵌入、关系学习、组织合法性和双元环境，以及新创企业竞争优势等多个变量，且都属于潜变量，故而本章采用结构方程模型对潜变量与观测变量，以及潜变量间的关系加以分析检验。

（5）回归分析

回归分析是检验调节效应的一种有效方法，在实证研究中应用广泛。回归分析通过检验自变量和调节变量交互项，以及自变量和调节变量平方交互项与因变量之间的关系，确定调节变量的调节效应（俞园园，2015；潘佳等，2017）。本章将双元环境的环境动态性与环境竞争性作为调节变量，探究这两个变量在网络嵌入对新创企业竞争优势作用过程中的调节效应。

5.6　本章小结

本章基于相关文献确定了问卷设计与数据分析方法，首先对研究中涉及的各个变量加以界定，并给出测量题项。其次通过预测试对各变量测量题项进行Cronbach's α 信度系数分析与探索性因子分析等，以净化和修正量表，并形成了正式调研问卷。最后对正式调研所采用的数据收集与分析方法进行了阐述，为下一章的实证研究做准备。

6 网络嵌入对新创企业竞争优势影响的实证分析

本章将采用 SPSS 20.0、AMOS 21.0 等软件对第 4 章提出的概念模型及研究假设进行实证检验。首先对问卷质量进行分析;其次通过数理统计方法,进行主效应、中介效应,以及调节效应的检验,以验证第 4 章提出的全部假设;最后对实证检验结果展开进一步分析与讨论。

6.1 问卷质量分析

6.1.1 数据同源偏差检验

共同方法偏差用于描述因数据来源或评分者、测量环境相同所造成变量间的人为共变性。依据周浩和龙立荣(2004)的建议,通过程序控制和统计控制两种手段来减少共同方法偏差。在程序控制上,对问卷填写者进行匿名保护、减少其对测量题项的猜测,并采用心理隔离法,向问卷填写者解释问卷各部分之间是相互独立的。同时,通过 Harman 单因素检验方法对样本数据进行统计控制,将问卷涉及的所有题项放在一起进行因子分析,结果显示未旋转时得到的第一个因子的方差贡献率为 30.95%,低于 40%。因此,不存在严重的共同方法偏差问题。

6.1.2 样本正态分布检验

本章使用结构方程模型进行主效应与中介效应的检验。结构方程模型最常用的参数估计方法是极大似然估计法,该方法要求样本数据符合正态分布。Ghiselli等(1981)指出,当样本数据的偏度系数绝对值小于2、峰度系数绝对值小于5时,可以认为样本基本符合正态分布。对样本数据的正态分布检验结果显示,所有测量题项的偏度系数绝对值均小于2,峰度系数绝对值均小于5。因此,可以认为本书的样本数据基本符合正态分布。检验结果如表6-1所示。

表6-1 样本正太分布检验结果

变量	题项	均值	标准差	偏度	峰度
网络规模	NS1	5.35	1.204	−0.870	0.801
	NS2	4.82	1.436	−0.476	−0.423
	NS3	4.76	1.371	−0.522	−0.268
	NS4	4.52	1.496	−0.471	−0.318
	NS5	4.57	1.483	−0.563	−0.125
网络密度	ND1	4.37	1.483	−0.410	−0.456
	ND2	4.43	1.493	−0.443	−0.315
	ND3	4.85	1.388	−0.633	0.048
网络中心性	NC1	4.93	1.197	−0.801	1.204
	NC2	4.96	1.127	−0.949	1.673
	NC3	4.54	1.332	−0.586	0.242
	NC4	4.79	1.247	−0.593	0.532
商业关系嵌入	BR1	5.93	0.876	−0.808	1.852
	BR2	5.91	0.910	−0.734	1.233
政治关系嵌入	PR1	5.36	1.125	−0.983	1.919
	PR2	5.32	1.176	−0.982	1.466
	PR3	5.44	1.120	−1.001	1.656
认知嵌入	CE1	4.90	1.113	−0.353	0.043
	CE2	4.91	1.076	−0.337	0.100
	CE3	4.86	1.131	−0.373	0.060
	CE4	5.04	1.133	−0.479	0.405

续表

变量	题项	均值	标准差	偏度	峰度
信息共享	IS1	5.20	1.075	-0.593	0.237
	IS2	5.27	1.008	-0.385	0.270
	IS3	5.15	1.057	-0.519	0.722
共同理解	JS1	5.15	0.980	-0.208	-0.161
	JS2	5.01	1.090	-0.480	0.205
	JS3	5.15	1.092	-0.465	0.362
	JS4	5.15	1.055	-0.398	0.253
特定关系记忆	RSM1	5.27	1.119	-0.567	0.307
	RSM2	5.03	1.146	-0.741	0.852
	RSM3	5.14	1.084	-0.647	0.504
组织合法性	OL1	5.56	0.977	-0.432	-0.247
	OL2	5.54	1.100	-0.624	0.216
	OL3	5.41	1.118	-0.451	-0.096
	OL4	5.30	1.150	-0.507	0.373
	OL5	5.27	1.120	-0.370	-0.142
	OL6	5.30	1.132	-0.426	-0.126
环境动态性	ED1	5.11	1.241	-0.613	0.423
	ED2	5.11	1.125	-0.652	0.637
	ED3	4.82	1.354	-0.644	-0.161
环境竞争性	EC1	5.05	1.657	-0.778	-0.194
	EC2	4.91	1.744	-0.685	-0.338
	EC3	4.52	1.817	-0.393	-0.819
新创企业竞争优势	CA1	5.35	1.150	-0.705	0.382
	CA2	5.24	1.202	-0.631	0.180
	CA3	5.27	1.238	-0.750	0.071
	CA4	5.21	1.263	-0.663	0.090
	CA5	5.58	1.100	-0.685	0.195

6.1.3 信度检验

采用 Cronbach's α 系数检验各变量的内部一致性，以不低于 0.7 为可接受的标准。信度检验结果如表6-2所示，所有变量的Cronbach's α系数均大于0.7，体现了良好的信度。

表6-2 信度检验结果

变量	题项	标准化因子载荷	Cronbach's α	CR	AVE
网络规模	NS1	0.478	0.797	0.800	0.451
	NS2	0.773			
	NS3	0.691			
	NS4	0.713			
	NS5	0.662			
网络密度	ND1	0.871	0.812	0.829	0.626
	ND2	0.894			
	ND3	0.565			
网络中心性	NC1	0.814	0.864	0.871	0.629
	NC2	0.842			
	NC3	0.682			
	NC4	0.824			
商业关系嵌入	BR1	0.897	0.896	0.894	0.809
	BR2	0.901			
政治关系嵌入	PR1	0.872	0.896	0.898	0.745
	PR2	0.890			
	PR3	0.827			
认知嵌入	CE1	0.785	0.858	0.862	0.612
	CE2	0.861			
	CE3	0.807			
	CE4	0.664			
信息共享	IS1	0.826	0.878	0.881	0.711
	IS2	0.883			
	IS3	0.821			
共同理解	JS1	0.796	0.901	0.901	0.696
	JS2	0.843			
	JS3	0.833			
	JS4	0.863			

续表

变量	题项	标准化因子载荷	Cronbach's α	CR	AVE
特定关系记忆	RSM1	0.774	0.854	0.856	0.666
	RSM2	0.824			
	RSM3	0.849			
组织合法性	OL1	0.682	0.867	0.868	0.523
	OL2	0.706			
	OL3	0.749			
	OL4	0.756			
	OL5	0.739			
	OL6	0.703			
环境动态性	ED1	0.767	0.738	0.749	0.502
	ED2	0.743			
	ED3	0.604			
环境竞争性	EC1	0.819	0.845	0.847	0.649
	EC2	0.833			
	EC3	0.763			
新创企业竞争优势	CA1	0.811	0.891	0.892	0.624
	CA2	0.815			
	CA3	0.812			
	CA4	0.761			
	CA5	0.746			

6.1.4 效度检验

首先，本书在量表开发时，遵守了Dunn等(1994)提出的程序，保证了问卷的内容效度。其次，分别从聚合效度与区分效度两个方面检验了样本数据的结构效度。

(1) 聚合效度

聚合效度旨在反映影响同一潜变量的各个观察变量间的相关程度，相关程度越高，说明这些变量可测量同一个潜变量。本章采用验证性因子分析对研究中涉及的网络规模、网络密度、网络中心性、商业关系嵌入、政治关系嵌入、认知嵌入、信息共享、共同理解、特定关系记忆、组织合法性、环境动态性、环境竞争性，以及新创企业竞争优势等细化潜变量进行聚合效度检验。检验的指标涉及标准化载荷、量表的组合信度（CR），以及平均方差提取值（AVE）等。当组合信度（CR）大于0.7，平均方差提取值（AVE）大于0.4时，被认为具有良好的聚合效度（Hair et al., 2010; Lee & Miozzo, 2019）。由表6-2所示，本书量表具有较高的聚合效度。

此外，通过验证性因子分析发现关系学习的三个维度，信息共享、共同理解和特定关系记忆的两两相关系数分别为0.68、0.68、0.70，有较高的关联程度。且已有研究指出，关系学习是一个包含信息共享、共同理解、特定关系记忆的二阶构念（Selnes & Sallis., 2003; Jean & Sinkovics, 2010; Antonio et al., 2014）。因此，对关系学习进行二阶验证性因子分析，如图6-1所示。

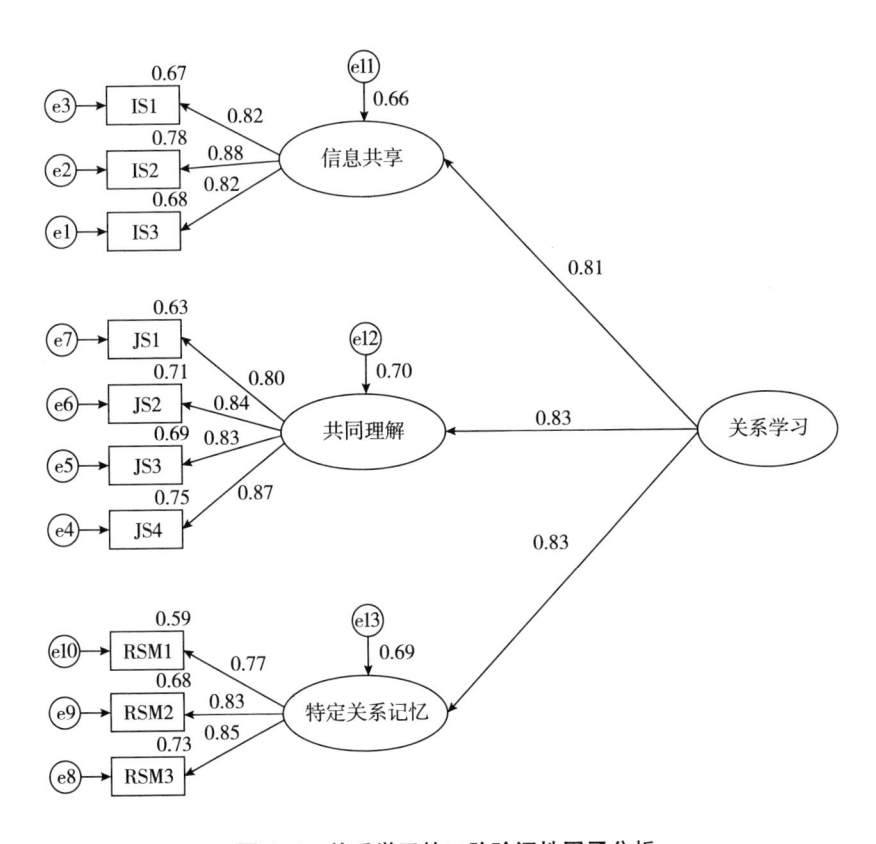

图6-1 关系学习的二阶验证性因子分析

由图 6-1 的二阶验证性因子分析结果可知，模型拟合指标 $\chi^2/df=4.807$，小于 5，RMSEA = 0.092，小于 0.1，SRMR = 0.040，小于 0.05，且 IFI = 0.960，TLI = 0.943，CFI = 0.960，均大于 0.9，各指标基本达到要求。且图 6-1 显示，信息共享、共同理解、特定关系记忆在关系学习上的因子载荷均大于 0.8，说明二阶因子关系学习结构模型具有良好的聚合效度。因此，在后续结构方程模型的分析中，使用组合变量策略，将信息共享、共同理解、特定关系记忆这些低阶潜变量处理为测量变量来定义和估计关系学习这一高阶潜变量。

(2) 区分效度

运用平均方差提取值(AVE)的平方根来检验样本数据的区分效度，即检验每个变量 AVE 的平方根值是否大于该变量与其他变量间的相关系数，若大于，则表明各变量间存在足够的区分效度。由表 6-3 的相关分析可知，对角线上变量的 AVE 平方根值均大于该变量所对应的行和列的相关系数，说明量表具有较好的区分效度。

6.2 描述性统计与相关分析

表 6-3 列出了研究的各主要变量的均值和标准差，以及相互间的 Pearson 相关系数。可以看出，本书涉及的自变量、中介变量、调节变量与因变量之间呈现显著的相关性。且变量间相关系数小于 0.6 的临界值，说明多重共线性问题对实证研究结论的干扰较小。

6 网络嵌入对新创企业竞争优势影响的实证分析

表6-3 描述性统计与相关分析

变量	1	2	3	4	5	6	7	8	9	10	11	12	13
1. 网络规模	0.672												
2. 网络密度	0.455**	0.791											
3. 网络中心性	0.512**	0.497**	0.793										
4. 商业关系嵌入	0.217**	0.152**	0.301**	0.899									
5. 政治关系嵌入	0.489**	0.320**	0.465**	0.405**	0.863								
6. 认知嵌入	0.321**	0.415**	0.388**	0.319**	0.366**	0.782							
7. 关系学习	0.423**	0.418**	0.430**	0.439**	0.429**	0.510**	0.832						
8. 组织合法性	0.452**	0.313**	0.425**	0.523**	0.551**	0.447**	0.578**	0.723					
9. 双元环境	0.185**	0.272**	0.176**	0.097	0.176**	0.256**	0.244**	0.223**	0.758				
10. 新创企业竞争优势	0.380**	0.310**	0.397**	0.523**	0.413**	0.444**	0.534**	0.599**	0.169**	0.790			
11. 企业年龄	0.112*	0.071	0.151*	0.093	0.124*	0.030	0.055	0.167*	0.108*	0.048	—		
12. 企业规模	0.304**	0.134**	0.219**	0.034	0.253**	0.081	0.107*	0.227**	0.093	0.144**	0.328**	—	
13. 行业领域	0.036	0.076	0.207**	0.030	0.033	0.097*	0.090	0.073	0.114*	0.119*	-0.120*	-0.018	—
均值	4.805	4.551	4.805	5.921	5.374	4.926	5.153	5.398	4.920	5.330	4.630	3.740	0.460
标准差	1.042	1.241	1.035	0.849	1.038	0.932	0.816	0.853	1.048	0.995	2.649	1.208	0.499

注：* 表示 $p<0.05$，** 表示 $p<0.01$；对角线数据为 AVE 的平方根。

6.3 主效应与中介效应检验

6.3.1 网络嵌入对新创企业竞争优势影响的检验

根据前文所提的研究假设，采用 Amos 21.0 检验结构嵌入、关系嵌入和认知嵌入对新创企业竞争优势的影响。

（1）结构嵌入对新创企业竞争优势影响的检验

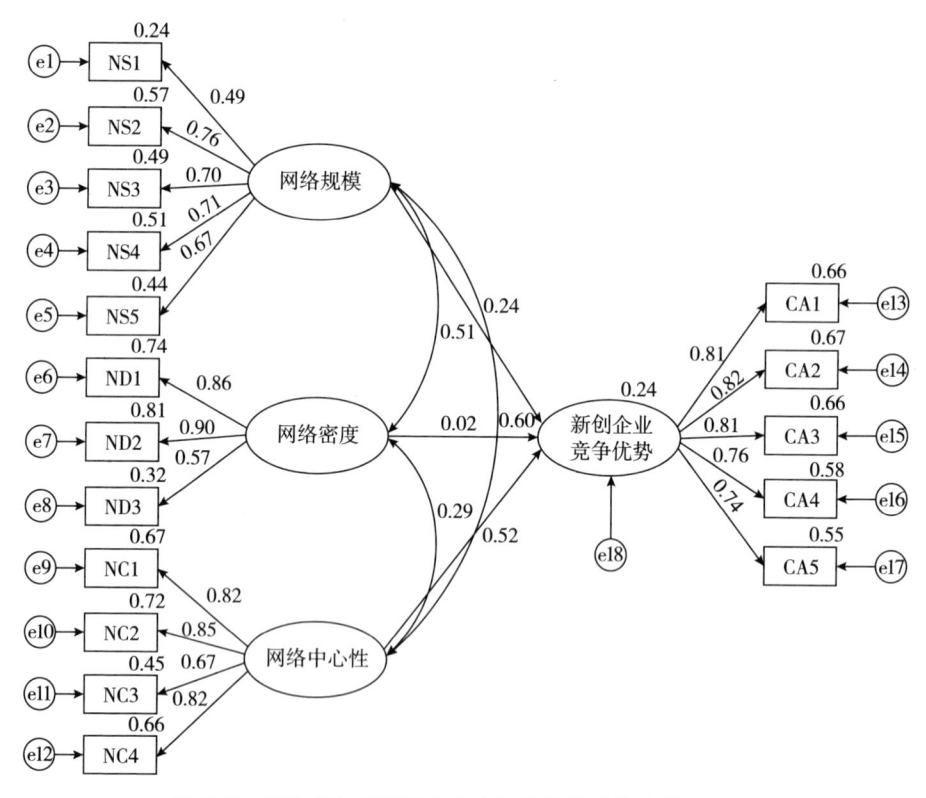

构建结构嵌入对新创企业竞争优势影响的主效应模型，结果如图 6-2 所示。在模型拟合指标上，χ^2/df 小于 5，RMSEA 和 SRMR 均小于 0.08，IFI、TLI 和 CFI 等指标均大于 0.9，表明模型拟合良好。

图 6-2 结构嵌入对新创企业竞争优势影响的主效应模型

6 网络嵌入对新创企业竞争优势影响的实证分析

在路径系数上,网络规模对新创企业竞争优势的回归系数为 0.239(p<0.001),因此,网络规模对新创企业竞争优势有显著正向影响,H1a 得到支持;网络密度对新创企业竞争优势的回归系数为 0.023(p>0.05),因此,网络密度对新创企业竞争优势没有显著正向影响,H1b 未得到支持;网络中心性对新创企业竞争优势回归系数为 0.289(p<0.001),因此,网络中心性对新创企业竞争优势有显著正向影响,H1c 得到支持。检验结果如表 6-4 所示。

表 6-4 网络规模对新创企业竞争优势影响的假设检验结果

路径	回归系数	T 值	p 值	假设	检验结果
网络规模→新创企业竞争优势	0.239	3.321	***	H1a	支持
网络密度→新创企业竞争优势	0.023	0.372	0.71	H1b	不支持
网络中心性→新创企业竞争优势	0.289	4.139	***	H1c	支持

注:$\chi^2/df=3.062$,RMSEA=0.068,SRMR=0.064,IFI=0.940,TLI=0.927,CFI=0.939。*** 表示 p<0.001,回归系数为标准化系数,下同。

(2)关系嵌入对新创企业竞争优势影响的检验

构建关系嵌入对新创企业竞争优势影响的主效应模型,结果如图 6-3 所示。在模型拟合指标上,χ^2/df 小于 3,RMSEA 小于 0.08,SRMR 小于 0.05,IFI、TLI 和 CFI 等指标均大于 0.9,表明模型拟合良好。

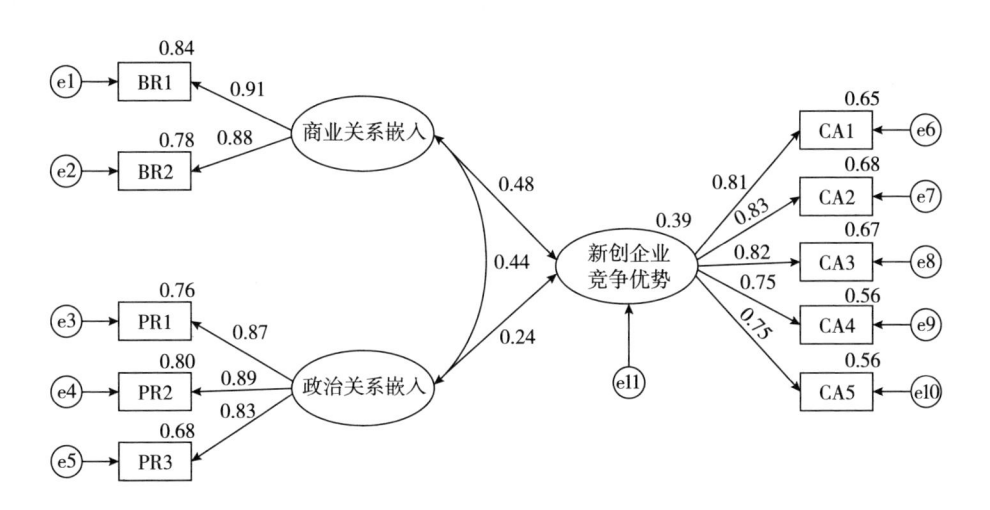

图 6-3 关系嵌入对新创企业竞争优势影响的主效应模型

在路径系数表现上,商业关系嵌入对新创企业竞争优势的回归系数为0.483(p<0.001),因此,商业关系嵌入对新创企业竞争优势有显著正向影响,H2a得到支持;政治关系嵌入对新创企业竞争优势的回归系数为0.236(p<0.001),因此,政治关系嵌入对新创企业竞争优势有显著正向影响,H2b得到支持。检验结果如表6-5所示。

表6-5 商业关系嵌入对新创企业竞争优势影响的假设检验结果

路径	回归系数	T值	p值	假设	检验结果
商业关系嵌入→新创企业竞争优势	0.483	8.725	***	H2a	支持
政治关系嵌入→新创企业竞争优势	0.236	4.621	***	H2b	支持

注:$\chi^2/df=2.167$,RMSEA=0.051,SRMR=0.029,IFI=0.987,TLI=0.981,CFI=0.986。

(3)认知嵌入对新创企业竞争优势影响的检验

构建认知嵌入对新创企业竞争优势影响的主效应模型,结果如图6-4所示。在模型拟合指标上,χ^2/df 小于3,RMSEA小于0.08,SRMR小于0.05,IFI、TLI和CFI等指标均大于0.9,表明模型拟合良好。

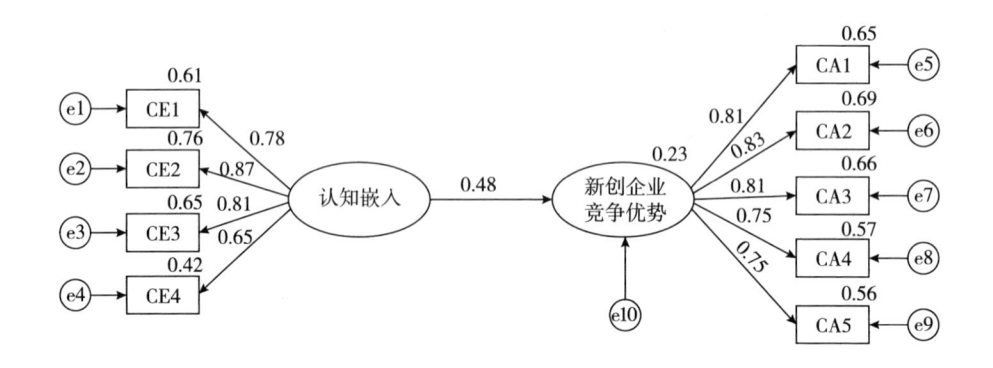

图6-4 认知嵌入对新创企业竞争优势影响的主效应模型

在路径系数表现上,认知嵌入对新创企业竞争优势的回归系数为0.477(p<0.001),因此,认知嵌入对新创企业竞争优势有显著正向影响,H3得到支持。检验结果如表6-6所示。

表6-6 认知嵌入对新创企业竞争优势影响的假设检验结果

路径	回归系数	T值	p值	假设	检验结果
认知嵌入→新创企业竞争优势	0.477	8.677	***	H3	支持

注：$\chi^2/df=2.905$，RMSEA=0.065，SRMR=0.039，IFI=0.977，TLI=0.968，CFI=0.977。

6.3.2 关系学习的中介效应检验

关于中介效应的检验，目前主要有逐步检验法和Bootstrap检验法。近年来，逐步检验法开始受到学者质疑，如Zhao等(2010)、温忠麟和叶宝娟(2014)等均指出，逐步检验法的检验力较低。因而，越来越多的学者呼吁使用Bootstrap检验法替代逐步检验法(Zhao et al.，2010)。因此，本书采用具有偏差校正的非参数百分位(Bias-Corrected Percentile)Bootstrap检验法，将样本数设定为5000，置信水平区间设定为95%，用以检验关系学习在结构嵌入、关系嵌入和认知嵌入与新创企业竞争优势间的中介效应。

(1) 关系学习在结构嵌入与新创企业竞争优势关系间的中介效应的检验

首先，构建关系学习在结构嵌入与新创企业竞争优势关系间的中介效应模型，结果如图6-5所示。在模型拟合指标上，χ^2/df小于3，RMSEA和SRMR均小于0.08，IFI、TLI和CFI等指标均大于0.9，表明模型拟合良好。

进一步地，采用Bootstrap的偏差校正的非参数百分位方法检验关系学习在结构嵌入与新创企业竞争优势间的中介效应，结果如表6-7所示。由表6-7可知，关系学习在网络规模与新创企业竞争优势间的间接效应为0.137，置信区间为[0.049，0.245]；关系学习在网络密度与新创企业竞争优势间的间接效应为0.108，置信区间为[0.030，0.209]；关系学习在网络中心性与新创企业竞争优势间的间接效应为0.121，置信区间为[0.040，0.227]。以上置信区间都不包含0，说明关系学习在网络规模、网络密度和网络中心性与新创企业竞争优势间的间接效应显著。但值得注意的是，间接效应与中介效应在概念上存在一些区别，主效应存在下的间接效应称为中介效应，间接效应包括中介效应(陈瑞等，2013)。若主效应不显著，应当关注的是"X为何不影响Y"，此时建模的逻辑已不同于中介模型的逻辑了(温忠麟和叶宝娟，2014)，不少文献称之为"遮掩效

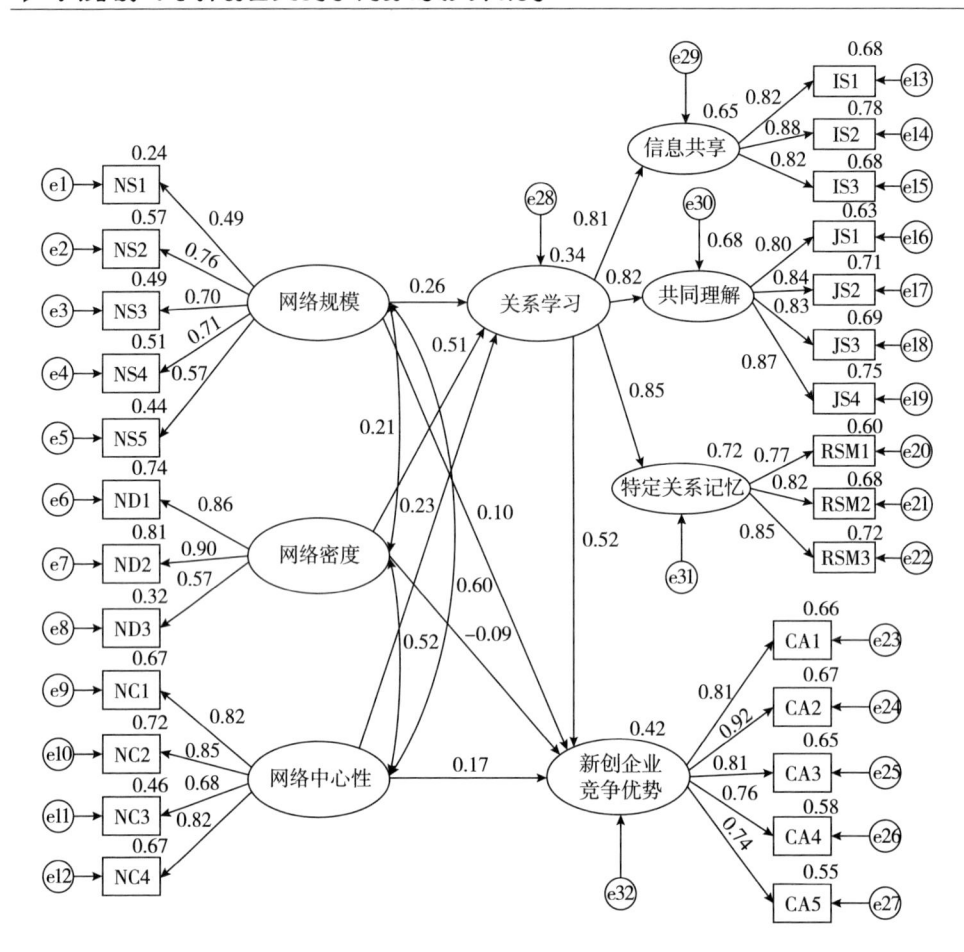

图 6-5 关系学习在结构嵌入与新创企业竞争优势关系间的中介效应模型

表 6-7 基于 Bootstrap 的关系学习的中介效应检验结果

路径关系	间接效应	SE	95%置信区间 下限	95%置信区间 上限	假设	检验结果
网络规模→关系学习→新创企业竞争优势	0.137	0.050	0.049	0.245	H4a	支持
网络密度→关系学习→新创企业竞争优势	0.108	0.045	0.030	0.209	H4b	不支持
网络中心性→关系学习→新创企业竞争优势	0.121	0.047	0.040	0.227	H4c	支持

注：$\chi^2/df=2.439$，RMSEA=0.057，SRMR=0.057，IFI=0.938，TLI=0.929，CFI=0.937。间接效应为标准化系数，Bootstrap=5000，下同。

应"(Mackinnon,2008;Kenny et al.,2003)。鉴于此,结合前文有关结构嵌入对新创企业竞争优势影响的主效应分析结果,关系学习在网络规模和网络中心性与新创企业竞争优势间存在中介效应,H4a 和 H4c 得到支持。而关系学习在网络密度与新创企业竞争优势间可能存在遮掩效应,而非中介效应,H4b 未得到支持。

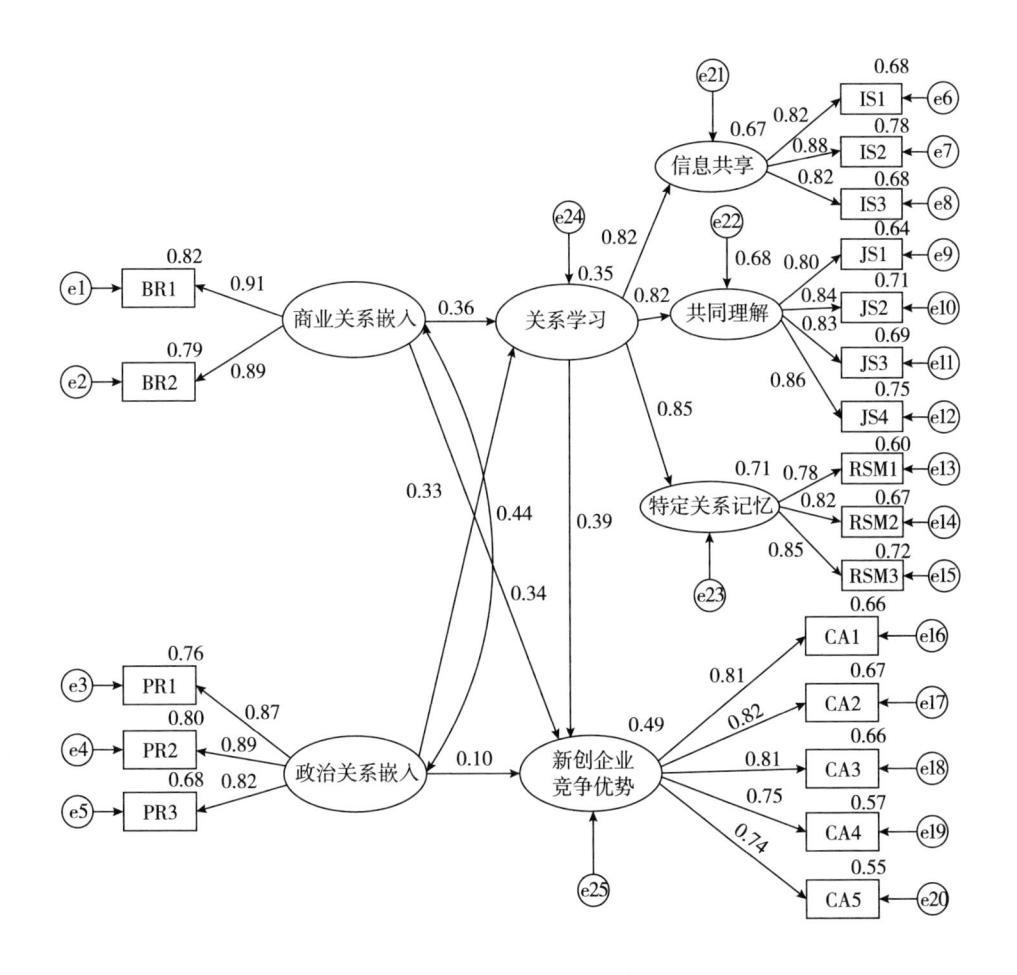

(2) 关系学习在关系嵌入与新创企业竞争优势关系间的中介效应的检验

首先,构建关系学习在关系嵌入与新创企业竞争优势关系间的中介效应模型,结果如图 6-6 所示。在模型拟合指标上,χ^2/df 小于 3,RMSEA 小于 0.08,SRMR 小于 0.05,IFI、TLI 和 CFI 等指标均大于 0.9,表明模型拟合良好。

图 6-6 关系学习在关系嵌入与新创企业竞争优势关系间的中介效应模型

进一步地，采用 Bootstrap 的偏差校正的非参数百分位方法检验关系学习在关系嵌入与新创企业竞争优势间的中介效应，结果如表 6-8 所示。由表 6-8 可知，关系学习在商业关系嵌入与新创企业竞争优势间的间接效应为 0.141，置信区间为[0.080，0.224]；关系学习在政治关系嵌入与新创企业竞争优势间的间接效应为 0.131，置信区间为[0.080，0.205]。以上置信区间都不包含 0，说明关系学习在商业关系嵌入、政治关系嵌入与新创企业竞争优势间的间接效应显著。结合前文有关关系嵌入对新创企业竞争优势影响的主效应分析结果，关系学习在商业关系嵌入、政治关系嵌入与新创企业竞争优势间存在中介效应，H5a 和 H5b 得到验证。

表 6-8 基于 Bootstrap 的关系学习的中介效应检验结果

路径关系	间接效应	SE	95%置信区间 下限	95%置信区间 上限	假设	检验结果
商业关系嵌入→关系学习→新创企业竞争优势	0.141	0.036	0.080	0.224	H5a	支持
政治关系嵌入→关系学习→新创企业竞争优势	0.131	0.031	0.080	0.205	H5b	支持

注：$\chi^2/df=2.266$，RMSEA=0.053，SRMR=0.041，IFI=0.966，TLI=0.960，CFI=0.966。

(3) 关系学习在认知嵌入与新创企业竞争优势关系间的中介效应的检验

首先，构建关系学习在认知嵌入与新创企业竞争优势关系间的中介效应模型，结果如图 6-7 所示。在模型拟合指标上，χ^2/df 小于 3，RMSEA 和 SRMR 均小于 0.08，IFI、TLI 和 CFI 等指标均大于 0.9，表明模型拟合良好。

进一步地，采用 Bootstrap 的偏差校正的非参数百分位方法检验关系学习在认知嵌入与新创企业竞争优势间的中介效应，结果如表 6-9 所示。由表 6-9 可知，关系学习在认知嵌入与新创企业竞争优势间的间接效应为 0.291，其置信区间为[0.210，0.395]，不包含 0，说明关系学习在认知嵌入与新创企业竞争优势间的间接效应显著。结合前文有关认知嵌入对新创企业竞争优势影响的主效应分析结果，关系学习在认知嵌入与新创企业竞争优势间存在中介效应，H6 得到验证。

6 网络嵌入对新创企业竞争优势影响的实证分析

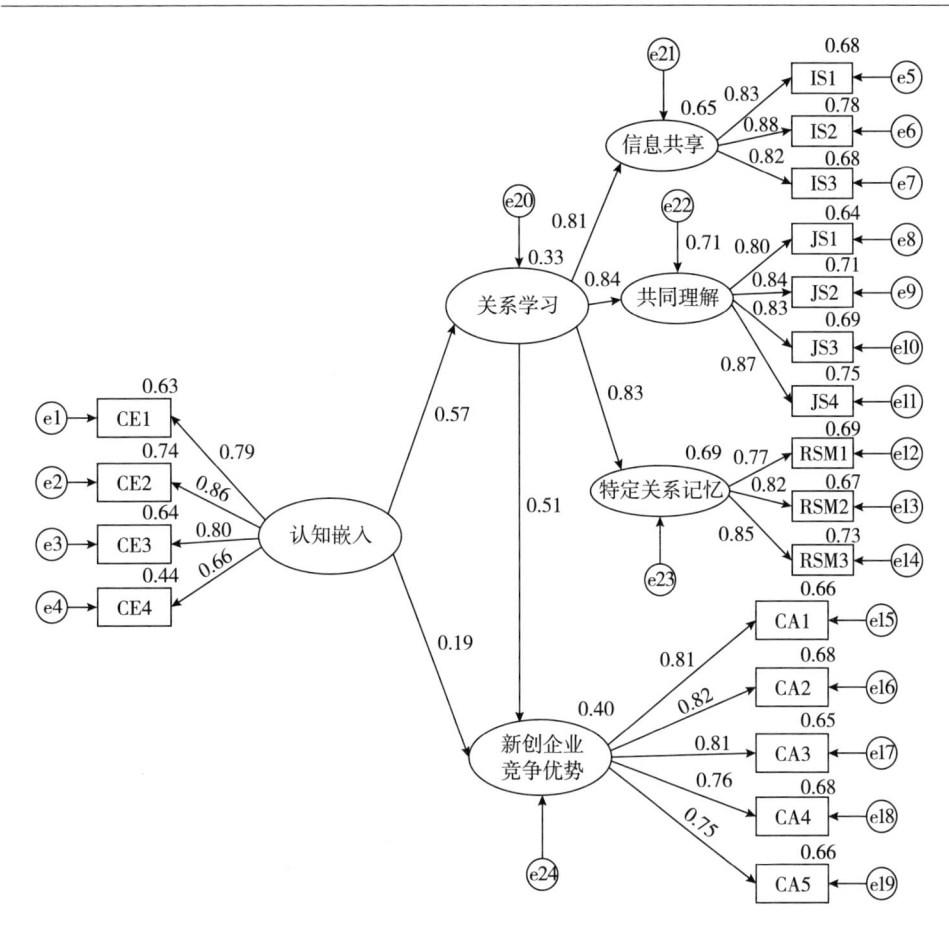

图 6-7 关系学习在认知嵌入与新创企业竞争优势关系间的中介效应模型

表 6-9 基于 Bootstrap 的关系学习的中介效应检验结果

路径关系	间接效应	SE	95%置信区间 下限	95%置信区间 上限	假设	检验结果
认知嵌入→关系学习→新创企业竞争优势	0.291	0.046	0.210	0.395	H6	支持

注：$\chi^2/df=2.809$，RMSEA=0.064，SRMR=0.052，IFI=0.952，TLI=0.943，CFI=0.952。

6.3.3 组织合法性的中介效应检验

同样地，采用具有偏差校正的非参数百分位 Bootstrap 检验法，在重复抽样

· 139 ·

5000次、95%的置信区间水平下，检验组织合法性在结构嵌入、关系嵌入和认知嵌入与新创企业竞争优势间的中介效应，以有效避免传统逐步检验法检验力低下的问题。

（1）组织合法性在结构嵌入与新创企业竞争优势关系间的中介效应检验

首先，构建组织合法性在结构嵌入与新创企业竞争优势关系间的中介效应模型，结果如图6-8所示。在模型拟合指标上，χ^2/df 小于3，RMSEA和SRMR均小于0.08，IFI、TLI和CFI等指标均大于0.9，表明模型拟合良好。

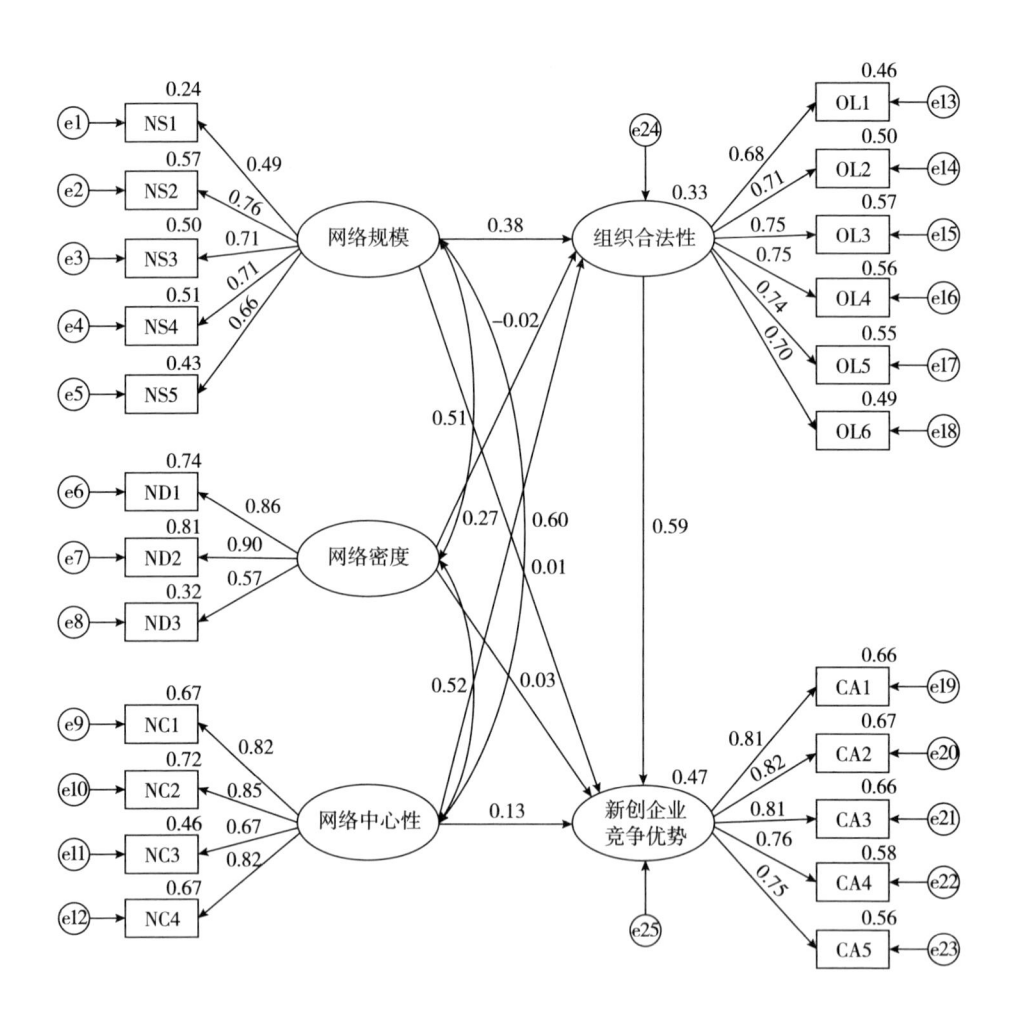

图6-8 组织合法性在结构嵌入与新创企业竞争优势关系间的中介效应模型

6 网络嵌入对新创企业竞争优势影响的实证分析

进一步地，采用Bootstrap的偏差校正的非参数百分位方法检验组织合法性在结构嵌入与新创企业竞争优势间的中介效应，结果如表6-10所示。由表6-10可知，组织合法性在网络规模与新创企业竞争优势间的间接效应为0.227，置信区间为[0.120，0.363]；组织合法性在网络中心性与新创企业竞争优势间的间接效应为0.158，置信区间为[0.058，0.264]。以上置信区间均不包含0。而组织合法性在网络密度与新创企业竞争优势间的间接效应为-0.011，置信区间为[-0.095，0.072]，包含0，说明组织合法性在网络规模、网络中心性与新创企业竞争优势间的间接效应显著，而在网络密度与新创企业竞争优势间的间接效应不显著。结合前文有关结构嵌入对新创企业竞争优势影响的主效应分析结果，组织合法性在网络规模和网络中心性与新创企业竞争优势间存在中介效应，H7a和H7c得到支持。而组织合法性在网络密度与新创企业竞争优势间不存在中介效应，H7b未得到支持。

表6-10 基于Bootstrap的组织合法性的中介效应检验结果

路径关系	间接效应	SE	95%置信区间 下限	95%置信区间 上限	假设	检验结果
网络规模→组织合法性→新创企业竞争优势	0.227	0.061	0.120	0.363	H7a	支持
网络密度→组织合法性→新创企业竞争优势	-0.011	0.042	-0.095	0.072	H7b	不支持
网络中心性→组织合法性→新创企业竞争优势	0.158	0.052	0.058	0.264	H7c	支持

注：$\chi^2/df=2.887$，RMSEA=0.065，SRMR=0.064，IFI=0.923，TLI=0.911，CFI=0.922。

(2) 组织合法性在关系嵌入与新创企业竞争优势关系间的中介效应检验

首先，构建组织合法性在关系嵌入与新创企业竞争优势关系间的中介效应模型，结果如图6-9所示。在模型拟合指标上，χ^2/df小于3，RMSEA小于0.08，SRMR小于0.05，IFI、TLI和CFI等指标均大于0.9，表明模型拟合良好。

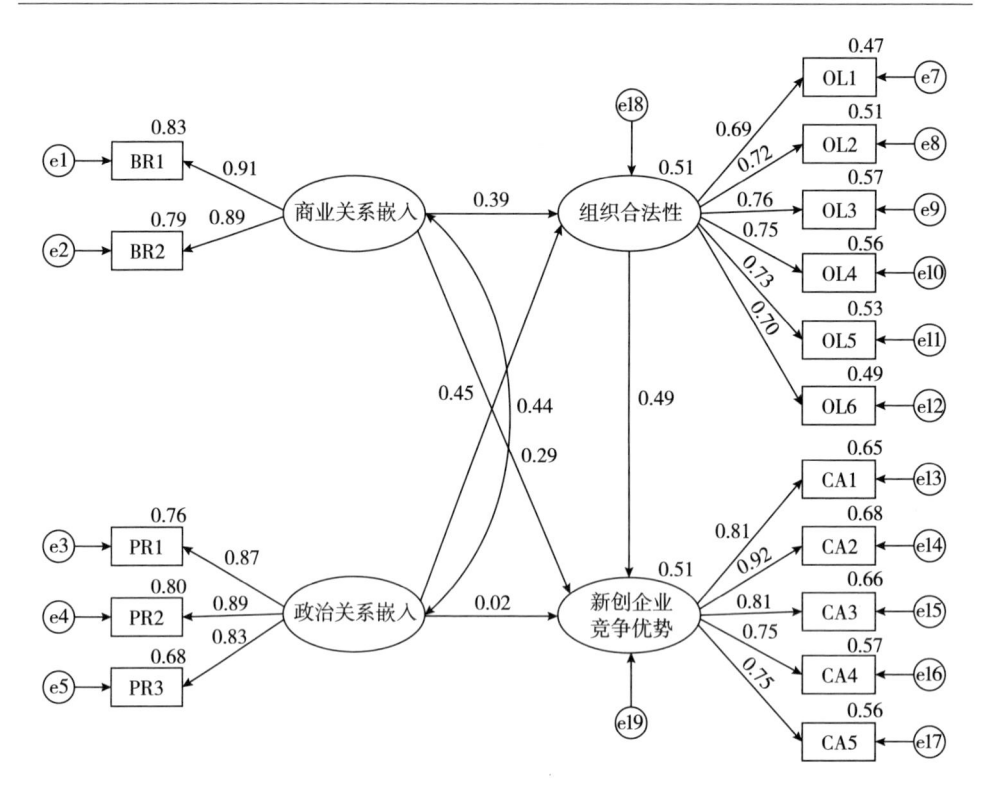

图 6-9　组织合法性在关系嵌入与新创企业竞争优势关系间的中介效应模型

进一步地，采用 Bootstrap 的偏差校正的非参数百分位方法检验组织合法性在关系嵌入与新创企业竞争优势间的中介效应，检验结果如表 6-11 所示。由表 6-11 可知，组织合法性在商业关系嵌入与新创企业竞争优势间的间接效应为 0.194，置信区间为[0.121, 0.283]；组织合法性在政治关系嵌入与新创企业竞争优势间的间接效应为 0.220，置信区间为[0.143, 0.327]。以上置信区间都不包含 0，说明组织合法性在商业关系嵌入、政治关系嵌入与新创企业竞争优势间的间接效应显著。结合前文有关关系嵌入对新创企业竞争优势影响的主效应分析结果，组织合法性在商业关系嵌入、政治关系嵌入与新创企业竞争优势间存在中介效应，H8a 和 H8b 得到验证。

表 6-11 基于 Bootstrap 的组织合法性的中介效应检验结果

路径关系	间接效应	SE	95%置信区间 下限	95%置信区间 上限	假设	检验结果
商业关系嵌入→组织合法性→新创企业竞争优势	0.194	0.041	0.121	0.283	H8a	支持
政治关系嵌入→组织合法性→新创企业竞争优势	0.220	0.046	0.143	0.327	H8b	支持

注：$\chi^2/df=2.944$，RMSEA=0.066，SRMR=0.046，IFI=0.956，TLI=0.946，CFI=0.956。

（3）组织合法性在认知嵌入与新创企业竞争优势关系间的中介效应检验

首先，构建组织合法性在认知嵌入与新创企业竞争优势关系间的中介效应模型，结果如图 6-10 所示。在模型拟合指标上，χ^2/df 小于 3，RMSEA 小于 0.08，SRMR 小于 0.05，IFI、TLI 和 CFI 等指标均大于 0.9，表明模型拟合良好。

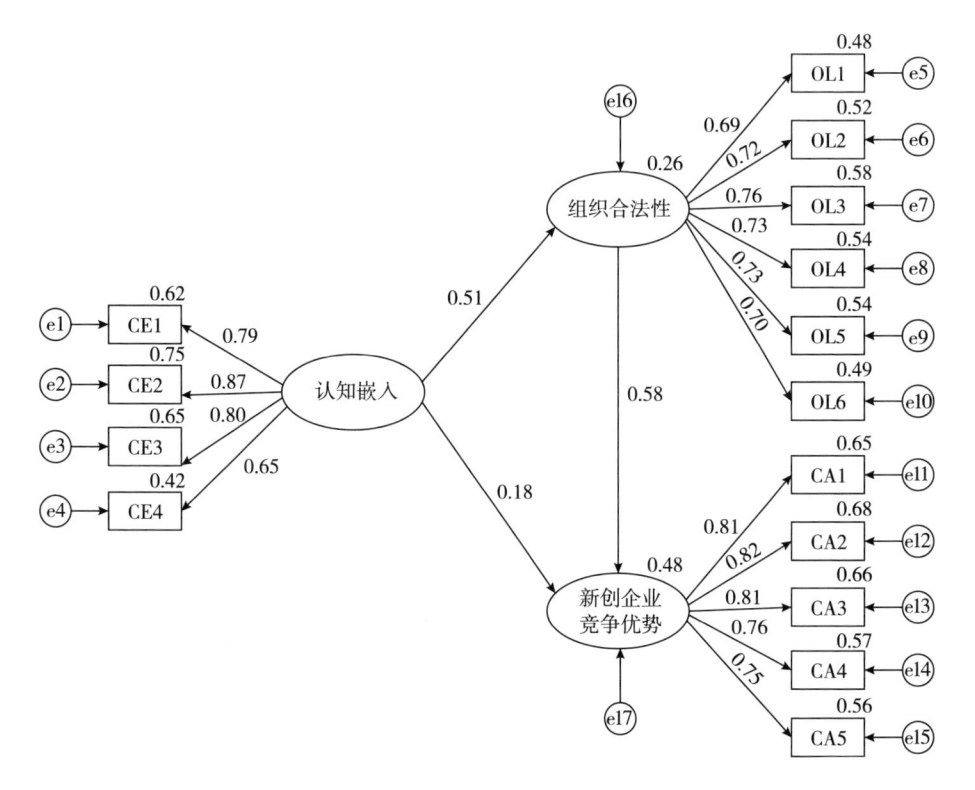

图 6-10 组织合法性在认知嵌入与新创企业竞争优势关系间的中介效应模型

进一步地，采用Bootstrap的偏差校正的非参数百分位方法检验组织合法性在认知嵌入与新创企业竞争优势间的中介效应，检验结果如表6-12所示。由表6-12可知，组织合法性在认知嵌入与新创企业竞争优势间的间接效应为0.295，置信区间为[0.234，0.372]，不包含0，说明组织合法性在认知嵌入与新创企业竞争优势间的间接效应显著。结合前文有关认知嵌入对新创企业竞争优势影响的主效应分析结果，组织合法性在认知嵌入与新创企业竞争优势间存在中介效应，H9得到支持。

表6-12 基于Bootstrap的组织合法性的中介效应检验结果

路径关系	间接效应	SE	95%置信区间		假设	检验结果
			下限	上限		
认知嵌入→组织合法性→新创企业竞争优势	0.295	0.035	0.234	0.372	H9	支持

注：$\chi^2/df=2.511$，RMSEA=0.058，SRMR=0.042，IFI=0.963，TLI=0.955，CFI=0.963。

6.3.4 关系学习和组织合法性的链式中介效应检验

采用具有偏差校正的非参数百分位Bootstrap检验法，在重复抽样5000次、95%的置信区间水平下，检验关系学习和组织合法性在结构嵌入、关系嵌入和认知嵌入与新创企业竞争优势间的链式中介效应。

（1）关系学习和组织合法性在结构嵌入与新创企业竞争优势关系间的链式中介效应检验

首先，构建关系学习和组织合法性在结构嵌入与新创企业竞争优势关系间的链式中介效应模型，结果如图6-11所示。在模型拟合指标上，χ^2/df小于3，RMSEA和SRMR均小于0.08，IFI、TLI和CFI等指标均大于0.9，表明模型拟合良好。

进一步地，采用Bootstrap偏差校正的非参数百分位方法进一步检验关系学习和组织合法性在结构嵌入与新创企业竞争优势间的中介效应，结果如表6-13所示。由表6-13可知，网络规模通过关系学习和组织合法性对新创企业竞争优势的间接影响为0.064，置信区间为[0.025，0.127]；网络密度通过关系学习和组

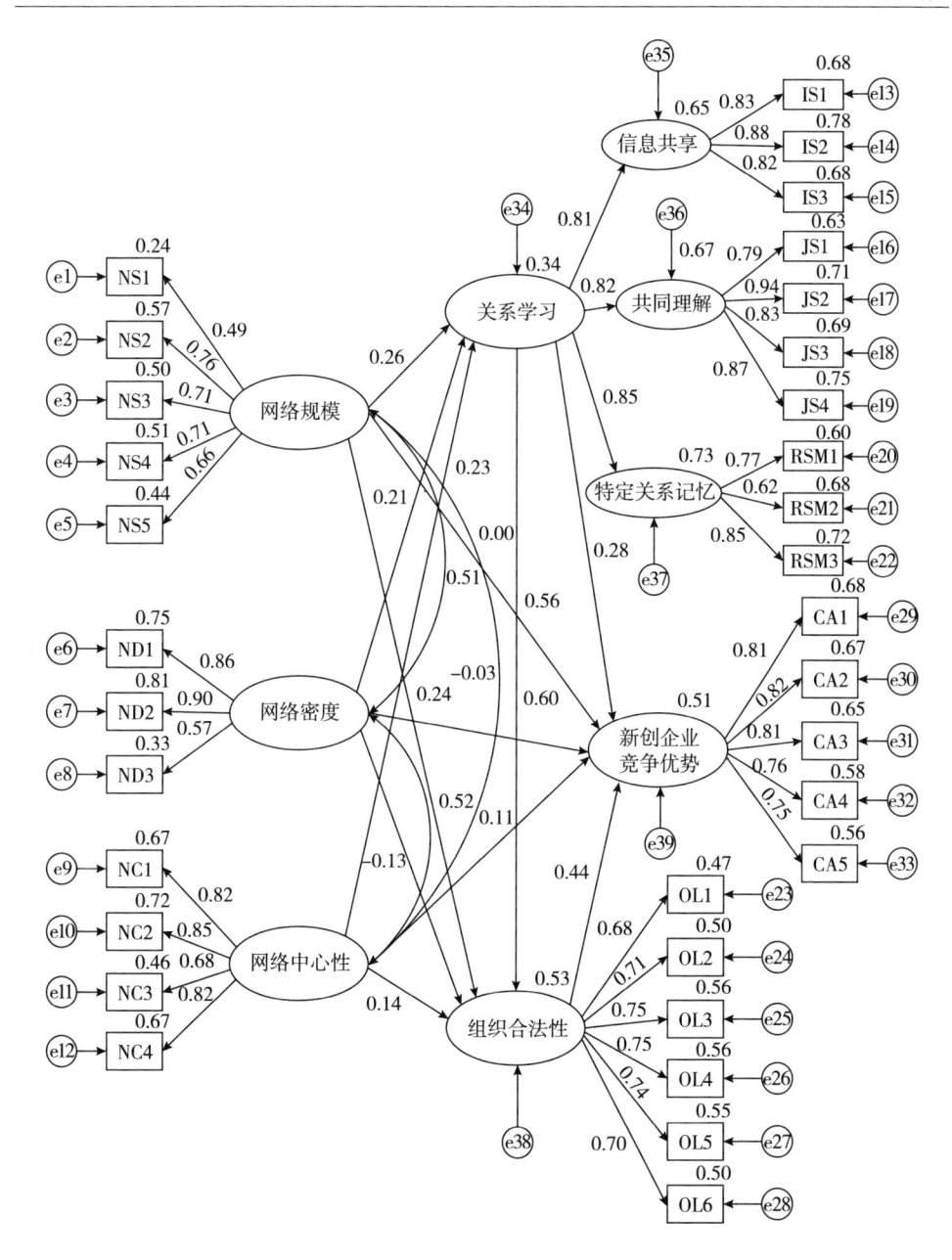

图 6-11 关系学习和组织合法性在结构嵌入与新创企业竞争优势关系间的链式中介效应模型

织合法性对新创企业竞争优势的间接影响为 0.051，置信区间为 [0.015，0.108]；网络中心性通过关系学习和组织合法性对新创企业竞争优势的间接影响为 0.057，置信区间为 [0.021，0.117]。以上置信区间均不包含 0，说明网络规模、网络密度和网络中心性通过关系学习和组织合法性对新创企业竞争优势的间接影响显著。但是，结合前文有关结构嵌入对新创企业竞争优势影响的主效应分析结果，即网络密度对新创企业竞争优势影响的主效应不显著。因此，关系学习和组织合法性在网络规模、网络中心性与新创企业竞争优势间具有链式中介作用，H10a 和 H10c 得到验证。而关系学习和组织合法性在网络密度与新创企业竞争优势间不存在链式中介效应，H10b 未得到验证。

表 6-13 基于 Bootstrap 的链式中介效应检验结果

路径关系	间接效应	SE	95%置信区间 下限	95%置信区间 上限	假设	检验结果
网络规模→关系学习→组织合法性→新创企业竞争优势	0.064	0.025	0.025	0.127	H10a	支持
网络密度→关系学习→组织合法性→新创企业竞争优势	0.051	0.023	0.015	0.108	H10b	不支持
网络中心性→关系学习→组织合法性→新创企业竞争优势	0.057	0.023	0.021	0.117	H10c	支持

注：$\chi^2/df=2.377$，RMSEA=0.056，SRMR=0.057，IFI=0.925，TLI=0.917，CFI=0.925。

(2) 关系学习和组织合法性在关系嵌入与新创企业竞争优势关系间的链式中介效应检验

首先，构建关系学习和组织合法性在关系嵌入与新创企业竞争优势关系间的链式中介效应模型，结果如图 6-12 所示。在模型拟合指标上，χ^2/df 小于 3，RMSEA 小于 0.08，SRMR 小于 0.05，IFI、TLI 和 CFI 等指标均大于 0.9，表明模型拟合良好。

进一步地，采用 Bootstrap 偏差校正的非参数百分位方法进一步检验关系学习和组织合法性在关系嵌入与新创企业竞争优势间的中介效应，结果如表 6-14 所示。由表 6-14 可知，商业关系嵌入通过关系学习和组织合法性对新创企业竞争优势的间接影响为 0.052，置信区间为 [0.025，0.097]；政治关系嵌入通过关系

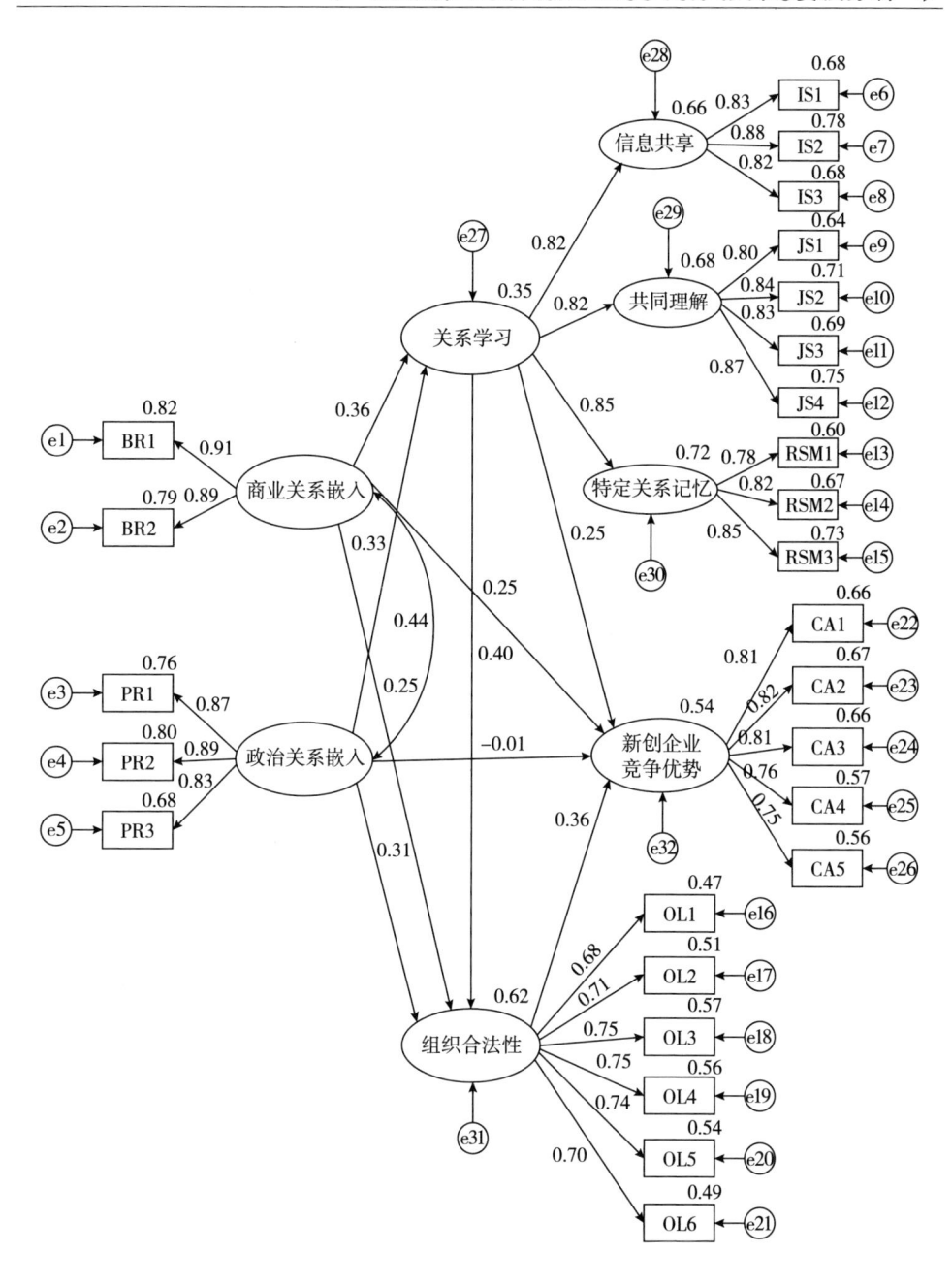

图 6-12 关系学习和组织合法性在关系嵌入与新创企业竞争优势关系间的链式中介效应模型

学习和组织合法性对新创企业竞争优势的间接影响为 0.048，置信区间为 [0.025，0.095]。以上置信区间均不包含 0。同时，结合前文有关关系嵌入对新创企业竞争优势影响的主效应分析结果，关系学习和组织合法性在商业关系嵌入、政治关系嵌入与新创企业竞争优势间具有链式中介效应，H10d 和 H10e 得到支持。

表 6-14 基于 Bootstrap 的链式中介效应检验结果

路径关系	间接效应	SE	95%置信区间 下限	95%置信区间 上限	假设	检验结果
商业关系嵌入→关系学习→组织合法性→新创企业竞争优势	0.052	0.017	0.025	0.097	H10d	支持
政治关系嵌入→关系学习→组织合法性→新创企业竞争优势	0.048	0.016	0.025	0.095	H10e	支持

注：$\chi^2/df=2.346$，RMSEA=0.055，SRMR=0.045，IFI=0.950，TLI=0.942，CFI=0.949。

(3) 关系学习和组织合法性在认知嵌入与新创企业竞争优势关系间的链式中介效应检验

首先，构建关系学习和组织合法性在认知嵌入与新创企业竞争优势关系间的链式中介效应模型，结果如图 6-13 所示。在模型拟合指标上，χ^2/df 小于 3，RMSEA 小于 0.08，SRMR 小于 0.05，IFI、TLI 和 CFI 等指标均大于 0.9，表明模型拟合良好。

进一步地，采用 Bootstrap 偏差校正的非参数百分位方法进一步检验关系学习和组织合法性在认知嵌入与新创企业竞争优势之间的中介效应，结果如表 6-15 所示。由表 6-15 可知，认知嵌入通过关系学习和组织合法性对新创企业竞争优势的间接影响为 0.152，置信区间为 [0.098，0.230]，不包含 0。同时，结合前文有关认知嵌入对新创企业竞争优势影响的主效应分析结果，关系学习和组织合法性在认知嵌入与新创企业竞争优势间具有链式中介效应，H10f 得到验证。

6 网络嵌入对新创企业竞争优势影响的实证分析

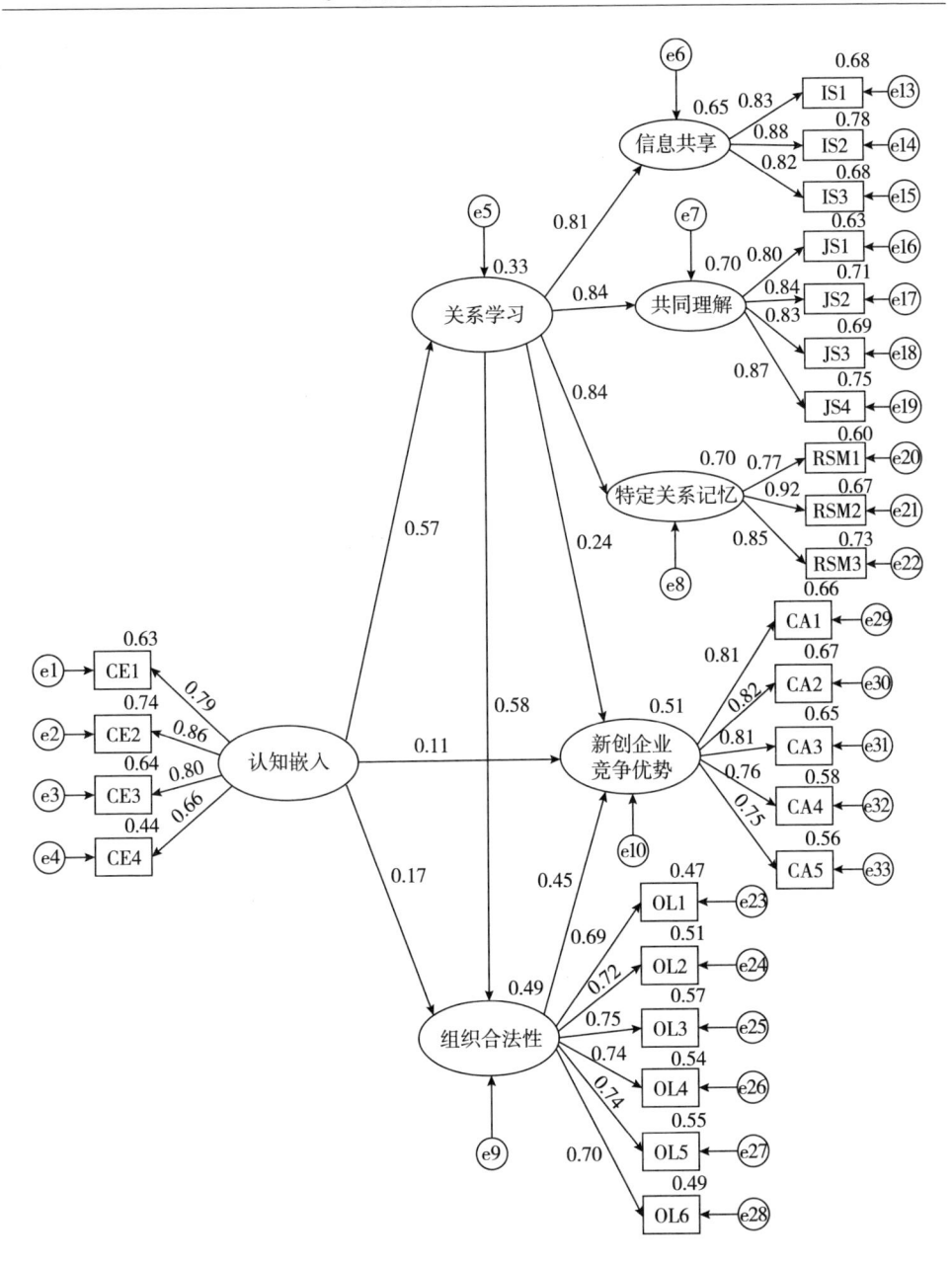

图 6-13 关系学习和组织合法性在认知嵌入与新创企业
竞争优势关系间的链式中介效应模型

表 6-15 基于 Bootstrap 的链式中介效应检验结果

路径关系	间接效应	SE	95%置信区间 下限	95%置信区间 上限	假设	检验结果
认知嵌入→关系学习→组织合法性→新创企业竞争优势	0.152	0.033	0.098	0.230	H10f	支持

注：$\chi^2/df=2.418$，RMSEA=0.056，SRMR=0.049，IFI=0.946，TLI=0.938，CFI=0.945。

6.4 双元环境的调节效应检验

6.4.1 环境动态性的调节效应检验

本书采用 SPSS 20.0 软件，通过层次回归分析方法构建回归模型检验环境动态性的调节作用。依次将控制变量（企业年龄、企业规模、行业领域和地域分布）、中心化后的自变量和调节变量，以及二者的交互项放入回归模型。其中，企业年龄采用企业自成立以来持续的年份数表示；企业规模采用员工人数度并进行自然对数转换；在行业类型上，将技术型企业赋值为 1、非技术型企业赋值为 0；对地域分布进行虚拟化处理，将西南地区作为参照组，转换成两个虚拟变量。各模型的方差膨胀因子（Variance Inflation Factor，VIF）均小于 10，说明本书不存在严重的多重共线性问题。

环境动态性的调节效应分结果如表 6-16a 所示，M2 和 M3 用于检验环境动态性对关系学习与新创企业竞争优势关系的调节作用，M4 和 M5 用于检验环境动态性对组织合法性与新创企业竞争优势关系的调节作用。M3 显示，关系学习与环境动态性的交互项对新创企业竞争优势没有显著影响（$\beta=0.030$，$p>0.05$），表明环境动态性在关系学习与新创企业竞争优势间不存在调节作用，H11 未得到验证。同时，M5 显示，组织合法性与环境动态性的交互项对新创企业竞争优势没有显著影响（$\beta=0.019$，$p>0.05$），表明环境动态性在组织合法性与新创企业竞争优势间不存在调节效应，H12 未得到验证。

6 网络嵌入对新创企业竞争优势影响的实证分析

表 6-16a 环境动态性的调节效应分析结果 I

变量	新创企业竞争优势				
	M1	M2	M3	M4	M5
企业年龄	0.029	0.003	0.002	-0.045	-0.046
企业规模	0.161**	0.094*	0.095*	0.038	0.037
行业领域	0.128**	0.063	0.062	0.057	0.057
华东地区和西南地区	-0.087+	-0.053	-0.052	-0.080+	-0.080+
其他地区和西南地区	-0.002	-0.021	-0.022	-0.007	-0.008
关系学习		0.496***	0.500***		
组织合法性				0.578***	0.582***
环境动态性		0.086*	0.082*	0.099*	0.094*
关系学习×环境动态性			0.030		
组织合法性×环境动态性					0.019
R^2	0.043	0.307	0.308	0.382	0.382
ΔR^2		0.264	0.001	0.339	0.000
F值	3.973**	27.830***	24.393***	38.812***	33.929***

注：+表示 $p<0.1$，*表示 $p<0.05$，**表示 $p<0.01$，***表示 $p<0.001$。

进一步地，考虑到关系学习由信息共享、共同理解和特定关系记忆三个维度构成。因此，为进一步厘清环境动态性对关系学习与新创企业竞争优势间关系的影响，就 H11 做细化检验，即检验环境动态性对关系学习中的信息共享、共同理解和特定关系记忆三个维度与新创企业竞争优势间关系的调节效应，回归分析结果如表 6-16b 所示。M8 显示，在加入环境动态性与信息共享、共同理解和特定关系记忆三者的交互项后，回归模型的 $\Delta R^2 = 0.024$，R^2 有显著提高。其中，共同理解与环境动态性的交互项对新创企业竞争优势有显著负向影响（$\beta=-0.146$，$p<0.01$），表明环境动态性负向调节共同理解与新创企业竞争优势的关系；特定关系记忆与环境动态性的交互项对新创企业竞争优势有显著正向影响（$\beta=0.227$，$p<0.001$），表明环境动态性正向调节特定关系记忆与新创企业竞争优势的关系；而信息共享与环境动态性的交互项对新创企业竞争优势的影响不显著（$\beta=-0.041$，$p>0.05$），表明环境动态性在信息共享与新创企业竞争优势间不存在调节作用。可见，环境动态性在关系学习不同维度与新创企业竞争优势间具有差异性的调节作用。其中，环境动态性正向调节关系学习中的特定关系记忆对新创企业竞争优势的影响。因此，H11得到了部分支持。

表 6-16b 环境动态性的调节效应分析结果 Ⅱ

变量	新创企业竞争优势			
	M1	M6	M7	M8
企业年龄	0.029	0.012	0.007	0.006
企业规模	0.161**	0.096*	0.089*	0.086*
行业领域	0.128**	0.073+	0.058	0.045
华东地区和西南地区	-0.087+	-0.053	-0.054	-0.063
其他地区和西南地区	-0.002	-0.025	-0.025	-0.026
信息共享		0.217***	0.210***	0.202***
共同理解		0.158**	0.150**	0.187**
特定关系记忆		0.227***	0.220***	0.212***
环境动态性			0.086*	0.054
信息共享×环境动态性				-0.041
共同理解×环境动态性				-0.146**
特定关系记忆×环境动态性				0.227***
R^2	0.043	0.304	0.310	0.334
ΔR^2		0.261	0.006	0.024
F 值	3.973**	23.920***	21.885***	18.184***

注：+表示 $p<0.1$，*表示 $p<0.05$，**表示 $p<0.01$，***表示 $p<0.001$。

为清晰地刻画环境动态性在关系学习不同维度与新创企业竞争优势关系间的调节作用，按照 Cohen 等(2013)的建议，分别绘制在高环境动态性与低环境动态性的不同情形下，共同理解和特定关系记忆这两个关系学习维度与新创企业竞争优势之间的互动关系，如图 6-14 和图 6-15 所示。由图 6-14 和图 6-15 可见，在高环境动态性下，共同理解对新创企业竞争优势的正向影响减弱，而特定关系记忆的正向影响增强，再次表明环境动态性负向调节共同理解对新创企业竞争优势的影响，正向调节特定关系记忆的影响。

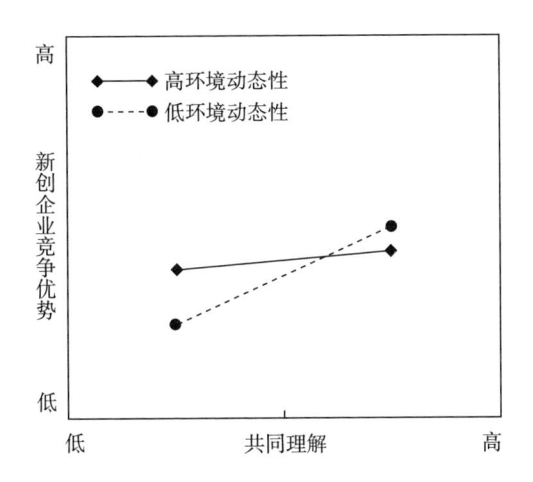

图 6-14　环境动态性对共同理解与新创企业竞争优势关系的调节效应

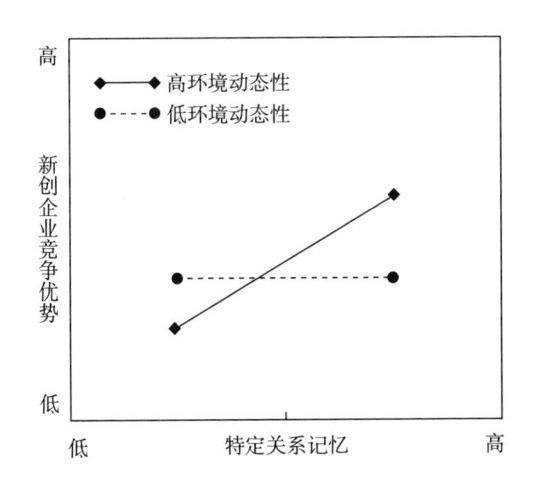

图 6-15　环境动态性对特定关系记忆与新创企业竞争优势关系的调节效应

6.4.2　环境竞争性的调节效应检验

本书采用 SPSS 20.0 软件，通过层次回归分析方法构建回归模型检验环境竞争性的调节作用，将控制变量、自变量、调节变量、调节变量的平方，以及自变量与调节变量的交互项、自变量与调节变量平方的交互项放入回归模型。分析得知，各模型的方差膨胀因子(VIF)均小于10,说明不存在严重的多重共线性问题。

环境竞争性的调节效应分析结果如表6-17所示,M1和M2用于检验环境竞争性对关系学习与新创企业竞争优势间关系的调节作用,M3和M4用于检验环境竞争性对组织合法性与新创企业竞争优势间关系的调节作用。基于已有研究,模型中自变量与调节变量平方的交互项的系数可以反映调节变量调节主效应的形状,如果该交互项系数为负且显著,则表明调节变量倒"U"形调节主效应(Jaccard & Turrisi,2003;潘佳等,2017;张敏,2020)。在M2中,关系学习与环境竞争性平方的交互项对新创企业竞争优势有显著的负向影响($\beta=-0.222$,$p<0.001$),且相较于M1,M2的$\Delta R^2=0.078$,R^2有显著提高,说明环境竞争性在关系学习与新创企业竞争优势间存在倒"U"形调节效应,H13成立。同样地,在M4中,组织合法性与环境竞争性平方的交互项对新创企业竞争优势有显著的负向影响($\beta=-0.200$,$p<0.001$),且相较于M3,M4的$\Delta R^2=0.065$,R^2有显著提高,说明环境竞争性在组织合法性与新创企业竞争优势间存在倒"U"形调节效应,H14成立。进一步地,将所有交互项均纳入M5,以上两个交互项系数的符号及显著性均未发生变化,具体表现为关系学习与环境竞争性平方的交互项系数为负且显著($\beta=-0.163$,$p<0.01$),组织合法性与环境竞争性平方的交互项系数为负且显著($\beta=-0.140$,$p<0.05$),环境竞争性的倒"U"形调节效应的检验结果得以强化,H13和H14再次得到验证。

表6-17 环境竞争性的调节效应分析结果

变量	新创企业竞争优势				
	M1	M2	M3	M4	M5
企业年龄	0.010	0.002	-0.039	-0.045	-0.033
企业规模	0.101*	0.082*	0.045	0.019	0.023
行业领域	0.078+	0.066+	0.075+	0.053	0.044
华东地区和西南地区	-0.051	-0.047	-0.080+	-0.090*	-0.062+
其他地区和西南地区	-0.021	-0.020	-0.006	-0.019	-0.016
关系学习	0.517***	0.632***			0.363***

续表

变量	新创企业竞争优势					
	M1	M2	M3	M4	M5
组织合法性			0.598***	0.703***	0.512***
环境竞争性	−0.015	0.042	−0.017	−0.009	−0.019
环境竞争性^2		0.064		0.032	0.015
关系学习×环境竞争性		0.170***			0.101*
关系学习×环境竞争性^2		−0.222***			−0.163**
组织合法性×环境竞争性				0.149***	0.073+
组织合法性×环境竞争性^2				−0.200***	−0.140*
R^2	0.300	0.378	0.373	0.438	0.505
ΔR^2		0.078		0.065	
F值	26.991***	26.520***	37.408***	34.013***	34.027***

注：+表示p<0.1，*表示p<0.05，**表示p<0.01，***表示p<0.001。

为清晰地刻画环境竞争性的调节作用，根据王永贵和刘菲（2018）、张敏（2020）的研究，分别绘制在高、中、低三种环境竞争性水平下，关系学习与新创企业竞争优势之间，以及组织合法性与新创企业竞争优势之间的互动关系，以厘清环境竞争性对这两种关系的影响规律，结果如图6-16和图6-17所示。由图6-16可以发现，在不同的环境竞争性水平下，关系学习对新创企业竞争优势的影响作用存在差异：当环境竞争性处于适中水平时，关系学习对新创企业竞争优势的正向影响更大；当环境竞争性处于低水平和高水平时，这种影响则减弱，再次说明环境竞争性对关系学习与新创企业竞争优势间关系存在倒"U"形影响。同理，由图6-17可以发现，在不同的环境竞争性水平下，组织合法性对新创企业竞争优势的影响作用存在差异：当环境竞争性处于适中水平时，组织合法性对新创企业竞争优势的正向影响更大；当环境竞争性处于低水平和高水平时，这种影响则减弱，再次说明环境竞争性对组织合法性与新创企业竞争优势间关系存在倒"U"形影响。

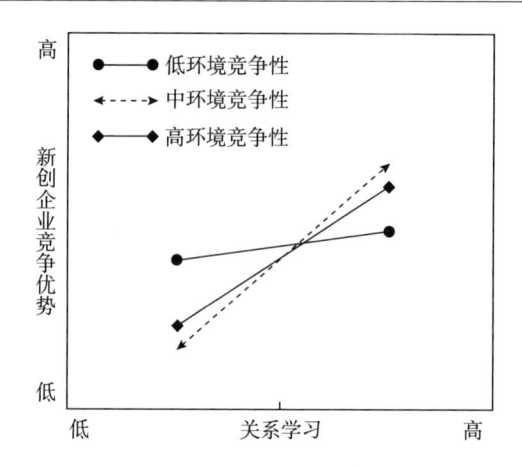

图 6-16　环境竞争性对关系学习与新创企业竞争优势关系的调节效应

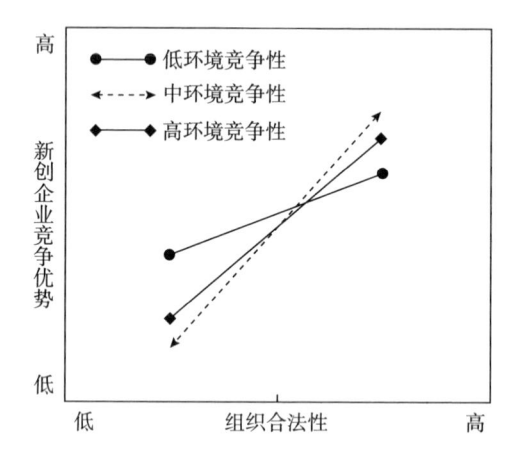

图 6-17　环境竞争性对组织合法性与新创企业竞争优势关系的调节效应

6.5　研究结果与讨论

6.5.1　假设检验结果汇总

根据检验结果，本书大部分研究假设得到支持，如表 6-18 所示。

表6-18 本书假设检验结果汇总

序号	假设内容	检验结果
H1a	网络规模对新创企业竞争优势具有显著的正向影响	支持
H1b	网络密度对新创企业竞争优势具有显著的正向影响	不支持
H1c	网络中心性对新创企业竞争优势具有显著的正向影响	支持
H2a	商业关系嵌入对新创企业竞争优势具有显著的正向影响	支持
H2b	政治关系嵌入对新创企业竞争优势具有显著的正向影响	支持
H3	认知嵌入对新创企业竞争优势具有显著的正向影响	支持
H4a	关系学习在网络规模与新创企业竞争优势之间具有中介作用	支持
H4b	关系学习在网络密度与新创企业竞争优势之间具有中介作用	不支持
H4c	关系学习在网络中心性与新创企业竞争优势之间具有中介作用	支持
H5a	关系学习在商业关系嵌入与新创企业竞争优势之间具有中介作用	支持
H5b	关系学习在政治关系嵌入与新创企业竞争优势之间具有中介作用	支持
H6	关系学习在认知嵌入与新创企业竞争优势之间具有中介作用	支持
H7a	组织合法性在网络规模与新创企业竞争优势之间具有中介作用	支持
H7b	组织合法性在网络密度与新创企业竞争优势之间具有中介作用	不支持
H7c	组织合法性在网络中心性与新创企业竞争优势之间具有中介作用	支持
H8a	组织合法性在商业关系嵌入与新创企业竞争优势之间具有中介作用	支持
H8b	组织合法性在政治关系嵌入与新创企业竞争优势之间具有中介作用	支持
H9	组织合法性在认知嵌入与新创企业竞争优势之间具有中介作用	支持
H10a	关系学习和组织合法性在网络规模与新创企业竞争优势间具有链式中介作用	支持
H10b	关系学习和组织合法性在网络密度与新创企业竞争优势间具有链式中介作用	不支持
H10c	关系学习和组织合法性在网络中心性与新创企业竞争优势间具有链式中介作用	支持
H10d	关系学习和组织合法性在商业关系嵌入与新创企业竞争优势间具有链式中介作用	支持
H10e	关系学习和组织合法性在政治关系嵌入与新创企业竞争优势间具有链式中介作用	支持
H10f	关系学习和组织合法性在认知嵌入与新创企业竞争优势间具有链式中介作用	支持
H11	环境动态性正向调节关系学习对新创企业竞争优势的影响	部分支持
H12	环境动态性正向调节组织合法性对新创企业竞争优势的影响	不支持
H13	环境竞争性倒"U"形调节关系学习对新创企业竞争优势的影响	支持
H14	环境竞争性倒"U"形调节组织合法性对新创企业竞争优势的影响	支持

6.5.2 检验结果进一步分析与讨论

(1) 网络嵌入对新创企业竞争优势的影响

根据研究结果,在关于网络嵌入对新创企业竞争优势影响的6个假设中,有5个获得支持,分别为H1a、H1c、H2a、H2b和H3,即网络规模、网络中心性、商业关系嵌入、政治关系嵌入和认知嵌入对新创企业竞争优势具有显著的正向影响。网络影响着组织的管理、发展与持续,是创业企业生存和发展的战略途径,新创企业通过不同形式的网络嵌入,能够以较低的成本获取所需的创业资源(Capioto et al.,2019),从而提升竞争优势。这些研究结果进一步验证了Wang等(2019)、汪艳霞和曹锦纤(2020)等的观点,他们认为网络嵌入能显著提高新创企业绩效、创业绩效等。

值得注意的是,结构嵌入中的网络密度对新创企业竞争优势的正向影响不显著,标准化回归系数为0.023($p>0.05$),H1b未得到支持。已有研究表明,网络密度对企业绩效、创新绩效等具有正向影响(Van & Zand,2014;任胜钢和赵天宇,2018)。这些研究认为,网络密度越高,企业获取信息、知识和其他资源的可能性就越大,越有利于提高企业资源配置效率,从而促进企业绩效或创新绩效的提升。本书的研究结果与上述观点不一致,可能的原因如下:其一,本书研究的是新创企业竞争优势,研究对象的差异可能导致研究结论不同,且企业竞争优势虽与企业绩效、创新绩效关系密切,但仍然存在差异(江积海和刘敏,2014;Anwar et al.,2018)。其二,网络密度对新创企业竞争优势的影响是一把"双刃剑",一方面,高密度网络有助于形成规范与制裁机制,使网络成员能够放心地转移资源和信息(Coleman,1990;Gulati & Sytch,2010),从而有助于新创企业获得高质量的资源与信息,并降低生产和交易成本;另一方面,高网络密度可能带来"过度嵌入"问题(Uzzi,1997),造成"过犹不及"的负面影响。在高密度网络中,新创企业的个体行为容易受制于密集关联企业的约束,使其信息、知识获取的边界受限,从而降低新创企业发现新机会的能力,丧失创新活力,落入"锁定"陷阱(俞园园,2015),导致难以突破原有的技术水平与产业结构,进而不利于竞争优势的提升。因此,结构洞理论认为,低密度网络更有利于行动者获取异质性的信息和资源,网络外部的新信息也更容易向低密度网络渗透(Burt,1992)。因此,研究结果显示,结构嵌入中的网络密度对新创企业竞争优势的影响不显著。根据研究结果，新创企业在网络结构嵌入过程中应该保持均衡的网络密度，避免因过度嵌入而产生的"锁定"效应，以增强新创企业的灵敏度和适应性。

(2) 关系学习的中介效应

根据研究结果，在关于关系学习在网络嵌入与新创企业竞争优势间的中介效应所涉及的 6 个假设中，有 5 个获得支持，分别为 H4a、H4c、H5a、H5b 和 H6，即关系学习在网络规模、网络中心性、商业关系嵌入、政治关系嵌入和认知嵌入与新创企业竞争优势之间具有中介作用。社会网络助推企业成长的动力机制体现在促进组织成员间隐性知识传递与创造（Sullivan & Marvel，2011；马丽，2020），而组织学习理论更强调将组织学习视为一种获取、传播、整合和利用知识的过程（Crossan et al.，1999）。因而，关系学习作为一种特殊的组织（间）学习，在企业网络与企业成长之间扮演着重要角色。本书的研究结果也证实了这一观点，并与 Yang 等（2013）、云乐鑫等（2017）的研究具有一致性，在他们看来，企业网络对新创企业开展组织学习有重要的推动作用，企业（创业）网络通过组织学习对新创企业绩效、商业模式内容创新等产生正向影响。

值得注意的是，虽然关系学习在网络密度与新创企业竞争优势间存在间接效应，但由于主效应 H1b 未得到支持，即网络密度对新创企业竞争优势不存在显著正向影响，因此，依据 Mackinnon（2008）等的观点，该中介效应不存在，H4b 未得到支持。由图 6-5 可知，网络密度通过关系学习对新创企业竞争优势产生的间接效应与直接效应符号相反，再次体现出网络密度对新创企业竞争优势的积极与消极影响：一方面，网络密度有利于关系学习，而关系学习有利于促进新创企业竞争优势；另一方面，网络密度的上升可能带来其他阻碍新创企业竞争优势的不利因素。例如，李淑芬（2011）指出，当企业家网络密度较小时，意味着企业家占据了较多结构洞的位置，从而在获取资源上更具优势，并论证了企业家网络密度对运营资源获取的负向影响。叶峥和郑健壮（2014）指出，低网络密度能够获取和利用更多提升企业竞争力的外部机会，而在密集网络中，企业间的集中交易会减少企业获取有用信息和捕捉新机会的路径，并通过实证检验了网络密度对企业机会获取能力的负向影响。可见，网络密度在通过促进关系学习提升新创企业竞争优势的同时，也可能会助长阻碍新创企业竞争优势的其他不利因素，由此导致该中介效应假设未得到支持。

(3) 组织合法性的中介效应

根据研究结果，在关于组织合法性在网络嵌入与新创企业竞争优势间的中介效应所涉及的6个假设中，有5个获得支持，分别为H7a、H7c、H8a、H8b和H9，即组织合法性在网络规模、网络中心性、商业关系嵌入、政治关系嵌入和认知嵌入与新创企业竞争优势之间具有中介作用。新制度理论认为，组织必须追求行为的合法性以谋求生存与发展（尚航标和黄培伦，2011）。新创企业具有"小而新"的特点，面临合法性不足带来的发展困境与创新乏力等问题，而善用关系网络可以帮助企业从外部环境获取合法性（汪艳霞和曹锦纤，2020），助力新创企业化解合法性危机。并且，企业还可以通过提高组织合法性来规避网络嵌入带来的冗余资源（Granovetter，1985），从而有益于实现持续成长。这些研究结果与Bloodgood等（2017）、严卫群等（2019）的观点具有一致性，他们认为，新创企业通过企业网络（嵌入）可以显著提高组织合法性，进而提升企业效益等。

值得注意的是，由图6-8可知，网络密度对组织合法性的正向影响不显著，标准化回归系数为-0.02（p>0.05），导致组织合法性在网络密度与新创企业竞争优势间的中介作用不显著，H7b未得到支持。可能原因在于，虽然嵌入高密度的网络可以让新创企业充分与网络内的众多利益相关者建立联系，缩短网络中信息和知识传递的路径距离，使新创企业行为与所嵌网络中的权威、规范、规则和管制等方面的制度环境保持一致（俞园园，2015），但高密度网络在形成共同行为准则与模式时，也会对企业的多样性和优化产生不利影响（Pullen et al.，2012；张哲，2017）。在高密度网络中，新创企业容易形成较为固定的交易合作伙伴关系，造成一定程度的网络封闭性。而新创企业成立时间短，其在建立、维系与发展关系等方面的能力和精力有限，高密度网络降低了新创企业与更广泛个体、团队和组织交往的可能性，在某种程度上阻碍了合法性在更广范围内的建立。因此，网络密度对于新创企业建立组织合法性而言也是一把"双刃剑"。因而，研究结果显示，网络密度对组织合法性的影响不显著，进而导致组织合法性在网络密度与新创企业竞争优势之间的中介作用不显著。

(4) 关系学习和组织合法性的链式中介效应

根据研究结果，在关于关系学习和组织合法性在网络嵌入与新创企业竞争优势间的链式中介效应所涉及的6个假设中，有5个获得支持，分别为H10a、H10c、H10d、H10e和H10f，即关系学习和组织合法性在网络规模、网络中心性、商业关系嵌入、政治关系嵌入和认知嵌入与新创企业竞争优势之间具有链式中介作用。基于组织学习理论与新制度理论,企业通过组织学习,不仅可以模仿行业中的标杆企业,使其与行业内企业接轨,确保其经营运作与相关的规章制度与规范相符(Zimmerman & Zeitz,2002;曾楚宏等,2009),还可以积极主动地寻找并发现新的策略、规则,推动企业进行制度创新以获取所需的合法性。本书的研究结果进一步论证了这些观点,发现了关系学习对组织合法性具有正向影响。这些研究结果与周劲波等(2014)、何霞和苏晓华(2016)、Kawai 等(2020)的看法相呼应,综合他们的观点,新创企业通过战略联盟开展组织学习,从而正向影响其组织合法性的获取,而组织合法性有利于促进新创企业国际化成长、提升新创企业绩效。

值得注意的是,关系学习和组织合法性在网络密度与新创企业竞争优势间的中介效应假设 H10b 不支持。结合前文有关主效应假设 H1b,以及中介效应假设 H4b 和 H7b 未得到支持的原因分析,可推断:一方面,网络密度有利于促进关系学习,关系学习有利于获取组织合法性,而组织组织合法性有利于提升新创企业竞争优势;另一方面,网络密度也会助长其他阻碍新创企业获取组织合法性、提升企业竞争优势的不利因素,从而展露出其对组织合法性、新创企业竞争优势的消极影响,导致主效应不显著,因而使关系学习和组织合法性在网络密度与新创企业竞争优势之间的中介效应假设未得到支持。

(5)双元环境的调节效应

第一,环境动态性的调节效应。根据研究结果,环境动态性在关系学习不同维度与新创企业竞争优势间发挥了差异性的调节作用,即环境动态性负向调节关系学习中共同理解对新创企业竞争优势的影响,正向调节关系学习中特定关系记忆对新创企业竞争优势间的影响,H11 得到部分支持。具体而言,环境动态性负向调节共同理解对新创企业竞争优势的影响,可能原因在于,不稳定的外部环境会降低企业网络交流和学习的效果(彭学兵等,2017)。在较高环境动态性下,首先,新创企业需要与合作伙伴建立起更完善的共同理解机制来解决问题,而这种高度的关系学习通常需要大量时间和资源,对企业并无益处(Cheung et al.,2011);其次,基于期望理论,在动态环境下,新创企业期望通过共同理解机制从伙伴处获得更多更有价值的信息和知识,但超过对方预设的共享极限值时,对方将限制分享程度,造成企业不断上升的期望值不能被满足(Wang & Hsu,

2014),伴随着大量新的商业机会,若过于强调共识程度,反而可能导致企业难以抓住机会;最后,基于社会交换理论,随着时间推移,合作企业间的信息和知识会趋于同质化,此时,企业间沟通与协调的结果将不能带来更有价值的创新理念(宋春华等,2017),使新创企业难以应对快速变化的环境,因而不利于竞争优势的提升。这一研究结果与 Ruey-Jer 等(2018)的观点具有一致性,他们认为当技术不确定性较高时,联合学习对破坏性创新的正向影响会削弱,同时,也为 Wang 和 Hsu(2014)提及的关系学习的消极影响提供了一定的解释。

与之相反,环境动态性正向调节特定关系记忆对新创企业竞争优势的影响。这一研究结果进一步验证了 Selnes 和 Sallis(2003)、陈勇(2011)的观点,在高度动态环境下,当企业无法独自解决问题时,其第一反应就是寻找组织外的关系,此时特定关系记忆更为重要,它能在企业内部来源不足的领域提供知识。但是,环境动态性对关系学习中信息共享与新创企业竞争优势关系的调节效应不显著。可能的解释是,无论外部环境变化程度如何,新创企业都需要通过与外部合作伙伴共享信息,以及时把握外部环境的变化情况。因此,信息共享对新创企业竞争优势的促进作用是稳定且不会受到环境变化程度影响的。

根据研究结果,环境动态性在组织合法性对新创企业竞争优势影响中的调节作用不显著,H12 未得到支持。可能原因在于,无论新创企业面临的环境如何变化,组织合法性都是新创企业克服制度障碍、获得成长所必须跨越的"门槛",因而,新创企业都非常重视组织合法性的获取,以实现企业的持续生存与发展。因此,组织合法性对新创企业竞争优势的促进作用不会受到环境动态性程度的影响。

第二,环境竞争性的调节作用。根据研究结果,环境竞争性倒"U"形调节关系学习对新创企业竞争优势的影响 H13 得到支持。在低环境竞争性水平下,企业更趋向安于现状(杨智和邱国栋,2020);而在高环境竞争性水平下,企业间互相掣肘、防备(Huy et al.,2016)。这两种情况都不利于新创企业通过关系学习获取外部资源。因此,只有在适度环境竞争性水平下,关系学习对新创企业竞争优势的促进作用才能得到最大化的发挥。研究结果也证实了这一猜想,并打破了传统思维中环境竞争性对组织学习、开放学习作用发挥的线性调节作用(Bao et al.,2012;房建奇,2020)。这与尹惠斌(2014)所持的竞争环境对探索性学习与突破性创新绩效的关系存在非线性影响的观点具有一致性。与此同时,环境竞争性倒

"U"形调节组织合法性对新创企业竞争优势的影响,H14得到支持。在低环境竞争性水平下,企业即使缺乏合法性也能获得较高的绩效,从而难以体现合法性对企业竞争优势的积极影响;而在高环境竞争性水平下,合法性机制对组织发展的支配地位丧失(陈宗仕和郑路,2015),且客户对企业的期待值提升(杨艳和景奉杰,2019),使企业获取合法性的难度与成本增加。因此,只有在适度环境竞争性水平下,组织合法性对新创企业竞争优势的促进作用才能得到最大化的发挥。目前,已有少量研究初步意识到环境竞争性对组织合法性与企业绩效关系的影响,但展现出两种不一致的观点(陈宗仕和郑路,2015;汪涛等,2020),本书得出的倒"U"形调节效应的研究结果既分别验证了这两种对立的观点,又进一步整合了这两种观点。H13与H14支持了环境竞争性对关系学习与新创企业竞争优势关系,以及组织合法性与新创企业竞争优势关系的非线性影响,展现出了环境竞争性的促进与抑制的双重效应。这与陈收(2014)、张振刚等(2021)的研究具有相似性,陈收等(2014)认为,随着市场竞争性的加剧,差异化战略对企业绩效的影响先被增强,然后被削弱;张振刚等(2021)论证了环境竞争性对大数据能力与创新绩效间关系的倒"U"形调节效应。

7 研究结论与展望

7.1 主要研究结论

本书通过整合竞争优势理论、网络嵌入理论、组织学习理论、新制度理论和环境权变理论等相关研究，紧密围绕"网络嵌入对新创企业竞争优势的影响"这一核心问题，遵循"结构—行为—结果"的逻辑路径，构建了网络嵌入、关系学习、组织合法性、双元环境与新创企业竞争优势的研究框架。综合运用理论研究、探索性案例研究和实证分析等，结合定性与定量研究，逐层探究并回答以下关键问题：①新创企业网络嵌入的维度构成有哪些？这些维度对新创企业竞争优势的影响如何？②关系学习、组织合法性在网络嵌入对新创企业竞争优势的影响过程中发挥了何种作用？关系学习与组织合法性有何关联？这种关联如何影响网络嵌入向新创企业竞争优势的转化？③双元环境是否会影响关系学习、组织合法性的作用发挥？如何影响？经过系统分析与论证，形成如下主要结论：

（1）网络嵌入对新创企业竞争优势具有显著正向影响

在组织网络化视角下，新创企业嵌入其所在的社会环境，且其行为受到组织间相互社会关系的影响。结合已有研究，本书从结构嵌入、关系嵌入和认知嵌入三个方面对网络嵌入进行了刻画。并且，为了更全面地探究新创企业的网络嵌入特征，进一步将结构嵌入划分为网络规模、网络密度和网络中心性三个维度，关系嵌入为划分为商业关系嵌入与政治关系嵌入两个维度。通过探索性案例研究与实证分析，得出结构嵌入中的网络规模和网络中心性，商业关系和政治关系嵌入，以及认知嵌入对新创企业竞争优势具有显著的正向影响。

就结构嵌入而言，网络规模的扩大有益于增加网络中信息和资源的流量与存量；且处于网络中心位置的新创企业相较于边缘位置的企业能接触到更多稀缺性资源，在嵌入网络中展现出更强资源控制权，从而有利于提升竞争优势。就关系嵌入而言，与商业伙伴建立良好的关系可以带来可观的关系性租金，彼此间形成资源与情感依赖，有利于保持竞争优势的可持续性；而与政府机构建立良好的关系有利于及时把握政策信息，并获得更多正式制度支持，如财政补贴、税收优惠和融资便利等，从而得到更大的空间。就认知嵌入而言，与嵌入网络中的成员形成相似的价值观念、发展目标和行事方式等，能有效降低网络成员间交易的不确定性，减少沟通障碍，促进网络内各成员信息和资源外溢，使新创企业从中受益。

（2）网络嵌入通过关系学习和组织合法性正向影响新创企业竞争优势，关系学习和组织合法性在网络嵌入对新创企业竞争优势影响中具有链式中介效应

首先，网络嵌入通过关系学习正向影响新创企业竞争优势。结构嵌入中的网络规模和网络中心性、商业关系和政治关系嵌入，以及认知嵌入通过促进关系学习，正向影响新创企业竞争优势。就结构嵌入而言，网络规模的扩大增加了新创企业寻找合适学习伙伴的机会，且中心性赋予了其更强的关系学习能力。因而，在结构嵌入作用下，新创企业可以在网络内选择合适的学习伙伴，并利用其强大的学习能力积极开展关系学习，高效地促进知识的内化吸收，从而提升竞争优势。就关系嵌入而言，新创企业与伙伴间良好的商业关系嵌入能够打破封闭，为彼此间开展关系学习创造开放的学习氛围与学习通道，且关系学习有利于克服关系带来的惰性，将关系转化为更好的结果；而政治关系嵌入可以帮助创业者观察和领悟相关政策，把握更多商业机会，且能够赋予新创企业"政府背景"，保障了其开展关系学习通道的稳定性，为建立竞争优势保证了稳定的知识来源。就认知嵌入而言，其缩短了网络成员间在语言文化、价值观等方面的距离，为新创企业与网络成员开展关系学习提供了共同的解释与表达方式，从而为竞争优势捕捉到更多隐性知识。由此，构建网络嵌入影响新创企业竞争优势的第一条路径——"网络嵌入—关系学习—新创企业竞争优势"。

其次，网络嵌入通过组织合法性正向影响新创企业竞争优势。结构嵌入中的

网络规模和网络中心性、商业关系和政治关系嵌入，以及认知嵌入通过促进组织合法性，正向影响新创企业竞争优势。就结构嵌入而言，网络规模的扩大增强了新创企业可利用的网络"溢出效应"和"骑背效应"，有助于拓宽外界认可的广度，帮助企业在更大范围内建立起合法性；同时，占据中心位置的新创企业可以利用其在网络中较高的商誉，以及制定网络规范与标准的机会，改变网络成员对其的感知，引起社会各界关注，以此获得更多的制度竞争优势。就关系嵌入而言，良好的商业关系有利于新创企业树立传递优质的企业形象和积极的企业信号；而良好的政企关系是新创企业重要的声誉资本，且有利于新创企业获得更多正式制度的支持，二者都利于增加利益相关者对新创企业的合法性认可，为提升竞争优势提供强有力的合法性制度保障。就认知嵌入而言，新创企业可以凭借认知嵌入作用下与网络成员形成的共同的企业文化、价值观念、规范制度等而被外部环境所识别，从而助力其克服合法性障碍。由此，构建网络嵌入影响新创企业竞争优势的第二条路径——"网络嵌入—组织合法性—新创企业竞争优势"。

最后，关系学习正向影响新创企业组织合法性。一方面，基于制度视角，新创企业通过与合作伙伴开展关系学习，有益于向关键利益相关者传递合法化信号，并向新创企业施加遵守合法性形式的压力，要求其"遵纪守法"；另一方面，基于战略视角，新创企业通过与合作伙伴的关系学习，有益于获取形成新策略、新规范的能力，脱离当前已有知识、行业旧规范的束缚，从而推动新规则、新制度和新标准的建立。因此，关系学习有利于新创企业组织合法性的获取。综合前文有关关系学习、组织合法性分别在网络嵌入与新创企业竞争优势间发挥中介作用的结论，得出关系学习和组织合法性在网络嵌入与新创企业竞争优势间具有链式中介作用的结论。由此，构建网络嵌入影响新创企业竞争优势的第三条路径——"网络嵌入—关系学习—组织合法性—新创企业竞争优势"。

(3) 双元环境在关系学习、组织合法性对新创企业竞争优势影响中具有不同的调节效应

环境动态性对关系学习作用的发挥存在线性影响，而环境竞争性对关系学习和组织合法性作用的发挥存在非线性影响，这体现出不同环境特征的不同作用效果。首先，环境动态性差异性地调节关系学习对新创企业竞争优势的影响。环境动态性越高，关系学习中共同理解对新创企业竞争优势的正向影响越弱。原因在于，在快速变化的环境中，高度的共同理解会耗费更多的时间与资源，且企业仍

会面临学习伙伴限制分享导致无法获得期望知识的困境。同时，共同理解强调与伙伴的高一致性可能会降低新创企业应对环境变化的灵活性，反而对竞争优势无益。与之相反，环境动态性越高，关系学习中特定关系记忆对新创企业竞争优势的正向影响越强。因为面对高度动态变化的环境，特定关系记忆更有利于企业及时把握市场环境变化，并将自身知识与环境信息不断交互，创造出更多的新想法与新见解来应对环境的变化，从而在竞争中抢占先机，此时，新创企业通过特定关系记忆，可以更好地提升竞争优势。

其次，环境竞争性倒"U"形调节关系学习对新创企业竞争优势的影响，以及组织合法性对新创企业竞争优势的影响。竞争是压力也是动力，在适度的环境竞争性水平下，外部环境能够充分激发新创企业的潜能，培养企业居安思危、善于变革、开放学习的组织文化，促使新创企业积极开展关系学习以获取重要的信息与知识，并避免关系学习"黏合"效应带来的消极影响，从而更有效地促进新创企业竞争优势；但环境竞争性不足或过度会导致企业短视行为严重，过低的环境竞争性可能致使企业安于现状，失去相互学习交流的意愿和动力，而过度的环境竞争性可能致使企业因恐惧而保存自身资源，趋利避害，这两种情形都会造成新创企业通过关系学习从外部获取有价值资源的难度加大。因此，只有当环境竞争性处于适度水平时，关系学习对新创企业竞争优势的促进作用才能达到最大。同理，相比处于竞争性不足或过度环境中的新创企业，在适度环境竞争性水平下的新创企业获取合法性的成本恰好与其带来的声誉和品牌效益等实现最佳匹配，此时，合法性机制对于提升新创企业竞争优势的功效得到了更大程度的发挥。

7.2 主要创新点

创业问题涉及诸多学科和领域，本书立足于管理学与社会学领域关注的焦点问题——组织网络化范式下的创业实践活动，系统地揭示了网络嵌入影响新创企业竞争优势的作用机制以及边界条件，主要创新点如下：

（1）建立新创企业竞争优势的综合性分析框架，丰富了企业竞争优势的研究视角与研究方法

本书从网络嵌入视角，研究新创企业竞争优势的建立问题。当前，学者们对于网络嵌入的维度划分不一致，并在网络特征与企业竞争优势关系的研究结论上莫衷一是。本书以新创企业为对象，研究网络嵌入对新创企业竞争优势的影响问题。现有研究多从结构嵌入与关系嵌入两个维度来表征新创企业网络嵌入的特征，本书对各维度进行了细化，并加入认知嵌入维度，进一步刻画了新创企业的网络嵌入特征，有利于全面分析网络嵌入对新创企业竞争优势的影响。同时，考虑到单一理论视角在解释新创企业实践活动时可能存在局限性，本书遵循"结构—行为—结果"的逻辑范式，整合竞争优势理论、网络嵌入理论、组织学习理论、新制度理论和环境权变理论等，建立了网络嵌入视角下新创企业竞争优势的综合性分析框架，增加了对新创企业竞争优势来源的解释力度，拓展了企业竞争优势研究的理论视角。且目前关于网络嵌入视角下新创企业的研究多采用实证研究范式，相关的经验性研究相对缺乏。本书采用探索性案例研究对网络嵌入影响新创企业竞争优势的作用机制进行了现实验证，丰富了企业竞争优势研究的方法。

（2）构建"网络嵌入—关系学习、组织合法性—新创企业竞争优势"的研究模型，提出关系学习和组织合法性的双中介路径以及链式中介路径，打开了网络嵌入影响新创企业竞争优势的"黑箱"

现有研究虽然在网络特征影响企业竞争优势的认知上达成了共识，但对于其中的作用机制却意见不一，且缺乏对网络嵌入影响新创企业竞争优势内在机制的深入探究。本书在组织网络化范式下，基于新创企业的新生弱性问题，指出网络嵌入是新创企业突破资源缺口与克服制度压力的重要途径，立足于竞争优势理论的资源基础观和制度基础观，将关系学习和组织合法性作为中间变量引入透视网络嵌入影响新创企业竞争优势的研究，构建起网络嵌入影响新创企业竞争优势的两条路径："网络嵌入—关系学习—新创企业竞争优势""网络嵌入—组织合法性—新创企业竞争优势"，揭示了网络嵌入向新创企业竞争优势转化的知识获取过程与合法化过程。此外，现有研究鲜有关注关系学习与新创企业组织合法性间的关系，本书将二者结合起来研究网络嵌入向新创企业竞争优势转化的问题，从组织学习的视角弥补了对新创企业组织合法性前置影响因素研究的不足，并构建

起网络嵌入影响新创企业竞争优势的又一路径:"网络嵌入—关系学习—组织合法性—新创企业竞争优势"。由此,构建了网络嵌入影响新创企业竞争优势的三条路径,打开了二者间关系的"黑箱"。

(3) 融合中国创业环境特征,探究双元环境的调节作用机制,厘清了关系学习和组织合法性发挥影响作用的边界条件

不同于以往多数学者重点考虑某一环境特征对新创企业的影响,本书从动态性与竞争性两个方面揭示了不同外部创业环境对关系学习、组织合法性与新创企业竞争优势间关系的不同影响效果。研究发现,一方面,环境动态性对关系学习作用的发挥具有差异性的线性影响。其中,环境动态性负向调节关系学习中共同理解与新创企业竞争优势的关系,正向调节关系学习中特定关系记忆与新创企业竞争优势的关系。另一方面,环境竞争性对关系学习与新创企业竞争优势的关系,以及组织合法性与新创企业竞争优势的关系存在倒"U"形的非线性影响。这一发现拓展了以往研究中环境竞争性正向、负向的线性调节作用,既表现出了环境竞争性对关系学习、组织合法性作用发挥的正向和负向影响,又进一步整合了这两种对立的观点,突破了线性研究的局限。并且,双元环境的调节效应分析补充了权变视角下关系学习和组织合法性的相关理论及研究成果,明晰了关系学习、组织合法性对新创企业竞争优势影响的环境边界,对在不同环境特征下,网络嵌入中的新创企业有针对性地开展关系学习、获取组织合法性以构建竞争优势具有指导意义。

7.3 管理启示

在"大众创业、万众创新"的政策推动下,中国新创企业数量迅速增加,并在促进技术创新、产业结构调整与市场化进程中发挥了重要作用。然而,人们在发现创业活动对经济发展意义的同时,也意识到创业的高失败率。新创企业必然要构建起竞争优势以保持经营的持久性。如何建立并提升新创企业竞争优势成为管理学界、实践界及政策制定者关注的热点。本书在组织网络化视角下,构建了网络嵌入影响新创企业竞争优势的概念模型,深入探究了网络嵌入对新创企业竞

争优势的作用机制及环境边界。研究结果对于处于知识经济时代背景下和中国转型情境中的新创企业实践具有以下启示：

（1）积极构建有效的新创企业网络，以促进新创企业关系学习的开展与组织合法性的获取，实现网络嵌入向新创企业竞争优势的顺利转化

对于新创企业而言，创业者有必要在新创企业成立后，甚至在筹备时就开始有意识地、积极地与外部顾客、供应商、同行、中介机构、投资机构、金融机构和政府等建立各种联系，构建有效的新创企业网络，并从结构、关系与认知三方面嵌入创业网络，为促进新创企业开展关系学习和获取组织合法性提供有效的渠道与途径，助力新创企业突破知识资源束缚、克服制度压力，从而提升竞争优势。

首先，新创企业可以通过加入行业协会、产业联盟，参加创业博览会、行业交流会、学术会议等，以及鼓励员工对外交流、开展技术研发合作、联合项目攻关等，增加可交流的顾客、供应商、同行、投资机构、高校和政府部门等主体的数量，尤其是高质量主体的数量，以提升新创企业开展关系学习伙伴的多样性与可选择性，从而为实现竞争优势提供高质量、异质性的资源。同时，新创企业可依托广泛且多样化的网络联结关系，积极传递自身的合法化信号。例如，向网络中的众多利益相关者传递包括创业者、产品或服务，甚至整个企业的美好创业故事，以展现创业者的企业家精神、产品或服务的亮点，以及企业的愿景与使命等，使他们因可预见美好未来而支持新创企业，从而塑造起利益相关者对新创企业的合法性感知，赋予企业可靠性与可信性，帮助企业在构建竞争优势过程中克服制度环境压力。新创企业可以通过不断强化自身的专业知识与专项技能水平，或利用参加正式或非正式团体、会议的机会，结识不同领域、行业和层次的个人或组织，逐渐形成较高的网络位势，以提高跨组织关系学习的能力，同时克服合法性压力。并且，在"主导范式"尚未建立的新兴市场，占据网络中心位置的新创企业可通过扮演制度创业者的角色，制定运营规范、发起建立行业标准等，带动同行竞争者的效仿或跟进行为，"逆向"推进行业标准的形成与制度化，从而率先获得制度竞争优势。此外，新创企业应正确看待网络密度所产生的作用，不能一味地寻求高网络密度，而需要保持一定的网络稀松性，利用非冗余联系与更广泛的个体、团队与组织交往，从而提升新创企业开展关系学习的宽度与多样性，并扩大企业组织合法性建立的范围。同时，新创企业在利用高网络密度开展

关系学习时,也不能忽略高网络密度可能对新创企业获取多样化资源或寻求机会等行为的限制。

其次,新创企业需要注重关系的资本化过程,充分发挥关系嵌入对企业经营发展的促进作用。一方面,新创企业要注重对潜在商业关系的挖掘与培育,以保持合作的新鲜度,如通过跨行业联盟行为,建立起跨领域的关系学习纽带,通过知识迁移将陌生领域的知识与本行业的知识融会贯通,为新创企业建立竞争优势不断创造新知识。且跨行业联盟行为也有利于新创企业在更远和更广的范围内传递合法化信号。同时,新创企业不能忽视对已经建立商业关系的伙伴的维护深化,以提高合作的持续性,如通过与部分知名合作伙伴建立战略联盟深化合作关系,打通与嵌入网络中"大人物"之间的关系学习通道,加速对关键信息和重要知识的获取。并且,作为"新进入者",新创企业可以通过战略联盟嫁接知名企业在组织结构、工作分类和操作程序等方面的成熟经验,并利用联盟成员的声誉获得组织合法性并打开市场。在案例访谈中,多位受访者均提到邀请一些与企业有良好合作关系的大型集团企业、国有企业、中央企业和知名高校等为企业品牌背书,增加企业公信力。另一方面,创业者作为新创企业的掌舵人,可以寻求登上政治舞台,抑或与各级政府、行业主管部门,以及工商管理、税务部门等建立良好的关系,并基于这种政企关系,学习和领悟政府重要的政策信息,以及时、准确地把握重大政策变化,通过制定合理的决策来构建自身的竞争优势。新创企业应积极利用这种良好政企关系赋予的"政府背景",推进与其他合作伙伴间的关系学习,从而不断地从外部获取知识、促进竞争优势的提升。

最后,新创企业应积极与网络成员在价值观念、规范准则、文化习惯和发展目标等方面达成共识,本着共生共赢的合作理念,建立起通用的解释、表达和含义系统,以充分发挥认知嵌入对新创企业的积极作用。例如,新创企业可以有意识地将自身的认知与理念嵌入网络,从而借助网络中的"溢出效应"和"骑背效应"不断提高自身的合法性水平,进而为提升新创企业竞争优势累积合法性基础,化解合法性危机。

此外,政府作为政策制定者,应积极助力新创企业打造高效的政、产、学、研、用、资六位一体的创业生态网络,为新创企业开展关系学习、获取组织合法性,进而促进竞争优势营造良好的政策环境。例如,积极出台各项政策,为新创企业开展与其他企业、高校和研究机构,以及投融资机构等主体的合作互动牵线搭桥，促进信息与知识的共享，鼓励共同开发新技术、新产品，并为其提供融资便利。同时，构建起自由开放的合作机制和高效的市场监管机制，以公平合理的交易制度确保新创企业的相关权益，并注重在创业生态网络内营造协同发展、互利互惠的合作氛围，形成一种基于对话、透明与尊重的平等伙伴关系，从而助力新创企业得以公平公正地开展关系学习，并促进整个创业生态网络集体口碑与声誉的提升，使新创企业从网络"溢出效应"中获益。并且，政府作为影响制度环境的重要力量，对新创企业获取合法性有重要影响。政府可以从培育高效率的市场体系，完善有关产品设计、信用评级等内容的法律法规等方面入手，为新创企业获取组织合法性营造良好的制度氛围。

（2）努力建设高效的学习型组织，充分发挥关系学习对新创企业组织合法性获取的促进作用

新创企业应积极利用嵌入网络中的联结关系，充分发挥新生学习优势，通过开展深入的关系学习，促进新创企业组织合法性的获取，进而提升企业竞争优势。此时，新创企业有必要建设起高效的学习型组织，保持组织的开放性与灵活性，厘清"向谁学习、如何学习，以及学习什么"，在嵌入网络中寻找合适的合作伙伴开展关系学习，促进组织合法性的构建。

首先，新创企业应积极与嵌入网络中的合作伙伴共享信息，具体可从以下几个方面做出努力：在共享频率和内容上，新创企业不应局限于合作协议中约定的频率和内容，而应尽可能多地与网络合作伙伴就市场需求和技术问题进行广泛、深入的探讨与交流，从而增加学习伙伴这些关键利益相关者对企业的了解与熟悉程度；在共享质量上，新创企业与网络合作伙伴应保证信息共享的及时性、真实性、充分性、完整性与价值性，以减少机会主义行为，获得声誉效应；在共享渠道与平台上，新创企业应充分利用嵌入网络中的各种正式和非正式渠道与平台，与合作伙伴实现多渠道多方式的信息沟通与交换，如通过线上的网络论坛、企业微博和微信公众号等，以及线下的客户体验店、售后服务点等，多渠道多方式地与客户进行信息沟通与交换，提升客户对企业及其产品或服务的认同感，培育自己的粉丝群，扩大影响力。

其次，新创企业应努力与嵌入网络的合作伙伴构建有效的共同理解机制，如与网络中的合作伙伴共享代码和语言，以及构建联合工作小组、制定健全的协作制度等，以更好地理解对方的想法，减少与对方在解释与感知信息和知识上的差

异，降低新创企业与这些重要合作伙伴的沟通障碍，从而帮助其获得这些关键利益相关者的认可与支持。并且，针对合法性尚未建立的新兴行业与市场，新创企业建立共同理解机制的重点应该放在行业规范、市场规则和标准定义等方面达成新的共识上。此时，新创企业应与嵌入网络中的学习伙伴一同推进新惯例理论化和制度化工作，促进新制度和新标准在新兴行业和市场的建立，从而抢占合法性"高地"，为新进入者创造障碍，形成制度竞争优势。

最后，新创企业应与嵌入网络中的合作伙伴形成特定关系记忆，持续强化彼此间的合作惯性，以增加合作伙伴的合法性认可。具体而言，新创企业应积极开发与网络合作伙伴间的关系管理机制，存储与其在互动过程中所积累的知识和经验，并利用一些先进的信息技术对其进行系统化记录，如引进 ERP 系统、CRM 系统等，建立供应商管理数据库和客户管理数据库，对网络合作关系的数据和知识进行全面管理与实时调整更新，以及时修正、优化自身的经营行为，促使新创企业的行事方式与网络合作群体所主张的行为规范、价值信念和利益诉求保持一致性，从而不断提高自身合法性水平，进而延长合法性带来的竞争优势的可持续性。

此外，政府在新创企业开展关系学习的过程中，应充分发挥其服务功能，出台鼓励开展组织间互动学习的政策法规，塑造良好的学习氛围。例如，政府可以通过构建开放信息资源共享与学习平台，整合政务信息、企业信息、科技信息、高校信息等资源，形成集学习、研究、论坛及管理于一体的服务中心，以此促进新创企业快速获取外部信息，推进新创企业积极开展组织间关系学习，充分利用学习所获信息与知识，不断提高企业形成新策略和新规范的能力，脱离当前已有知识、行业旧规范的束缚，积极尝试建立行业新规则、新制度和新标准，为获取组织合法性创造条件。

（3）充分审视外部创业环境特征情况，针对双元环境在关系学习、组织合法性对新创企业竞争优势作用效果上的不同影响采取更有效的行为策略

目前，我国正处于经济转型时期，双元环境作为影响新创企业实践活动效果的重要边界条件，应当受到新创企业及其创业者的充分关注。

首先，针对环境动态性会对新创企业开展关系学习效果产生差异性的影响这一结论，新创企业有必要周期性地评估分析市场发展、技术变革，以及消费者偏好变化等情况，及时根据外部环境的动态变化程度，更有针对性地开展关系学习

以强化其对新创企业竞争优势的促进作用。具体而言，当外部环境动态变化程度较低时，新创企业应更多地关注关系学习中的共同理解，积极利用嵌入网络中的联结关系与网络合作伙伴建立高效的共同理解机制，如搭建组织间学习场所、构建信息共享论坛、会议和跨职能团队等，保证新创企业与网络合作伙伴的充分沟通，促进新想法和新见解的产生。而当外部环境动态变化程度较高时，新创企业应更多地关注关系学习中的特定关系记忆，不断提高学习的开放性和及时性，积极更新和评估与网络合作伙伴间的市场、流程、数据库和通信技术，在相辅相成和求同存异的过程中建立起更高水平的关系记忆，实现跨组织、跨职能的异质信息与知识集成。例如，依据动态环境建立多样化的关系知识库、功能知识库、环境知识库和人际知识库，促进这些知识与企业原有知识交互，助力新创企业降低生产成本、提高产品或服务创新性，以更好地把握市场变革，从而超越竞争对手实现可持续发展。需要注意的是，在动态环境中有针对性地开展关系学习并不意味着以一种学习方式为主导，就放弃了另外两种学习方式，而是在一定时期内给予某种关系学习方式更多的关注和支持，提醒新创企业将有限的资源重点投资于那些当前环境下最迫切需要的关系学习方式上，并且维持和稳定其他的关系学习方式，从而不断强化关系学习对新创企业竞争优势的促进作用。

其次，针对环境竞争性对关系学习、组织合法性作用发挥的非线性影响这一结论，新创企业应及时关注外部环境竞争的激烈程度，选择对企业发展更为有利的行为活动。一方面，当外部环境竞争性水平逐渐上升时，新创企业应认识到合理地利用外部竞争，甚至适当激发竞争有利于关系学习的价值创造。此时，新创企业要避免安于现状，积极在嵌入网络中开展关系学习。然而，当环境竞争性超过一定水平时，关系学习的作用效果会降低。此时，新创企业通过关系学习获取的外部资源不足以帮助其塑造异质性特征获得优势市场地位，因而不能盲目开展关系学习。且为了降低关系学习的"黏合"效应，新创企业有必要在嵌入网络中重新搜寻新的学习伙伴，寻找新的知识来源以应对竞争环境带来的威胁。另一方面，当外部环境竞争性水平逐渐上升时，新创企业还应努力构建并提升合法性，特别是积极地在嵌入网络中获取更多供应商、客户、投资者、政府机构等利益相关者的认可。同时，对于具有新生弱性的新创企业而言，应尽量避免与同行成熟企业的正面竞争，如可采用规避策略集中力量开拓细分市场，在细分市场建立新制度标准，获得合法性优势。但同时，新创企业还应实时监控组织合法性对新创企业竞争优势影响的边界,当外部环境竞争过于激烈时,应将注意力转移到合法性获取的成本上,以避免过度追求合法性对企业竞争优势带来的不利影响。总之,为了更好地促进新创企业竞争优势,创业者需要警惕环境竞争强度带来的误区,避免在过度激烈的环境竞争性水平下仍一味地依赖通过关系学习获得外部知识,抑或沉迷于组织合法性的获取,积极保障新创企业有限资源与精力的高效运用。

此外,政府可建立适当的竞争政策来激发新创企业的潜能,以促进企业之间的良性竞争。同时,对市场中恶意性的价格战进行规制,避免行业过度竞争,营造健康的竞争氛围,促使新创企业关系学习、组织合法性的影响作用得以最大限度的发挥。

7.4 研究局限与未来展望

本书从网络嵌入视角,以建立与提升新创企业竞争优势为立足点与归属点,剖析了网络嵌入影响新创企业竞争优势的内在机制与作用路径。然而,在研究内容与方法上仍存在一些局限有待后续研究,具体如下:

第一,关于样本收集与变量测量。样本数据虽然分布于西南、华东,以及华北、华南和华中等地区,具有一定的代表性,但统计学分布均匀性仍有待提升,未来可进一步扩大样本来源,提升均匀性。在变量测量上,虽然采用的是已有的并在中国情境下得以论证的成熟量表,同时选取了对企业更为熟悉的中高层管理人员填写问卷来保证测量的有效性,但书中采用的 Likert 7 点量表是一种主观评分法,难以避免主观性测量偏差。因此,未来可采取更为客观的变量测度方法。例如,在具备数据可得性的基础上,应用软件计算测度结构嵌入的各项指标,也可使用客观数据对新创企业竞争优势等变量进行更科学的评估,以进一步提升研究结论的可信性。

第二,本书从资源基础观视角,检验了关系学习在网络嵌入与新创企业竞争优势间的中介效应,但关于关系学习的测量,本书仅从新创企业一方收集数据,而关系学习涉及新创企业与伙伴间的联合互动。虽然 Stanko 等(2007)、Fang 等

(2011)认为,从焦点企业一方收集数据是可以接受的,但在未来的研究中,可尝试收集双边数据以更好捕捉关系学习的特点。同时,在嵌入网络中,新创企业开展关系学习的主体涉及顾客、供应商、竞争者、政府机构、大学、研究机构、广告机构和销售/分销代理等众多类型,而与具有不同能力的伙伴合作学习可能会对发展有更大贡献(Fang et al., 2011)。因此,未来可研究在嵌入作用下,新创企业与网络中不同类型伙伴开展关系学习的行为,以及其对企业获取组织合法性、提升企业竞争优势影响的差异性。

第三,本书从制度基础观视角,检验了组织合法性在网络嵌入与新创企业竞争优势间的中介效应,但关于组织合法性的测量,书中并未涉及细分维度。组织合法性可基于不同视角加以划分(Scott, 1995; Zimmerman & Zeitz, 2002; Guo et al., 2019)。因此,未来可进一步挖掘组织合法性的不同维度在网络嵌入中与新创企业竞争优势间的中介机制,以及新创企业与不同主体开展关系学习对组织合法性的影响。此外,新创企业在追逐合法性的过程中,面临"求同"还是"存异"的困境(Guo et al., 2014;郭海等,2020),未来可进一步探寻在网络嵌入视角下,新创企业"一致性"与"差异化"之间的有效平衡点。

第四,本书主要采用的是横截面数据论证变量间的关系,这些数据仅能反映新创企业在某一时间节点上的状态与信息,不能揭示变量之间的前后因果关系。而创业现象是一个系统变化的过程,新创企业在创业过程中会经历不同阶段,其经营目标、发展方向与组织结构也会有所不同(王涛和陈金亮,2018),新创企业嵌入网络的结构与形态、开展跨组织的关系学习情况与能力,以及外部利益相关者对企业合法性的评判标准也会存在差异,呈现出动态演化的特征。因此,未来可引入时间框架进行纵向案例追踪研究,结合创业网络不同发展阶段及其呈现出的不同内容与特征,研究网络嵌入、关系学习、组织合法性、双元环境与新创企业竞争优势间的动态关系。此外,在中国新创企业实践情境下,网络嵌入的概念内涵可能有所变化,未来可通过质性研究,基于扎根理论,进一步丰富对新创企业网络嵌入的中国化情境特征的描述与分析。

参考文献

[1] Acedo F J, Florin J. An Entrepreneurial Cognition Perspective on the Internationalization of SMEs [J]. Journal of International Entrepreneurship, 2006,4(1):49-67.

[2] Albort - Morant G, Antonio Leal - Millán A, Cepeda - Carrión G. The Antecedents of Green Innovation Performance: A Model of Learning and Capabilities[J]. Journal of Business Research, 2016,69(11):4912-4917.

[3] Albort-Morant G, Antonio Leal-Millán A, Cepeda-Carrión G, et al. Developing Green Innovation Performance by Fostering of Organizational Knowledge and Competitive Relations[J]. Review of Managerial Science, 2018a,12(2):499-517.

[4] Albort-Morant G, Antonio Leal-Millán A, Marchi V D. Absorptive Capacity and Relationship Learning Mechanisms as Complementary Drivers of Green Innovation Performance[J]. Journal of Knowledge Management, 2018b,22(2):432-452.

[5] Aldrich H E, Fiol C M. Fools Rush in? The Institutional Context of Industry Creation[J]. Academy of Management Review, 1994,19(4):645-670.

[6] Aldrich H E, Ruef M. Organizations Evolving[M]. London: Sage Publications, 1999.

[7] Andersson U, Forsgren M, Holm U. The Strategic Impact of External Networks: Subsidiary Performance and Competence Development in the Multinational Corporation[J]. Strategic Management Journal, 2002,23(11):979-996.

[8] Antonio L L R, Roldan J L, Leal A G, et al. Knowledge Management, Relational Learning, and the Effectiveness of Innovation Outcomes [J]. Service

Industries Journal, 2013,33(13-14):1294-1311.

[9] Antonio L L R, Roldán J L, Ariza-Montes J A, et al. From Potential Absorptive Capacity to Innovation outcomes in Project teams: The Conditional Mediating Role of the Realized Absorptive Capacity in a Relational Learning Context[J]. International Journal of Project Management, 2014,32(6):894-907.

[10] Antonio L M, Roldán J L, Leal-Rodríguez A L, et al. IT and Relationship Learning in Networks as Drivers of Green Innovation and Customer Capital: Evidence from the Automobile Sector[J]. Journal of Knowledge Management, 2016,20(3):444-464.

[11] Anwar M, Rehman A U, Shah S Z A. Networking and New Venture's Performance: Mediating Role of Competitive Advantage[J]. International Journal of Emerging Markets, 2018,13(1):998-1025.

[12] Argyris C, Schon D. Organizational Learning: A Theory of Action Research[M]. Reading, MA: Addison-Wesley, 1978.

[13] Autio E, Sapienza H J, Almeida J G. Effects of Age at Entry, Knowledge Intensity, and Imitability on International Growth[J]. Academy of Management Journal, 2000,43(5):909-924.

[14] Bao Y, Chen X, Zhou K Z. External Learning, Market Dynamics, and Radical Innovation: Evidence from China's High-Tech Firms[J]. Journal of Business Research, 2012,65(8):1226-1233.

[15] Barney J. Firm Resource and Sustained Competitive Advantage[J]. Journal of Management, 1991,17(1):99-120.

[16] Batjargal B. The Effects of Network's Structural Holes: Polycentric Institutions, Product portfolio, and New Venture Growth in China and Russia[J]. Strategic Entrepreneurship Journal, 2010,4(2):146-163.

[17] Berger P L, Luckmann T. The Social Construction of Reality[M]. New York: Doubleday Anchor, 1967.

[18] Bian Y J. Bringing Strong Ties Back in: Indirect Ties, Network Bridges, and Job Searches in China[J]. American Sociological Review, 1997(62):366-385.

[19] Bloodgood J M, Hornsby J S, Rutherford M, et al. The Role of Network

Density and Betweenness Centrality in Diffusing New Venture Legitimacy: An Epidemiological Approach[J]. International Entrepreneurship and Management Journal, 2017,13(2):525-552.

[20] Bourdieu P. The Forms of Capital, Handbook of Theory and Research for the Sociology of Education[M]. New York: Greenwood Press, 1986.

[21] Bresser R K F, Millonig K. Institutional Capital: Competitive Advantage in Light of the New Institutionalism in Organization Theory[J]. Schmalenbach Business Review, 2003,55(3):220-241.

[22] Brush C G, Vanderwerf P A. A Comparison of Methods and Sources for Obtaining Estimates of New Venture Performance[J]. Journal of Business Venturing, 1992,7(2):157-170.

[23] Bucar B. The Mediating Role of Organizational Legitimacy in Resource-Based Models of Firm Performance[D]. Ph. D. Dissertation, Department of Marketing and Policy Studies, Case Western Reserve University, 2004.

[24] Burt R S. Structural Holes: The Social Structure of Competition[M]. Cambridge: Harvard University Press, 1992.

[25] Burt R S. Structural Holes and Good Ideas[J]. American Journal of Sociology, 2004,110(2):349-399.

[26] Cai L, Chen B, Chen J, et al. Dysfunctional Competition & Innovation Strategy of New Ventures as their Mature[J]. Journal of Business Research, 2017(78):111-118.

[27] Capioto G R, Barbosa D H, Kurumoto J S, et al. Suppliers' Network Analysis Under the Perspective of Structural, Relational and Cognitive Embeddedness: An Exploratory Study[J]. Production, 2019(29):1-15.

[28] Carroll G R, Wade J. Density Dependence in the Organizational Evolution of the American brewing Industry across Different Levels of Analysis[J]. Social Science Research, 1991,20(3):271-302.

[29] Certo S, Hodge. Top Management Team Prestige and Organizational Legitimacy: An Examination of Investor Perceptions[J]. Journal of Management Issues, 2007(19):461-477.

[30] Chamberlin E. The Theory of Monopolistic Competition [M]. Cambridge: Harvard University Press, 1933.

[31] Chang C H. Enhancing New Product Development Performance from Adaptive Ability and Relationship Learning: The Mediation Role of Resource Integration [J]. Total Quality Management & Business Excellence, 2017,28(1-2):62-75.

[32] Chen Y S, Lin M J J, Chang C H. The Positive Effects of Relationship Learning and Absorptive Capacity on Innovation Performance and Competitive Advantage in Industrial Markets[J]. Industrial Marketing Management, 2009,38(2):152-158.

[33] Cheung M S, Myers M B, Mentzer J T. Does Relationship Learning Lead to Relationship Value?: A Cross-National Supply Chain Investigation [J]. Journal of Operations Management, 2010,28(6):472-487.

[34] Cheung M S, Myers M B, Mentzer J. The Value of Relational Learning in Global Buyer-Supplier Exchanges: A Dyadic Perspective and Test of the Piesharing Premise[J]. Strategic Management, 2011(32):1061-1082.

[35] Chiang Y H, Shih H A, Hsu C C. High Commitment Work System, Transactive Memory System, and New Product Performance [J]. Journal of Business Research, 2014,67(4):631-640.

[36] Chikweche T, Fletcher R. Marketing to the "Middle of the Pyramid" in Emerging Markets Using a Social Network Perspective: Evidence from Africa [J]. International Journal of Emerging Markets, 2014,9(3):400-423.

[37] Chrisman J J, Bauerschmidt A, Hofer C W. The Determinants of New Venture Performance: An Extended Model[J]. Entrepreneurship Theory and Practice, 1998,23(1):5-29.

[38] Clercq D D, Thongpapanl N, Voronov M. Sustainability in the Face of Institutional Adversity: Market Turbulence, Network Embeddedness, and Innovative Orientation[J]. Journal of Business Ethics, 2018,148(2):1-19.

[39] Cohen J, Cohen P, West S G, et al. Applied Multiple Regression/Correlation Analysis for the Behavioral Sciences [M]. Mahwah: Lawrence Erlbaum Associates, 2013.

[40] Coleman J S. Foundations of Social Theory [M]. Cambridge: Harvard

University Press, 1990.

[41] Cooper-Arnold C. Challenges in Predicting New Firm Performance[J]. Elsevier, 1993,8(3):241-253.

[42] Crossan M M, Lane H W, White R E. An Organizational Learning Framework: From Intuition to Institution[J]. Academy of Management Review, 1999,24(3):522-537.

[43] Cummings S, Seferiadis A A, Maas J, et al. Knowledge, Social Capital, and Grassroots Development: Insights from Rural Bangladesh[J]. Journal of Development Studies, 2018,55(1):1-16.

[44] Cyert R, March J. A Behavioral Theory of the Firm[M]. Englewood Cliffs, NJ: Prentice-Hall, 1963.

[45] Dacin M T, Beal B D, Ventresca M J. The Embeddedness of Organizations: Dialogue & Directions[J]. Journal of Management, 1999,25(3):317-356.

[46] Dacin M T, Oliver C, Roy J P. The Legitimacy of Strategic Alliances: An Institutional Perspective[J]. Strategic Management Journal, 2007,28(2):169-187.

[47] David B, Lebmann E E. Entrepreneurial Access and Absorption of Knowledge Spillovers: Strategic Board and Managerial Composition for Competitive Advantage[J]. Journal of Small Business Management, 2006(44):155-166.

[48] Deeds D L, Mang P Y, Frandsen M. The Quest for Legitimacy: A Study of Biotechnology IPO's[C]. Boston: The Annual Meeting of the Academy of Management, 1997.

[49] Dezi L, Ferraris A, Papa A, et al. The Role of External Embeddedness and Knowledge Management as Antecedents of Ambidexterity and Performances in Ltalian SMEs[J]. IEEE Transactions on Engineering Management, 2019(99):1-10.

[50] Dong B B, Xu H J, Luo J M, et al. Many Roads Lead to Rome: How Entrepreneurial Orientation and Trust Boost the Positive Network Range and Entrepreneurial Performance Relationship[J]. Industrial Marketing Management, 2020(88):173-185.

[51] Drechsler W, Natter M. Understanding a Firm's Openness Decisions in Innovation[J]. Journal of Business Research, 2012,65(3):438-445.

[52] Drucker P. Why Service Institutions do not Perform[J]. Human Resource Management in Education, 1989.

[53] Dunn S C, Seaker R F, Waller M A. Latent Variables in Business Logistics Research: Scale Development and Validation[J]. Journal of Business Logs, 1994,15(2):145-172.

[54] Dyer J H. Specialized Supplier Networks as a Source of Competitive Advantage: Evidence from the Auto Industry[J]. Strategic Management Journal, 2015,17(4):271-291.

[55] Eisenhardt K M. Building Theories from Case Study Research[J]. Academy of Management Review, 1989,14(4):532-550.

[56] Eisenhardt K M, Graebner M E, Sonenshein S, et al. Grand Challenges and Inductive Methods: Rigor without Rigor Mortis[J]. Academy of Management Journal, 2016,59(4):1113-1123.

[57] Fan Y C, Xia M, Zhang Y G, et al. The Influence of Social Embeddedness on Organizational Legitimacy and the Sustainability of the Globalization of the Sharing Economic Platform: Evidence from Uber China[J]. Resources, Conservation and Recycling, 2019(151):1-14.

[58] Fang S R, Fang S C, Chou C H, et al. Relationship Learning and Innovation: The Role of Relationship-Specific Memory[J]. Industrial Marketing Management, 2011,40(5):743-753.

[59] Federico C, Guido N. Fostering Entrepreneurial Learning Processes through Dynamic Start-Up Business Model Simulators[J]. International Journal of Management Education, 2018,16(3):468-482.

[60] Feng L Y, Xu H L, Wu G, et al. Exploring the Structure and Influence Factors of Trade Competitive Advantage Network Along the Belt and Road[J]. Statal Mechanics and Its Applications, 2020(559):1-16.

[61] Filieri R, Alguezaui S. Structural Social Capital and Innovation. Is knowledge Transfer the Missing Link?[J]. Journal of Knowledge Management, 2014, 18(4):728-757.

[62] Fisher G, Kuratko D F, Bloodgood J M, et al. Legitimate to Whom?: The

Challenge of Audience Diversity and New Venture Legitimacy[J]. Journal of Business Venturing, 2017,32(1):52-71.

[63] Fisher G. The Complexities of New Venture Legitimacy [J]. Organization Theory, 2020,1(2):1-25.

[64] Forbes, Daniel P. Managerial Determinants of Decision Speed in New Ventures[J]. Strategic Management Journal, 2010,26(4):355-366.

[65] Fornell C, Larcker D F. Evaluating Structural Equation Models with Unobservable Variables and Measurement Error[J]. Journal of Marketing Research, 1981,18(1):39-50.

[66] Garfinkel H. The Origins of the Term "Ethnomethodogy": Selected Reading[C]. Baltimore: Penguin Education, 1974.

[67] Geertz G. The Interpretation of Cultures[M]. New York: Basic Books,1973.

[68] Gersick C J G. Time and Transition in Work Teams: Toward a New Model of Group Development[J]. Academy of Management Journal, 1988,31(1):9-41.

[69] Gherardi S, Nicolini D. The Organizational Learning of Safety in Communities of Practice[J]. Journal of Management Inquiry, 2000,9(1):7-18.

[70] Ghiselli E E, Campbell J P, Zedeck S. Measurement Theory for the Behavioral Sciences[M]. San Francisco: W. H. Freeman and Company, 1981.

[71] Ghoshal T S. Social Capital and Value Creation: The Role of Intrafirm Networks[J]. The Academy of Management Journal, 1998,41(4):464-476.

[72] Giuliani E, Bell M. The Micro-Determinants of Meso-Level Learning and Innovation: Evidence from a Chilean Wine Cluster [J]. Research Policy, 2005,34(1):47-68

[73] Granovetter M. The Strength of Weak Ties[J]. American Journal of Sociology, 1973,78(6):1361-1380.

[74] Granovetter M. Economic Action and Social Structure: The Problem of Embeddedness[J]. American Journal of Sociology, 1985,91(3):481-510.

[75] Grant R M. Toward a Knowledge—Based Theory of the Firm[J]. Strategic Management Journal, 1996,17(S2):109-122.

[76] Gulati R, Higgins M C. Which ties Matter When? The Contingent Effects of

Interorganizational Partnerships on IPO Success [J]. Strategic Management Journal, 2003,24(2):127-144.

[77] Gulati R. Network Location and Learning: The Influence of Network Resources and Firm Capabilities on Alliance Formation [J]. Strategic Management Journal, 1999,20(5):397-420.

[78] Gulati R, Sytch M. Does Familiarity Breed Trust? Revisiting the Antecedents of Trust[J]. Managerial and Decision Economics, 2010,29(2):165-190.

[79] Guo H, Tang J, Su Z. To be Different, or to be the Same? The Interactive Effect of Organizational Regulatory Legitimacy and Entrepreneurial Orientation on New Venture Performance[J]. Asia Pacific Journal of Management, 2014, 31(3):665-685.

[80] Guo H, Shen R, Su Z F. The Impact of Organizational Legitimacy on Product Innovation: A Comparison Between New Ventures and Established Firms[J]. IEEE Transactions on Engineering Management, 2019,66(1):73-83.

[81] Hagedoorn J. Understanding the Cross-Level Embeddedness of Interfirm Partnership Formation[J]. Academy of Management Review, 2006,31(3):670-680.

[82] Hair J F, Black W C, Babin B J, et al. Multivariate Data Analysis[M]. Upper Saddle River: Pearson Education Limited, 2010.

[83] Halinen A, Trnroos J. The Role of Embeddedness in the Evolution of Business Networks[J]. Scandinavian Journal of Management, 1998,14(3):187-205.

[84] Han, Sang-Ho, Kwak, et al. The Effects of Relationship Learning on Relationship Performance: The Moderating of Relationship Power [J]. Foodservice Industry Journal, 2017,13(2):121-132.

[85] Hannan M T, Freeman J. Organizational Ecology [J]. Annual Review of Sociology, 1984,10(1):71-93.

[86] Hannan M. Ecologies of Organizations: Diversity and Identity[J]. Journal of Economic Perspectives, 2005,19(1):51-70.

[87] Hao J, Ilan A, Chun K K, et al. When Should Organizational Change Be Implemented?: The Moderating Effect of Environmental Dynamism Between Dynamic Capabilities and New Venture Performance[J]. Journal of Engineering and Technology

Management, 2013,30(2):188-205.

[88] Herron L, Robinson R B. A Structural Model of the Effects of Entrepreneurial Characteristics on Venture Performance [J]. Journal of Business Venturing, 1993,8(3):281-294.

[89] Hill C W L, Jones G R. Strategic Management: An Integrated Approach[M]. Cincinnati: South-Western Pub lishing, 2007.

[90] Hofer C W, Schendel D. Strategy Formulation: Analytical Concepts[M]. Saint Paul: West Publishing Company, 1980.

[91] Hoffman N P. An Examination of the "Sustainable Competitive Advantage" Concept: Past, Present, and Future [J]. Academy of Marketing Science Review, 2000(4):1-16.

[92] Hoggy M A, Terry D J. Social Identity and Self—Categorization Processes in Organizational Context[J]. Academy of Management Review, 2000,25(1):121-140.

[93] Holsti O R. Content Analysis for the Social Sciences and Humanities[M]. Reading, Mass: Addison-Wesley Publishing Company, 1969.

[94] Husain Z, Dayan M, Di Benedetto C A. The Impact of Networking on Competitiveness Via organizational Learning, Employee Innovativeness, and Innovation Process: A Mediation Model[J]. Journal of Engineering & Technology Management, 2016(40):15-28.

[95] Huy, Quy N, Vuori, et al. Distributed Attention and Shared Emotions in the Innovation Process: How Nokia Lost the Smartphone Battle [J]. Administrative Science Quarterly, 2016,61(1):9-51.

[96] Jaccard J, Turrisi R. Interaction Effects in Multiple Regression[M]. Newbury Park: SAGE Publications, Inc, 2003.

[97] Jackson D L, Gillaspy J A, Purc-Stephenson R. Reporting Practices in Confirmatory Factor Analysis: An Overview and some Recommendations [J]. Psychological Methods, 2009,14(1):6-23.

[98] Jansen J J P, Van Den Bosch A J, Volberda H W. Exploratory Innovation, Exploitative Innovation, and Performance: Effects of Organizational Antecedents and Environmental Moderators[J]. Management Science, 2006,52(11):1661-1674.

[99] Jarratt D. Testing a Theoretically Constructed Relationship Management Capability[J]. European Journal of Marketing, 2008,42(9):1106-1132.

[100] Jean R, Sinkovics R R. Relationship Learning and Performance Enhancement Via Advanced Information Technology: The Case of Taiwanese Dragon Electronics Firms[J]. International Marketing Review, 2010,27(2):200-222.

[101] Kawai N, Xheneti M, Kazumi T. The Effect of Perceived Legitimacy on New Venture Growth in Japan: A Moderated Mediation Approach[J]. Journal of Small Business and Enterprise Development, 2020,27(3):427-447.

[102] Kazanjian R K. Relation of Dominant Problems to Stages of Growth in Technology—Based New Ventures [J]. Academy of Management Journal, 1988,31(2):257-279.

[103] Kenny D A, Korchmaros J D, Bolger N. Lower Level Mediation in Multilevel Models[J]. Psychological Methods, 2003,8(2):115-128.

[104] Khanna T, Nohria G N. The Dynamics of Learning Alliances: Competition, Cooperation, and Relative Scope[J]. Strategic Management Journal, 1998,19(3): 193-210.

[105] Kim J. The Mediating Effects of Market Orientation on Relationship Between International Commitment and Competitive Advantage of International New Ventures[J]. Korean Management Consulting Review, 2013,13(1):163-187.

[106] Kiss A N, Barr P S. New Product Development Strategy Implementation Duration and New Venture Performance: A Contingency—Based Perspective [J]. Journal of Management, 2017,43(4):1185-1210.

[107] Kleiman L S. Human Resource Management: A Managerial Tool for Competitive Advantage[M]. Atomic Dog Publishing Company, 2004.

[108] Kogut B, Zander U. Knowledge of the Firm, Combinative Capabilities, and the Replication of Technology[J]. Organization Science, 1992,3(3):383-397.

[109] Kostova T, Zaheer S. Organizational Legitimacy Under Conditions of Complexity: The Case of the Multinational Enterprise [J]. Academy of Management Review, 1999,24(1):64-81.

[110] Kotabe M, Jiang C X, Murray J Y. Managerial Ties, Knowledge

Acquisition, Realized Absorptive Capacity and New Product Market Performance of Emerging Multinational Companies: A Case of China[J]. Journal of World Business, 2011,46(2):166-176.

[111] Lechner C, Dowling M, Welpe I. Firm Networks and Firm Development: The Role of the Relational Mix[J]. Journal of Business Venturing, 2006,21(4):514-540.

[112] Lee H F, Miozzo M. Which Types of Knowledge—Intensive Business Services Firms Collaborate with Universities for Innovation? [J]. Research Policy, 2019(48): 1633-1646.

[113] Leiblein M J, Chen J S, Posen H E. Resource Allocation in Strategic Factor Markets: A Realistic Real Options Approach to Generating Competitive Advantage[J]. Journal of Management, 2017,43(8):2588-2608.

[114] Letaifa S B, Goglio P K. How does Institutional Context Shape Entrepreneurship Conceptualizations? [J]. Journal of Business Research, 2016,69(11): 5128-5134.

[115] Li J, Liu Y, Cao J. Effects of Overseas Network Embeddedness and Relationship Learning on Internationalization Performance [J]. Journal of Interdisciplinary Mathematics, 2017,20(6-7):1581-1586.

[116] Lin J L, Fang S C, Fang S R, et al. Network Embeddedness and Technology Transfer Performance in R&D Consortia in Taiwan [J]. Technovation, 2009,29(11):763-774.

[117] Liu C L E. An Investigation of Relationship Learning in Cross-Border Buyer-Supplier Relationships: The Role of Trust[J]. International Business Review, 2012,21(3):311-327.

[118] Liu T H, Lo S H, Dai C Y. Expanding the two Wings of Social Capital for Value Creation: Strategic Entrepreneurship of HTC, 1997-2008 [J]. Technology Analysis and Strategic Management, 2018,30(5):512-523.

[119] Lomi A. The Population Ecology of Organizational Founding: Location Dependence and Unobserved Heterogeneity [J]. Administrative Science Quarterly, 1995,40(1):111-144.

[120] Lucas L W, Gao Y. Competition Network as a Source of Competitive

[121] Lunawat R. Reputation Effects of Information Sharing[J]. Journal of Economic Behavior & Organization, 2016(131):75-91.

[122] Luo L L, Ma X F, Shige Makino, et al. Cluster Status and New Venture Creation[J]. Journal of Business Venturing, 2020,35(5):1-19.

[123] Luo X R, Yang L, He X. Can one Stone Kill two Birds? Political Relationship Building and Partner Acquisition in New Ventures[J]. Entrepreneurship Theory and Practice, 2020,44(4):817-841.

[124] Lyngstadaas H. An Empirical Investigation of how Information Sharing Affects Cash Flow Performance Through Competitive Capability[J]. Supply Chain Management, 2019,24(6):710-728.

[125] Ma Q, Li X L, Chaudhry P E, et al. Public Relations and Legitimacy: A Study of New Ventures on the Corporate Life Cycle[J]. Systems Research & Behavioral Science, 2020,37(4):699-710.

[126] Mackinnon D P. Introduction to Statistical Mediation Analysis[J]. Introduction to Probability & Statistics for Engineers & Scientists, 2008,36(279):1-8.

[127] Marsden P V. Network Data and Measurement[J]. Annual Review of Sociology, 1990,16(16):435-463.

[128] Martin X. Institutional Advantage[J]. Global Strategy Journal, 2014,4(1):55-69.

[129] Martinez R J, Dacin M T. Efficiency Motives and Normative Forces: Combining Transactions Costs and Institutional Logic[J]. Journal of Management, 1999,25(1):75-96.

[130] Mckelvie A, Wiklund J, Brattstrom A. Externally Acquired or Internally Generated? Knowledge Development and Perceived Environmental Dynamism in New Venture Innovation[J]. Entrepreneurship Theory and Practice, 2018,42(1):24-46.

[131] Meyer J W. Scott W B. Organizational Environment:Ritual and Rationality[M]. Beverly Hills: Sage, 1983.

[132] Meyer J W, Rowan B. Institutionalized Organizations: Formal Structure as Myth and Ceremony[J]. American Journal of Sociology, 1977,83(2):340-363.

[133] Middleton K L W. Becoming Entrepreneurial: Gaining Legitimacy in the Nascent Phase[J]. International Journal of Entrepreneurial Behaviour & Research, 2013,19(4):404-424.

[134] Miles M B, Huberman A M. Qualitative Data Analysis (2nd Edition)[M]. Thousand Oaks, CA: Sage, 1994.

[135] Moran P, Ghoshal S. Markets, Firms, and the Process of Economic Development[J]. Academy of Management Review, 1999,24(3):390-412.

[136] Nahapiet J, Ghoshal S. Social Capital, Intellectual Capital, and the Organizational Advantage[J]. Academy of Management Review, 1998,23(2):242-266.

[137] Nelson R R, Winter S G. An Evolutionary Theory of Economic Change[M]. Harvard: Belknap Press of Harvard University Press, 1982.

[138] Oliver C. Strategic Responses to Institutional Processes[J]. Academy of Management Review, 1991,16(1):145-179.

[139] Parsons T. Structure and Process in Modern Societies[M]. New York: Free Press, 1960.

[140] Peng M W. Towards an Institution—Based View of Business Strategy[J]. Asia Pacific Journal of Management, 2002,19(2-3):251-267.

[141] Peng M W. Institutional Transitions and Strategic Choices[J]. Academy of Management Review, 2003,28(2):275-296.

[142] Peng M W, Sun S L, Pinkham B, et al. The Institution—Based View as a Third Leg for a Strategy Tripod[J]. Academy of Management Perspectives, 2009,23(3):63-81.

[143] Penrose E T. The Theory of the Growth of the Firm[M]. New York: Sharpe, 1959.

[144] Pfeffer J, Salancik G R. The External Control of Organizations: A Resource Dependence Perspective[M]. New York: Harper & Row, 1978.

[145] Plummer L A, Allison T H, Connelly B L. Better Together? Signaling Interactions in New Venture Pursuit of Initial External Capital[J]. Academy of

Management Journal, 2016,59(5):1585-1604.

[146] Polanyi K. The Great Transformation: The Political and Economic Origins of Our Time[M]. Boston: Beacon Press, 1944.

[147] Polanyi K. The Livelihood of Man [J]. Southern Economic Journal, 1977,45(2):668.

[148] Porter M E. Competitive Advantage: Creating and Sustaining Superior Performance[M]. New York: The Free Press. 1985.

[149] Pullen A, Groen A J, Fisscher O. SME Network Characteristics vs. Product Innovativeness: How to Achieve High Innovation Performance [J]. Creativity and Innovation Management, 2012,21(2):130-146.

[150] Ray G, Barney J B, Muhanna W A. Capabilities, Business Processes, and Competitive Advantage: Choosing the Dependent Variable in Empirical Tests of the Resource Based View[J]. Strategic Management Journal, 2004,25(1):23-37.

[151] Riley P. Discourse and Identity: By Bethan Benwell and Elizabeth Stokoe[J]. International Journal of Applied Linguistics, 2010,17(3):423-426.

[152] Ripollés M, Blesa A. Influence of Network Ties on Inter Firm Network Management Activities: A Comparative Study Between International New Ventures and International Mature Firms [J]. Canadian Journal of Administrative Sciences/Revue Canadienne des Sciences de Administration, 2018,35(4):605-619.

[153] Ritala P, Hurmelinna-Laukkanen P. Incremental and Radical Innovation in Coopetition: The Role of Absorptive Capacity and Appropriability [J]. Journal of Product Innovation Management, 2013,30(1):154-169.

[154] Ruef M, Scott W R. A Multidimensional Model of Organizational Legitimacy: Hospital Survival in Changing Institutional Environments [J]. Administrative Science Quarterly, 1998(43):877-904.

[155] Ruey-Jer B J, Daekwan K, Jyh-She C, et al. Strategic Orientations, Joint Learning, and Innovation Generation in International Customer - Supplier Relationships[J]. International Business Review, 2018,24(7):838-851.

[156] Rumelt R P. Toward a Strategic Theory of the Firm [M]. Nj: Prentice-Hall, 1984.

[157] Rusanen H, Halinen A, Jaakkola E. Accessing Resources for Service Innovation: The Critical Role of Network Relationships[J]. Journal of Service Management, 2014,25(1):2-29.

[158] Schildt H, Keil T, Maula M. The Temporal Effects of Relative and Firm-Level Absorptive Capacity on Interorganizational Learning[J]. Strategic Management Journal, 2012,33(10):1154-1173.

[159] Schulte Jr W D. The Effect of International Corporate Strategies and Information and Communication Technologies on Competitive Advantage and Firm Performance: An Exploratory Study of the International Engineering, Procurement and Construction(iepc)Industry[M]. George: The George Washington University, 1999.

[160] Scott W R. Institutions and Organizations[M]. Thousand Oaks, CA: Sage, 1995.

[161] Selnes F, Sallis J. Promoting Relationship Learning[J]. Journal of Marketing, 2003,67(3):80-95.

[162] Shamsollahi A, Chmielewski-Raimondo D A, Bell S J, et al. Buyer-Supplier Relationship Dynamics: A Systematic Review[J]. Journal of the Academy of Marketing Science, 2021(49):418-436.

[163] Sheng S, Zhou K Z, Li J J. The Effects of Business and Political Ties on Firm Performance: Evidence from China[J]. Journal of Marketing, 2011, 75(1): 1-15.

[164] Shrout P E, Bolger N. Mediation in Experimental and Nonexperimental Studies: New Procedures and Recommendations[J]. Psychological Methods, 2002,7(4):422-445.

[165] Simmel G. Sociology: Investigations on the Forms of Sociation[M]. Leipzing, Germany: Duncker and Humblot, 1908.

[166] Singh J V, Tucker D J, House R J. Organizational Legitimacy and the Liability of Newness[J]. Administrative Science Quarterly, 1986,31(2):171-193.

[167] Skarmeas D, Saridakis C, Leonidou C N. Examining Relationship Value in Cross-border Business Relationships: A Comparison Between Correlational and Configurational Approaches[J]. Journal of Business Research, 2018(89):280-286.

[168] Slatten T, Lien G, Fredheim A, et al. Enabling Relationship Learning in Intra-Firm Professional Service Teams[J]. Total Quality Management & Business Excellence, 2017,28(9):946-958.

[169] Stafford E R. Using Co-Operative Strategies to Make Alliances Work[J]. Long Range Planning, 1994,27(3):64-74.

[170] Stanko M A, Bonner J M, Calantone R J. Building Commitment in Buyer-Seller Relationships: A Tie Strength Perspective[J]. Industrial Marketing Management, 2007,36(8):1094-1103.

[171] Steven Y H Liu, Deligonul S, Cavusgil S T, et al. Addressing Psychic Distance and Learning in International Buyer-Seller Relationships: The Role of Firm Exploration and Asset Specificity[J]. Journal of World Business, 2021,56(4):1-14.

[172] Stinchcombe A L. Social Structure and Organizations[A]. Handbook of Organizations. Chicago, Rand Mcnally&Company, 1965.

[173] Strauss A, Corbin J M. Basics of Qualitative Research: Grounded Theory Procedures and Techniques[M]. Thousand Oaks: Sage Publications, 1990.

[174] Stuart T E, Hoang H, Hybels R C. Interorganizational Endorsement and the Performance of Entrepreneurial Ventures[J]. Strategic Management Journal, 1999,21(8):791-811.

[175] Su X, Peng H, Zhang S, et al. Unraveling Legitimation Strategies of Chinese Internet Start-Ups[J]. Chinese Management Studies, 2015,9(2):239-258.

[176] Suchman M C. Managing Legitimacy: Strategic and Institutional Approaches[J]. Academy of Management Review, 1995,20(3):571-610.

[177] Sukoco B M, Hardi H, Qomariyah A, et al. Social Capital, Relational Learning, and Performance of Suppliers[J]. Asia Pacific Journal of Marketing & Logistics, 2018,30(2):417-437.

[178] Sullivan D, Marvel M. How Entrepreneurs' Knowledge and Network Ties Relate to the Number of Employees in New SMEs[J]. Journal of Small Business Management, 2011,49(2):185-206.

[179] Tracey P, Dalpiaz E, Phillips N. Fish out of Water: Translation, Legitimation, and New Venture Creation[J]. Academy of Management Journal,

2018,61(5):1627-1666.

[180] Tsai W, Ghoshal S. Social Capital and Value Creation: The Role of Intrafirm Networks[J]. Academy of Management Journal, 1998,41(4):464-476.

[181] Tsai W. Knowledge Transfer in Intraorganizational Networks: Effects of Network Position and Absorptive Capacity on Business Unit Innovation and Performance[J]. Academy of Management Journal, 2001,44(5):996-1004.

[182] Tuomisalo T, Leppaaho T. Learning in International New Ventures: A Systematic Review[J]. International Business Review, 2019,28(3):463-481.

[183] Uzzi B. Social Structure and Competition in Interfirm Networks: The Paradox of Embeddedness[J]. Administrative Science Quarterly, 1997,42(1):35-67.

[184] Van B C, Zand F. R&D Cooperation, Partner Diversity, and Innovation Performance: An Empirical Analysis[J]. Journal of Product Innovation Management, 2014,31(2):292-312.

[185] Wang C H, Hsu L C. Building Exploration and Exploitation in the High-Tech Industry: The Role of Relationship Learning[J]. Technological Forecasting & Social Change, 2014,81(1):331-340.

[186] Wang Z, Liu X, Liu Q. Study of the Relationship Between Political Connections and Corporatere Entrepreneurial Performance [J]. Sustainability, 2019,11(15):1-28.

[187] Watson J. Modeling the Relationship Between Networking and Firm Performance[J]. Journal of Business Venturing, 2007,22(6):852-874.

[188] Weber M. Protestant Ethic and the Spirit of Capitalism[M]. Beijing: China Social Sciences Publishing House, 1958.

[189] Wernerfelt B. A Resource Based View of the Firm[J]. Strategic Management Journal, 1984,5(2):171-180.

[190] Wiersema M F, Nishimura Y, Suzuki K. Executive Succession: The Importance of Social Capital in CEO Appointments[J]. Strategic Management Journal, 2018,39(5):1473-1495.

[191] Wind Y, Thomas R J. Organizational Buying Behavior in an Interdependent World[J]. Journal of Global Academy of Marketing Science, 2010,20(2):110-122.

[192] Wu G S, Peng M Y, Chen Z, et al. The Effect of Relational Embeddedness, Absorptive Capacity, and Learning Orientation on SMEs' Competitive Advantage[J]. Frontiers in Psychol, 2020(11):1-15.

[193] Wu J. Asymmetric Roles of Business Ties and Political Ties in Product Innovation[J]. Journal of Business Research, 2011,64(11):1151-1156.

[194] Wu L W, Lin C Y. Innovation Benefited by Relationship Learning[J]. International Journal of Business and Economics, 2018,17(1):55-72.

[195] Wu L Y, Wang C J, Tseng C Y, et al. Founding Team and Start-Up Competitive Advantage[J]. Management Decision, 2009,47(2):345-358.

[196] Wu L, Dong B. Whether Dynamic Capability can be Regarded as the Mediator Between Network and Competitive Advantage? [J]. Journal of Entrepreneurial Development Research, 2010,2(2):103-117.

[197] Wu W, Wang H, Tsai F S. Incubator Networks and New Venture Performance: The Roles of Entrepreneurial Orientation and Environmental Dynamism[J]. Journal of Small Business and Enterprise Development, 2020,27(5):727-747.

[198] Wu X, Zhao Z, Zhou B. Legitimacy in Adaptive Business Model Innovation: An Investigation of Academic Ebook Platforms in China[J]. Emerging Markets Finance and Trade, 2018,55(4):719-742.

[199] Xue Y, Fang C, Dong Y. The Impact of New Relationship Learning on Artificial Intelligence Technology Innovation[J]. International Journal of Innovation Studies, 2021,5(1):2-8.

[200] Yan Y, Zhang J J, Guan J. Network Embeddedness and Innovation: Evidence from the Alternative Energy Field[J]. IEEE Transactions on Engineering Management, 2019,67(3):769-782.

[201] Yang D L, Li J P, Wu R. Impact of the Core founder's Functional Experience Diversity on New Venture Performance and Moderating Effects of Environmental Dynamism[J]. Emerging Markets Finance and Trade, 2019,55(4):809-826.

[202] Yang J P, Chen T T, Tang L B. The Effect of Entrepreneurial Network on New Venture Growth: The Regulatory Role of Entrepreneurial Learning[C]. Springer

Berlin Heidelberg, 2013: 1699-1708.

[203] Yin R K. Case Study Research: Design and Methods[M]. Thousand Oaks, CA: Sage Publications, 2003.

[204] Yin R K. Applications of Case Study Research[M]. Thousand Oaks, CA: Sage Publications, 2011.

[205] Yu C P, Zhang Z G, Lin C P, et al. Knowledge Creation Process and Sustainable Competitive Advantage: The Role of Technological Innovation Capabilities[J]. Sustainability, 2017,9(12):1-16.

[206] Yu X Y, Meng X T, Chen Y, et al. Work-Family Conflict, Organizational Ambidexterity and New Venture Legitimacy in Emerging Economies[J]. Technological Forecasting and Social Change, 2018(135):229-240.

[207] Zaheer S A. Uncertainty in the Transaction Environment: An Empirical Test[J]. Strategic Management Journal, 1998,19(1):1-23.

[208] Zhao X S, Lynch J G, Chen Q. Reconsidering Baron and Kenny: Myths and Truths about Mediation Analysis[J]. Journal of Consumer Research, 2010, 37(2): 197-206.

[209] Zhao X. Organizational Learning in the Context of Institutional Voids: Government Interventionism and Business Networks in Asia[M]. Elsevier: Organizational Learning in Asia, 2017.

[210] Zimmerman M A, Zeitz G J. Beyond Survival: Achieving New Venture Growth by Building Legitimacy[J]. Academy of Management Review, 2002,27(3):414-431.

[211] Zucker L G. The Role of Institutionalization in Cultural Persistence[J]. American Sociological Review, 1977,42(5):726-743.

[212] Zukin S, Dimaggio P. Structures of Capital: The Social Organization of the Economy[M]. Cambridge: Cambridge University Press, 1990.

[213] 安舜禹, 蔡莉, 单标安. 新企业创业导向、关系利用及绩效关系研究[J]. 科研管理, 2014,35(3):66-74.

[214] 包英群, 张慧玉, 眭文娟. 新创企业的制度嵌入与企业社会责任前移[J]. 科研管理, 2017,38(6):100-107.

[215]蔡坚.基于知识流动的企业创新网络与创新绩效关系研究[D].武汉:华中科技大学,2014.

[216]蔡莉,单标安,刘钊,等.创业网络对新企业绩效的影响研究:组织学习的中介作用[J].科学学研究,2010,28(10):1592-1600.

[217]曹国昭,齐二石.竞争环境下新创企业产量柔性技术战略决策研究[J].中国管理科学,2016(11):94-102.

[218]陈彪,单标安.转型环境下创业战略与新创企业竞争优势关系研究[J].科技进步与对策,2018,35(3):8-14.

[219]陈国权,刘薇.企业组织内部学习、外部学习及其协同作用对组织绩效的影响:内部结构和外部环境的调节作用研究[J].中国管理科学,2017,25(5):175-186.

[220]陈浩,刘春林.机构投资者对新创企业绩效的影响:一个被调节的中介模型[J].科技进步与对策,2018,35(9):1-8.

[221]陈建勋.组织学习的前因后果研究:基于二元视角[J].科研管理,2011,32(6):140-149.

[222]陈莉平.企业间关系网络嵌入对竞争优势影响的实证研究:以战略协同能力为中介变量[J].科技进步与对策,2014,31(24):36-40.

[223]陈培祯.协作研发网络嵌入性对企业新产品开发绩效影响的研究[D].长沙:湖南大学,2019.

[224]陈瑞,郑毓煌,刘文静.中介效应分析:原理、程序、Bootstrap方法及其应用[J].营销科学学报,2013,9(4):120-135.

[225]陈收.环境不确定性对竞争战略与企业绩效关系的调节效应[J].中国科技论坛,2014(2):57-64.

[226]陈熹,范雅楠,云乐鑫.创业网络、环境不确定性与创业企业成长关系研究[J].科学学与科学技术管理,2015,36(9):105-116.

[227]陈向明.质的研究方法与社会科学研究[M].北京:教育科学出版社,2000.

[228]陈晓萍,沈伟.组织与管理研究的实证方法[M].北京:北京大学出版社,2018.

[229]陈勇.关系学习和动态能力对企业技术创新的影响研究[D].杭州:浙

江大学，2011.

[230]陈宗仕，郑路．制度环境与民营企业绩效：种群生态学和制度学派结合视角[J]．社会学研究，2015(4):26-45.

[231]董保宝．网络结构与竞争优势关系研究：基于动态能力中介效应的视角[J]．管理学报，2012,9(1):50-56.

[232]董保宝．高科技新创企业网络中心度、战略隔绝与竞争优势关系研究[J]．管理学报，2013,10(10):1478-1184.

[233]董保宝，李白杨．新创企业学习导向、动态能力与竞争优势关系研究[J]．管理学报，2014,11(3):376-382.

[234]董保宝，周晓月．网络导向、创业能力与新企业竞争优势：一个交互效应模型及其启示[J]．南方经济，2015,33(1):37-53.

[235]杜运周．竞争与互动导向、组织合法性与新企业成长关系实证研究[D]．天津：南开大学博士学位论文，2010.

[236]杜运周，张玉利，任兵．展现还是隐藏竞争优势：新企业竞争者导向与绩效U型关系及组织合法性的中介作用[J]．管理世界，2012(7):96-107.

[237]方红星，严苏艳．客户集中度与企业创新[J]．科研管理，2020,41(5):182-190.

[238]房建奇．企业家社会资本对科技型中小企业技术创新绩效作用机制研究[D]．长春：吉林大学，2020.

[239]冯长利，张明月，刘洪涛，等．供应链知识共享与企业绩效关系研究：供应链敏捷性的中介作用和环境动态性的调节作用[J]．管理评论，2015,27(11):183-193.

[240]付丙海，谢富纪，张宏如．创业拼凑的多层次诱发机制及影响效应[J]．科学学研究，2018,36(7):95-104.

[241]高丙中．社会团体的合法性问题[J]．中国社会科学，2000(2):100-109.

[242]高可为．超经济学视角的企业竞争优势观[J]．中国流通经济，2010,24(9):44-48.

[243]高洋，葛宝山，蒋大可．组织学习、惯例更新与竞争优势之间的关系：基于不同环境不确定水平的研究[J]．科学学研究，2017,35(9):1386-1395.

[244] 葛宝山, 崔月慧. 基于社会网络视角的新创企业知识共享模型构建[J]. 情报科学, 2018, 36(2):153-158.

[245] 葛宝山, 王照锐. 创业团队行为整合、关系学习与创业绩效: 创业团队行为复杂性的调节效应[J]. 南方经济, 2019(10):34-46.

[246] 郭海, 沈睿, 王栋晗, 等. 组织合法性对企业成长的"双刃剑"效应研究[J]. 南开管理评论, 2018, 21(5):18-31.

[247] 郭海, 李永慧, 赵雁飞. 求同还是存异: 最优区分研究回顾与展望[J]. 南开管理评论, 2020, 23(6):214-224.

[248] 郭润萍, 蔡莉. 转型经济背景下战略试验、创业能力与新企业竞争优势关系的实证研究[J]. 外国经济与管理, 2014, 36(12):3-12.

[249] 郭韬, 王广益, 王晨. 组织学习对企业成长绩效的影响: 区域环境的调节作用[J]. 学习与探索, 2017(7):137-143.

[250] 韩斌, 蒋青云. 关系学习对渠道绩效的影响: 基于连续谈判模型[J]. 管理科学, 2014, 27(1):55-64.

[251] 韩莹, 陈国宏. 集群企业网络权力与创新绩效关系研究: 基于双元式知识共享行为的中介作用[J]. 管理学报, 2016, 13(6):855-862.

[252] 何超, 张建琦, 刘衡. 资源拼凑与中小企业创新: 智力资本的中介作用[J]. 科研管理, 2019, 40(7):140-151.

[253] 何霞, 苏晓华. 环境动态性下新创企业战略联盟与组织合法性研究: 基于组织学习视角[J]. 科研管理, 2016, 37(2):90-97.

[254] 洪进, 杨娜娜, 杨洋. 商业模式设计对新创企业创新绩效的影响[J]. 中国科技论坛, 2018(2):120-127.

[255] 胡海青, 王兆群, 张颖颖, 等. 创业网络、效果推理与新创企业融资绩效关系的实证研究: 基于环境动态性调节分析[J]. 管理评论, 2017, 29(6):61-72.

[256] 黄继生. 网络嵌入与突破性创新绩效关系研究: 创新合法性和创新资源获取的影响[D]. 杭州: 浙江工商大学, 2017.

[257] 黄嘉文. 企业社会网络总是有用吗?: 一个文献综述[J]. 科研管理, 2019, 40(9):57-64.

[258] 黄胜兰. 创业型领导对新创企业绩效的作用机理研究[D]. 合肥: 中国

科学技术大学,2015.

[259]简兆权,旷珍.协同创新网络、复合式能力与新服务开发绩效[J].管理学报,2020,17(10):1498-1505.

[260]江积海,刘敏.动态能力重构及其与竞争优势关系实证研究[J].科研管理,2014,35(8):75-82.

[261]蒋青云.营销渠道理论的"学习范式"研究[D].上海:复旦大学,2007.

[262]拉德克利夫·布朗.安达曼岛人[M].梁粤,译.南宁:广西师范大学出版社,2005.

[263]兰娟丽,雷宏振.网络嵌入性对集群企业竞争优势的影响机制研究:基于临近性的调节作用[J].经济经纬,2017,34(6):99-104.

[264]李光金,刘兵.伙伴关系:企业竞争优势的新来源[J].四川大学学报:哲学社会科学版,2002(1):35-38.

[265]李国强,孙遇春,胡文安.嵌入式合作网络要素如何影响企业双元创新?:基于fsQCA方法的比较研究[J].科学学与科学技术管理,2019,40(12):72-85.

[266]李宏贵,周洁.组织声誉与企业成长:创新合法性的中介作用[J].科技进步与对策,2015,32(10):84-87.

[267]李宏贵,李悦.新创企业创新逻辑、创新行为与创新绩效:任务与制度环境视角[J].科技进步与对策,2018,35(11):84-89.

[268]李靖华,黄继生.网络嵌入、创新合法性与突破性创新的资源获取[J].科研管理,2017,38(4):11-18.

[269]李俊.组织合法性视角下制度压力对企业环境绩效影响机制研究[D].杭州:浙江工商大学,2017.

[270]李鹏飞.基于嵌入悖论的创业网络结构研究[D].大连:大连理工大学,2019.

[271]李淑芬.企业家社会资本对集群企业竞争优势的影响研究[D].长春:吉林大学,2011.

[272]李树文,孙锐,罗瑾琏.新创科技企业战略人力资源与组织创新[J].科学学研究,2020,38(3):184-194.

[273]李树文,罗瑾琏,梁阜,等.竞争环境下研发企业组织情绪能力与组织绩效:双路径模型检验[J].南开管理评论,2021,24(2):118-127.

[274]李玉刚,童超.企业合法性与竞争优势的关系:分析框架及研究进展[J].外国经济与管理,2015,37(3):65-75.

[275]李贞,杨洪涛.吸收能力、关系学习及知识整合对企业创新绩效的影响研究:来自科技型中小企业的实证研究[J].科研管理,2012,33(1):79-89.

[276]梁阜,李树文,耿新.基于企业生命周期的人力资本最优配置:资源转化的视角[J].科研管理,2020,41(4):242-252.

[277]梁娟,陈国宏.多重网络嵌入、知识整合与知识创造绩效[J].科学学研究,2019,37(2):111-120.

[278]林枫,邵莛苇,张雄林,等.新创企业合法性获取机制:研究回顾与管理框架[J].科技进步与对策,2017,34(2):94-99.

[279]林琳,陈万明.战略试验、创业学习与新企业商业模式创新[J].科技进步与对策,2018,35(3):95-100.

[280]刘洋,应瑛,魏江,等.研发网络边界拓展、知识基与创新追赶[J].科学学研究,2015,33(6):915-923.

[281]刘志阳,徐祖辉,何晓斌.中国企业家佛教信仰、组织学习和新创企业绩效[J].山西财经大学学报,2019(6):98-109.

[282]罗兴武,项国鹏,宁鹏,等.商业模式创新如何影响新创企业绩效?:合法性及政策导向的作用[J].科学学研究,2017,35(7):1073-1084.

[283]马鸿佳,宋春华,葛宝山.动态能力、即兴能力与竞争优势关系研究[J].外国经济与管理,2015,37(11):25-37.

[284]马鸿佳,马楠,郭海.关系质量、关系学习与双元创新[J].科学学研究,2017,35(6):917-930.

[285]马力,马美双.企业伦理、绿色创业导向与竞争优势关系研究:以新创科技型企业为例[J].科技进步与对策,2018,35(3):80-86.

[286]马丽.联盟组合网络特征、组织学习与企业创新能力关系研究[D].成都:电子科技大学,2020.

[287]孟迪云,王耀中,徐莎.网络嵌入性对商业模式创新的影响机制研究[J].科学学与科学技术管理,2016,37(11):152-165.

[288]孟宣宇.创业者领导行为、组织学习能力与新创企业竞争优势关系研究[D].长春:吉林大学,2013.

[289]潘佳,刘益,郑淞月.外部知识搜寻和企业绩效关系研究:以信息技术服务外包行业为例[J].管理评论,2017,29(6):73-84.

[290]裴梦丹,张宝建,孙国强.关系冗余、组织合法性与新创企业绩效关系研究[J].软科学,2019,33(1):68-71.

[291]裴旭东,李随成,黄聿舟.新创企业突破性创新能力的提升机理研究[J].华东经济管理,2014,28(10):110-114.

[292]彭学兵,王乐,刘玥伶,等.创业网络、效果推理型创业资源整合与新创企业绩效关系研究[J].科学学与科学技术管理,2017,38(6):157-170.

[293]任胜钢,曾慧,董保宝.网络跨度与信任的交互效应对创业绩效影响的纵向案例研究[J].管理学报,2016,13(4):473-482.

[294]任胜钢,赵天宇.创业导向、网络跨度与网络聚合对新创企业成长绩效的影响机制研究[J].管理工程学报,2018,32(4):232-238.

[295]芮正云,罗瑾琏.新创企业联盟能力、网络位置跃迁对其知识权力的影响:基于知识网络嵌入视角[J].管理评论,2017,29(8):187-197.

[296]芮正云,罗瑾琏.产业网络双重嵌入与新创企业创新追赶[J].科学学研究,2019,37(2):267-275.

[297]单标安,蔡莉,陈彪,等.中国情境下创业网络对创业学习的影响研究[J].科学学研究,2015,33(6):899-906,914.

[298]尚航标,黄培伦.新制度主义对战略管理的理论意义[J].管理学报,2011,8(3):396-402.

[299]宋春华,马鸿佳,马楠.关系学习、双元创新与企业绩效关系研究[J].外国经济与管理,2017,39(9):32-46.

[300]宋晶,陈劲.创业者社会网络、组织合法性与创业企业资源拼凑[J].科学学研究,2019,37(1):86-94.

[301]苏晓华,戎筠,何霞.战略联盟、新生学习优势、环境动态性与基于绩效的合法性关系研究[J].科技进步与对策,2013,30(10):63-67.

[302]苏晓华,吴琼珠,诸周成.战略联盟有助于新创企业获取合法性吗?:一个有调节的中介模型[J].科学学与科学技术管理,2015,36(11):79-89.

[303]孙娟,李艳军.权力与公平:社会网络嵌入对农资零售商知识转移影响机理的实证研究:基于 SEM 的传统渠道和电商渠道情境的差异分析[J].管理工程学报,2019,33(4):10-18.

[304]孙锐,李树文,顾琴轩.双元环境下战略人力资源管理影响组织创新的中介机制:企业生命周期视角[J].南开管理评论,2018,21(5):178-189.

[305]汪涛,贾煜,崔朋朋,等.外交关系如何影响跨国企业海外市场绩效[J].中国工业经济,2020(7):81-97.

[306]汪艳霞,曹锦纤.支持还是抑制?网络嵌入创业绩效有效性测量[J].科技进步与对策,2020,37(1):28-37.

[307]王辉,张广玲,詹志方.营销渠道中的冲突与合作如何影响关系学习[J].经济管理,2013(11):81-92.

[308]王建刚,吴洁.网络结构与企业竞争优势:基于知识转移能力的调节效应[J].科学学与科学技术管理,2016,37(5):55-66.

[309]王雷.外资嵌入影响集群企业创新能力的实证研究[J].科学学与科学技术管理,2012,33(9):36-43.

[310]王玲玲,赵文红,魏泽龙.创业制度环境、网络关系强度对新企业组织合法性的影响研究[J].管理学报,2017,14(9):1324-1331.

[311]王涛,陈金亮.新创企业持续成长研究:基于创业网络与合法性融合的视角[J].财经问题研究,2018,417(8):91-99.

[312]王萧萧.产学研合作知识耦合、信任与组织学习关系研究[D].广州:华南理工大学,2018.

[313]王一.TMT 网络特征、双元创新与企业竞争优势的关系研究[D].长春:吉林大学,2017.

[314]王永贵,刘菲.创新能力:发包方对接包方的影响机制研究:战略外包情境中合作冲突与长期合作导向的调节效应[J].经济管理,2018,40(1):142-157.

[315]王永贵,王娜.逆向创新有助于提升子公司权力和跨国公司的当地公民行为吗?:基于大型跨国公司在华子公司的实证研究[J].管理世界,2019(4):145-159.

[316]王永健,谢卫红.转型环境下管理者关系对企业绩效的影响研究[J].

管理科学,2015,28(6):39-49.

[317]王永伟,张善良,郭鹏飞,等.CEO变革型领导行为、创业导向与商业模式创新[J].中国软科学,2021(5):167-175.

[318]王兆群,胡海青,张丹,等.环境动态性下创业拼凑与新创企业合法性研究[J].华东经济管理,2017,31(10):36-42.

[319]魏泽龙,谷盟.转型情景下企业合法性与绿色绩效的关系研究[J].管理评论,2015,27(4):76-84.

[320]魏泽龙,宋茜,权一鸣.开放学习与商业模式创新:竞争环境的调节作用[J].管理评论,2017(12):27-38.

[321]温超,陈彪.创业学习、创业战略与新企业竞争优势[J].外国经济与管理,2019,41(9):139-152.

[322]温超.创业网络、新企业战略与竞争优势的关系研究[D].长春:吉林大学,2020.

[323]温忠麟,叶宝娟.中介效应分析:方法和模型发展[J].心理科学进展,2014,22(5):731-745.

[324]吴明隆.问卷统计分析实务:SPSS操作与应用[M].重庆:重庆大学出版社,2010a.

[325]吴明隆.结构方程模型:AMOS的操作与应用[M].重庆:重庆大学出版社,2010b.

[326]吴楠.关系嵌入、组织间学习能力与技术创新绩效关系研究[D].西安:西北工业大学,2015.

[327]吴月瑞.企业合法化战略与创新绩效关系的实证研究[D].广州:华南理工大学,2011.

[328]吴增源,易荣华,张育玮,等.新创企业如何进行商业模式创新?:基于内外部新知识的视角[J].中国软科学,2018(3):133-140.

[329]向永胜.文化嵌入对集群企业创新能力的作用机制及协同演进研究[D].杭州:浙江大学,2012.

[330]徐萌,蔡莉.新企业组织学习对惯例的影响研究:组织结构的调节作用[J].管理科学,2016,29(6):93-105.

[331]严卫群,董彩婷,柳卸林.国内创业网络对海归创业企业绩效的影

响[J].科学学研究,2019,37(5):878-887.

[332]杨建君,穆天,刘力萌.高新技术企业突变式创新绩效研究:基于关系学习理论视角[J].经济体制改革,2020(5):192-198.

[333]杨特,赵文红,周密.网络规模对创业资源获取的影响:创业者先前经验的调节作用[J].科技进步与对策,2018,35(2):1-9.

[334]杨栩,廖姗,张平.生态创新、利益相关者关系嵌入性与新创企业合法性关系研究[J].管理评论,2020,32(9):107-117.

[335]杨艳,景奉杰.新创企业资产对小微企业营销绩效的影响[J].科研管理,2019,40(10):250-258.

[336]杨震宁,李东红,范黎波.身陷"盘丝洞":社会网络关系嵌入过度影响了创业过程吗?[J].管理世界,2013(12):101-116.

[337]杨智,邱国栋.双元环境下新创科技企业资本一致性对组织创新的影响[J].南大商学评论,2020(2):165-179.

[338]姚铮,金列.多元化动机影响企业财务绩效机理研究:以浙江民企雅戈尔为例[J].管理世界,2009(12):137-149.

[339]叶峥,郑健壮.集群企业网络特征与创业行为:基于创业能力的实证研究[J].科研管理,2014,35(1):58-65.

[340]易朝辉.网络嵌入、创业导向与新创企业绩效关系研究[J].科研管理,2012,33(11):105-115.

[341]殷俊杰,邵云飞.联盟组合管理能力对焦点企业合作创新绩效的影响研究[J].管理学报,2018,15(6):865-873.

[342]尹惠斌.研发团队知识冲突对企业突破性创新绩效的影响研究[D].长沙:中南大学,2014.

[343]尹苗苗,李秉泽,杨隽萍.中国创业网络关系对新企业成长的影响研究[J].管理科学,2015,28(6):27-38.

[344]尤成德,刘衡,张建琦.关系网络、创业精神与动态能力构建[J].科学学与科学技术管理,2016,37(7):135-147.

[345]于晓宇,陶向明,李雅洁.见微知著?失败学习、机会识别与新产品开发绩效[J].管理工程学报,2019,33(1):51-59.

[346]俞园园.组织合法性视角下产业集群嵌入对新创企业创业绩效的影响

研究[D].镇江:江苏大学,2015.

[347]云乐鑫,杨俊,张玉利.创业企业如何实现商业模式内容创新?:基于"网络—学习"双重机制的跨案例研究[J].管理世界,2017(4):119-137.

[348]曾楚宏,朱仁宏,李孔岳.新创企业成长的组织合法性获取机制[J].财经科学,2009(8):64-72.

[349]曾萍,宋铁波.政治关系与组织绩效的关系研究[J].管理学报,2012,9(3):364-370.

[350]詹志方.渠道网络嵌入性对合作创新绩效的作用机制:以关系学习、双元能力为中介变量[J].经济经纬,2018,35(1):115-120.

[351]张春雨,郭韬,刘洪德.网络嵌入对技术创业企业商业模式创新的影响[J].科学学研究,2018,36(1):167-175.

[352]张红,孙宇,蓝海林.新创企业高速成长中竞争优势来源研究:以TCL国际电工为例[J].管理学报,2011,8(1):6-11.

[353]张慧,王核成,俞抒彤.网络位势对集群企业创新绩效的影响:组织学习的中介作用[J].科技进步与对策,2015,32(15):81-85.

[354]张敏.资源拼凑会抑制企业家精神吗?:基于环境不确定及政商关系的调节效应检验[J].科学学研究,2020,38(5):121-129.

[355]张楠,吴先明.出口行为、企业规模与新创企业生存危险期[J].国际贸易问题,2020(5):42-56.

[356]张悦,梁巧转,范培华.网络嵌入性与创新绩效的Meta分析[J].科研管理,2016,37(11):80-88.

[357]张哲.嵌入性视角下新创企业声誉研究[D].北京:中央财经大学,2017.

[358]张振刚,尚钰,陈一华.大数据能力对企业创新绩效的影响:IT—业务融合与双元环境的调节作用[J].科技进步与对策,2021,38(14):82-90.

[359]郑健,刘人境,冯亚娟.虚拟品牌社区环境下顾客参与对技术创新绩效的影响:组织学习能力的调节作用[J].科学学与科学技术管理,2018,39(10):84-97.

[360]周浩,龙立荣.共同方法偏差的统计检验与控制方法[J].心理科学进展,2004,12(6):942-950.

[361]周劲波,黄胜,叶广宇.组织学习、合法性与国际新创企业进入后速度[J].科学学与科学技术管理,2014,35(11):129-141.

[362]朱仁宏,伍兆祥,周琦.敌对环境下新创企业的创业融资研究:组织合法性的视角[J].财贸研究,2019,30(10):52-63.

[363]朱秀梅,陈琛,纪玉山.基于创业导向、网络化能力和知识资源视角的新创企业竞争优势问题探讨[J].外国经济与管理,2010,375(5):9-16.

[364]朱秀梅,张妍,陈雪莹.组织学习与新企业竞争优势关系:以知识管理为路径的实证研究[J].科学学研究,2011,29(5):745-755.

[365]庄彩云,陈国宏.产业集群知识网络多维嵌入性与创新绩效研究:基于企业双元学习能力的中介作用[J].华东经济管理,2017,31(12):53-59.

[366]庄晋财,张长伟,程李梅.网络嵌入对新创企业成长绩效的影响机理研究:以温氏集团为例[J].云南财经大学学报,2013(1):153-160.

附 录

案例调查访谈提纲

第一部分　企业的基本情况

1. 贵公司目前的员工人数是多少？

2. 贵公司主营业务是什么？所属行业概况如何？目前在业内处于什么水平？取得了哪些荣誉？

3. 贵公司过去一年的销售额与资产状况如何？

第二部分　企业的外部联系情况

1. 请描述一下与贵公司有交流联系的供应商、顾客、竞争对手、投资机构、金融机构、政府、高校和科研院所的情况与数量，与他们的交流联系过程对贵公司产生了哪些影响？

2. 请描述一下贵公司与合作伙伴之间共同拥有的合作伙伴的数量，贵公司与这些合作伙伴交流的频率如何？贵公司的合作伙伴之间的联系如何？这些联系对贵公司有何影响？

3. 贵公司在企业网络内的声望、话语权如何？贵公司所处企业网络中的资源和信息是否丰富？贵公司通常会利用这些资源和信息来解决什么问题？其他企业发生业务联系时会不会经过贵公司？贵公司拥有的这些网络联系是否稳固？能否举例介绍。

4. 贵公司与顾客、供应商、竞争对手、投资机构、金融机构、高校和科研院所之间的关系如何？他们对贵公司有何影响？

5. 贵公司与政府、行业主管部门、税务及工商部门之间的关系如何？他们对贵公司有何影响？

6. 贵公司与合作伙伴在价值理念、企业文化、行事方式和发展目标等方面的相似与共同之处？这些对贵公司有何影响？

第三部分　企业与合作伙伴的互动学习情况

1. 贵公司的主要合作伙伴有哪些？贵公司通过哪些方式与这些主要合作伙伴开展合作互动？在互动过程中，给贵公司带来了哪些影响？能否举例介绍。

2. 贵公司与这些主要合作伙伴会共享哪些信息？具体通过什么方式共享信息？能否举例介绍。

3. 贵公司与主要合作伙伴是否会共同商讨解决所遭遇的问题，如何解决？能否举例介绍。

4. 贵公司是否会经常与主要合作伙伴进行面对面的沟通，来更新人际网络关系？是否会经常评估和更新彼此间的正式合约？是否会经常评估并更新存储在电子数据库中的资料？能否举例介绍。

第四部分　企业的被认可情况

1. 外部环境是否对贵公司造成了压力，如果有，压力主要来自哪里？贵公司具体采取了哪些措施来缓解这些压力？

2. 贵公司是如何得到外界的认可与支持的？具体体现在哪些方面？

3. 顾客、供应商、员工、政府、竞争对手，以及投资者是如何评价贵公司的？

第五部分　企业的外部环境情况

1. 贵公司目前面临的外部环境变化程度如何？竞争激烈程度如何？

2. 外部环境情况对贵公司有什么影响？

第六部分　企业的竞争优势情况

1. 您认为与同行相比，贵公司的主要竞争优势体现在哪些方面，能否举例介绍？

2. 您认为与外界的联系情况、合作互动情况，以及外界压力情况对贵公司实现竞争优势有何影响，能否举例介绍？

后 记

本书是在我的博士论文基础上修改完成的。在我攻读博士学位、博士论文写作，以及后续的相关研究过程中，得到了诸多良师益友的支持与鼓励。

在此，感谢恩师顾新教授。顾老师学识渊博、学术造诣深厚，在我攻读博士学位期间，经历了诸多困惑、迷惘，幸得顾老师的耐心点拨与悉心指导，使我坚定信心、努力求索。在博士论文写作过程中，从初步选题到确定研究思路，从资料收集到模型构建，从问卷设计到数据分析，顾老师都给予了细致的指导。正是在顾老师的倾力支持与鼓励鞭策下，我的博士论文才得以顺利完成，也方能有此书的出版。同时，感谢师母给予的关心与爱护，在我面对论文压力几近崩溃时，师母给了我莫大的支持与帮助。感谢在学业上给予我指导的王涛老师和杨雪老师。王涛老师美丽知性，对待学术严谨认真，在研究思路上给了我很多启发。杨雪老师热爱学术、热爱生活，以及对家庭与工作的平衡深深感染着我，成为我努力的方向。感谢肖进老师、王元地老师、郭春香老师、廖虎昌老师和周浩老师等在论文开题时给予的宝贵建议，这些建议让我少走了很多弯路，并能尽快顺利地进入论文撰写阶段。感谢张莉老师在研究生培养与博士毕业阶段给予的无私帮助。

感谢同门及同窗学友。感谢黄兰兰师姐、陈健师姐、吴绍波师兄、唐丽师姐、董亮师兄、余维新师兄、曾婷师妹等在数据收集过程中的帮助，特别感谢李晓斌师兄不遗余力地为问卷调查工作提供协助。感谢龙跃师兄、魏奇锋师兄在论文写作过程中给予的诸多指导与建议。并且，在此对参与调研访谈与问卷填写的所有人员表示感谢，没有你们的热心配合，本书难以完成。此外，感谢张华、石瑞丽、燕捷、郭丰、于超、王振康、高嘉馨、吴卓霖、张秋明、刘双吉等同学在学习和生活中的陪伴与鼓励。

感谢我现在的工作单位——江西财经大学。自 2021 年我从四川大学商学院毕业后，便到了江西财经大学工商管理学院工作，自此开启了作为一名大学教师的全新职业生涯。感谢学校和学院给了我新的土壤与养分，让我在这里扎根、发芽与成长。

感谢我的家人。"焉得谖草，言树之背"，父母养育之恩，无以回报，感谢父母一如既往地做我的坚强后盾。感谢我的公公婆婆，他们心地善良，勤劳朴实，为我付出良多。特别要感谢我的爱人对我的全力支持，以及不到 2 岁的儿子给予我的温暖陪伴。家人的爱是我不断进取的动力，也是我最坚实温暖的港湾。

本书中部分研究成果的发表得到了国家自然科学基金项目（71571126、71602132、71971146）的支持。本书的出版得到江西省社会科学基金青年项目"数字经济下智能制造企业开放式创新生态系统的价值共创与风险治理研究——以江西省为例"（23GL28）的资助，在此深表感谢。也要感谢经济管理出版社的编辑魏晨红老师为本书出版所付出的辛勤劳动。

由于笔者水平有限，书中不足之处在所难免，期望读者不吝赐教，在此谨致谢意。

刘 芸

2023 年 8 月